영어 듣기 교육론

원리와 적용

영어 듣기 교육론
원리와 적용

최 연 희 지음

한국문화사

영어 듣기 교육론
원리와 적용

1판1쇄 발행 2019년 8월 31일

지 은 이   최 연 희
펴 낸 이   김 진 수
펴 낸 곳   **한국문화사**
등   록   제1994-9호
주   소   서울특별시 성동구 광나루로 130 서울숲 IT캐슬 1310호
전   화   02-464-7708
팩   스   02-499-0846
이 메 일   hkm7708@hanmail.net
홈페이지   www.hankookmunhwasa.co.kr

책값은 뒤표지에 있습니다.

ISBN 978-89-6817-796-5   93740

이 도서의 국립중앙도서관 출판예정도서목록(CIP)은 서지정보유통지원시스템
홈페이지(http://seoji.nl.go.kr)와 국가자료공동목록시스템(http://www.nl.go.kr/kolisnet)에서
이용하실 수 있습니다.(CIP제어번호: CIP2019032828)

▮ 머리말 ▮

영어 듣기 교육을 여러 해에 걸쳐 대학에서 강의를 하면서 강의 내용을 한 권의 책으로 정리해야겠다는 생각을 오랫동안 해왔었는데 2018년에 들어서야 본격적으로 작업을 하게 되었다. 이 책은 2006년에 출판한 『영어 읽기 교육론』, 2009년에 출판한 『영어 쓰기 교육론』과 함께 '영어 기능별 교육론' 시리즈의 하나로 집필된 책이다.

듣기 강의 자료들이 많이 있어서 단기간에 초고를 완성할 수 있을 것이라고 생각했었지만 막상 집필을 시작하니 더 참고해야 하는 자료들도 많고 확인해야 하는 정보들뿐만 아니라 추가해야 하는 내용들도 많아서 2018년 겨울, 여름 방학을 거의 연구실에서 보냈다. 사상 최악의 폭염으로 기록된 2018년 여름이었지만 이 책을 집필하느라 그리 덥지 않은 여름이었다. 연구실 에어컨에 감사하며 초안 원고를 여름 방학과 함께 마무리할 수 있는 것도 감사하며 집필을 마친다.

이 책은 영어 듣기 교육에 관심이 있는 초중등 영어과 교사, 영어 교육을 전공하는 학부생과 대학원생, 그리고 영어 교육 연구자 및 전문인들을 위한 책이다. 하지만 영어 교육 전공이 아니더라도 외국어 교육이나 일반적인 언어 교육에 대한 이해가 필요하거나 듣기 지도법에 대한 정보가 필요한 분들에게도 도움이 되리라고 본다. 이 책은 영어 듣기 과정 및 능력에 대한 이론적 고찰을 바탕으로 듣기 지도를 실제로 어떻게 해야 하는가에 초점이 맞추어지며 특히 초중등 영어과 교육과정을 바탕으로 한 교과서 활동을 통해 교육 현장에서의 듣기 지도 방안에 대한 정보를 구체적으로 제시하고자 한다.

책의 집필을 마치면서 내용 검토 및 초고 교정을 도와준 석박사 학위 과정생들에게 감사를 표하고 싶다. 참고한 자료의 원문과 출처 페이지의 확인 작업 및 내용 검토를 진행해준 심소연 학생과 원고 내용을 검토해 준 이신은 학생에게 고마움을 표한다. 이 책이 듣기 교육에 대해 알고 싶은 독자들에게 도움이 되기를 바라며 이 글을 마친다.

2019. 1. 31.
이화여자대학교 영어교육과 최연희

▌차례 ▌

■ 머리말 / v

제1장
듣기의 정의 및 성격

1.1 듣기의 정의, 목적과 유형

1.1.1 듣기의 정의 및 역할

듣기(listening)란 구두 언어 자료를 청각 기관을 통해 듣고 단순히 해독하는 (decoding) 수동적(passive) 과정이라고 보아왔다(Lynch & Mendelsohn, 2010). 이는 듣기를 "receiving what the speaker actually says"로 정의하듯이 듣기를 수용적 (receptive)으로 보는 견해이다(Rost, 2011, p. 2).[1] 들은 내용을 이해하기 위해 구두

---

[1] Rost(2011)는 듣기를 보는 시각을 네 가지로 분류하였다. 수용적(receptive), 구축적(constructive), 협력적(collaborative), 변형적(transformative)으로 보는 견해이다. 이는 듣기에 대한 정의의 역사적 변화라고 볼 수 있으며 듣기 및 관련 이론들의 변화에 따른 시각의 변화이다. 듣기를 구축적 과정 으로 보는 견해는 화자에 의해 의미가 일방적으로 전달되는 것이 아니라 청자 스스로 들은 자료로 부터 의미를 구축한다고 보는 시각으로서 인지 심리학의 영향으로 청자의 역할을 좀 더 능동적으 로 보는 견해이다. 듣기를 협력적 또는 상호작용적(interactive) 과정으로 정의하는 시각은 청자와 화자가 함께 의미를 협상해가는 과정을 강조한다. 듣기를 변형적 과정으로 보는 시각은 청자가 화자와 같이 구두 언어 의사소통 과정에 적극적으로 참여하여 의미를 만들어갈 뿐만 아니라 변형 할 수도 있다고 보는 것으로 이는 비판적 사회 탐구이론(critical social inquiry) (Freire, 2006) 등에 기초하고 있다고 볼 수 있다(Coles, 2008).

언어 소리를 식별하고 단어를 인지하거나 핵심 어휘를 파악하는 등의 세분화된 기술(discrete skill)을 완전히 익히는 것이 필요하다고 보았지만(Richards, 2008), 특별히 학습하지 않아도 저절로 함양될 수 있는 기능(skill)이라고 보는 경향이 있었다(Underwood, 1989). 또한 외국어 학습에서 말하기와 쓰기와 같은 산출적 기능(productive skill)을 핵심 기능으로 보면서 듣기는 읽기와 함께 수용적 기능(receptive skill)으로서 중요한 기능으로 보지 않기도 하였다(Nunan, 1999). 말하기 학습을 강조하는 청화식 교수법(Audio-lingual Method) 등에서는 듣기를 하나의 독립된 언어 기능 영역으로 강조하지 않고 말하기 활동의 일부로 보면서 듣기 기능을 단순히 말하기 기능이 거울에 비쳐 반사되는 기능으로 보기도 하였다(Richards, 2015).

　　그러나 20세기 중반 이후 인지 심리학이 발달하면서 듣기를 구두 언어 자료로부터 의미를 구축해가는 능동적(active)이고 목적이 있는(purposeful) 과정으로 보게 되었다. 앞서 언급한 듣기를 수용적으로 본 견해와는 달리 구축적(constructive) 과정으로 보는 입장이다(Rost, 2011). 이는 여러 학자에 의해 제시된 듣기에 대한 다음과 같은 정의에도 잘 드러난다. 듣기를 단순히 주어진 구두 언어 자료의 처리를 넘어서서 청자가 들은 자료로부터 의미를 구축해가는 역동적인 과정으로 보면서 청자의 능동적인 역할을 강조한다.

- the activity of paying attention to and trying to get meaning from something we hear (Underwood, 1989, p. 1)
- an active process in which listeners select and interpret information which comes from auditory and visual clues in order to define what is going on and what the speakers are trying to express (Rubin, 1995, p. 7)
- an active, purposeful processing of making sense of what we hear (Helgesen, 2003, p. 24)
- Mental process of constructing meaning from spoken input (Rost, 2002, p. 279)
- making sense of spoken language, normally accompanied by other sounds and visual input, with the help of our relevant prior knowledge and the context in which we are listening (Lynch & Mendelsohn, 2010, p. 180)

Rubin(1995)이나 Lynch와 Mendelsohn(2010)의 정의에서 알 수 있듯이, 듣기는 청

자가 맥락(context)이나 선험 지식(schema)을 통해 자신이 들은 정보를 선택하고 해석하여 의미를 구축하는 과정이다. 따라서 구두 언어 자료에서 얻은 새로운 정보는 청자의 배경지식에 따라 의미가 달라질 수 있다.

좀 더 최근에는 듣기를 수용적 또는 의미를 구축하는 과정을 넘어서 협력적 또는 변형적 과정으로 보고 다음과 같이 정의하기도 한다(Rost, 2002, 2011, 2016).

collaborative: "*negotiating meaning with the speaker and responding*" (Rost, 2011 p. 3)
transformative: "*creating meaning through involvement, imagination and empathy*"

(Rost, 2011 p. 4)

듣기를 협력적 과정으로 보는 시각은 청자와 화자 간의 협력 관계 또는 정보나 가치 공유를 통해 의미를 함께 구축하고 협상해가는 과정을 강조한다. 이는 Grice(1975)의 협동 원리(cooperative principle), 사회 언어학 등을 기초로 청자와 화자와의 상호작용과 의미 협상(meaning negotiation)을 강조하는 견해이다. 또한 Vygotsky(1978)의 사회 구성주의(social constructivism)의 영향으로 볼 수도 있다(Cross, 2010, 2018). 한편 듣기를 변형적 과정으로 정의하는 시각은 청자는 구두 언어 처리 과정에 능동적으로 참여하며 청자가 화자와 거리를 두고 주어지는 구두 언어 정보를 처리하고 의미를 구축해가며 의미 협상을 하는 것이 아니라 듣기 과정에 좀 더 적극적으로 참여하여 의미를 변형하고 새로운 의미도 생성해간다고 본다. 청자와 화자의 인지적 환경이 변화되어가는 과정을 강조한다. 이는 Coles(2008)가 Davis(1996)의 해석학적 듣기(hermeneutic listening)를 변형적 듣기라고 지칭한 것으로,[2] 지식이나 교육은 가치 중립적일 수 없으며 힘(power) 의 게임이므로 학습자는 사회 억압적 환경과 힘의 원천에 대한 비판적인 의식을 높여 사회를 변화시켜 나가는 역동적 행위자가 되어야 한다는 것을 강조하는 Freire(2006)의 비판적 교육학(critical pedagogy)을 포함한 비판적 이론과 연계된다.

외국어를 사용할 때 듣기, 말하기, 읽기, 쓰기 기능 모두가 사용되지만, 이 네 기능

---

2) Davis(1996)는 해석학적 듣기를 다음과 같이 정의하고 있다. 인간의 지각과 행동을 어떤 틀에 고정화시키는 편견이나 관례적으로 받아들이는 것에 대해 지속적으로 질문을 제기함으로써 자신이 직접 경험하는 것이 아니더라도 우리는 경험을 형성하고 변화시켜 나가는 과정에 상상적으로 참여할 수 있다고 본 것이다(Coles, 2008).

... an imaginative participation in the formation and the transformation of experience through an ongoing interrogation of the taken-for-granted and the prejudices that frame these perceptions and actions. (Davis, 1996, p. 53)

중 듣기는 언어 사용의 50% 이상을 차지한다고 한다(Nation & Newton, 2009; Nunan, 1997, 2011). 듣기는 말하기의 2배, 읽기의 4배, 쓰기의 5배 이상 정도가 된다고 본다(Morley, 2001; Rivers, 1981). 물론 상황에 따라 또는 영어를 일상생활에서 사용하는 환경인가 여부에 따라 차이가 있지만, 그만큼 외국어 사용에서 듣기는 중요한 기능이다.

듣기는 언어의 한 기능 영역일 뿐만 아니라 외국어 습득에도 중요한 역할을 하는 핵심 수단이다(Rost, 2011, 2016). 이에 듣기의 역할을 들은 내용에 대한 이해와 습득 두 가지로 분류하기도 한다(Richards, 2008; Rost, 2002).

- listening as comprehension
- listening as acquisition

모국어 습득에서의 듣기 역할과 같이, 듣기를 통한 구두 언어 입력(input) 없이는 말하기 능력 함양을 도모하기 어려울 뿐만 아니라 외국어 습득 자체에 한계가 있기 때문이다(Field, 2008; Flowerdew & Miller, 2005; Morley, 2001; Peterson, 2001). 듣기를 통해 외국어 학습자는 정보를 얻게 되고 이 정보는 언어 습득에 필요한 지식 습득으로 이어진다(Krashen, 1981; Nation & Newton, 2009). 특히 최근에는 들은 언어 입력 자료에서 특정 문법 구조나 어휘 등을 언어 학습자가 알아채고(noticing) 알아챈 언어 형태가 내재화(internalization)되어 습득이나 사용으로 이어질 수 있다고 보면서 듣기의 언어 습득에서의 역할이 더욱 강조되고 있다(Goh, 2014; Gor & Long, 2009; Richards, 2008).

1.1.2 듣기의 목적

듣기의 목적을 Galvin(1985)은 다음과 같이 정보 교환하기, 사회적 관습적 활동에 참여하기, 감정 공유하기, 즐거움 얻기 등으로 분류하고 있다.

- to engage in social rituals
- to exchange information
- to exert control
- to share feelings

- to enjoy yourself (Underwood, 1989, p. 4)

Galvin의 분류와 유사하게 듣기의 목적을 정보 교환, 지식 습득, 과업 수행, 사회적 관계 형성 등으로 다음과 같이 분류하기도 한다(Richards, 2015).

- to exchange or gain information
- to expand knowledge or learn about various topics
- to take a message
- to act on information
- to carry out a task
- to socialize or interact with others
- to be entertained or gain pleasure

듣기의 목적에 대한 논의를 정리해보면 크게 세 가지로 듣기의 목적을 분류할 수 있다. 정보를 얻기 위한, 다른 사람들과 사회적 관계를 맺거나 유지하기 위한, 즐거움을 얻기 위한 목적이다(McDonough, Shaw, & Masuhara, 2013).

- to get information
- to socialize with others
- to be entertained

라디오나 TV 뉴스, 강의, 기차역 등에서 안내 방송을 들을 때, 직장에서의 업무적 대화에서 상대방 말을 들을 때, 친구나 가족에게 특정 정보를 들을 때, 또는 상점에서 점원의 설명을 들을 때 듣기의 목적은 정보 처리(informational listening)이다. 반면에 친구나 가족들과 일상적인 인사를 나누거나 미안하다는 말을 들을 때는 화자와 사회적 관계를 형성하고 유지하기 위한 것이다. 반면 음악, 노래를 듣거나 TV 방송을 시청하고 영화를 보면서 듣는 것은 즐거움을 얻기 위한 듣기이다.

정보를 교환하거나 지식을 넓히고 다양한 주제에 대해 공부하며 과업을 수행하거나 메시지를 전달받기 위해 듣는 것은 모두 정보 교환이나 수집을 위한 목적에 포함될 수 있다. 따라서 일반적으로는 듣기의 목적은 정보 교환, 사회적 관계 형성, 즐거움 얻기의 세 가지로 분류할 수 있다.

1.1.3 듣기 유형

듣기는 다른 사람과 대화를 나누는 상황에서의 말하고 듣는 양방향 듣기(two-way listening)인지, 청자 혼자 듣기만 하는 일방향 듣기(one-way listening)인지에 따라 두 가지 유형으로 나누어진다. 양방향 듣기는 타인과 면대 면이나 전화로 대화를 나누는 상황에서의 상호간 듣기(reciprocal listening)이다. 따라서 대화를 나누면서 이해가 잘 안 되거나 잘 못 들은 내용이 있으면 되묻기를 하여 들은 내용의 이해도를 높이거나 의사소통의 문제를 해결할 수 있다. 반면에 일방향 듣기는 라디오 뉴스를 듣거나 영화를 보거나 강의나 설교를 듣는 상황에서와 같이 화자와 직접적인 접촉 없이 구두 언어 자료가 화자에서 청자로 한 방향으로 전달되는 비상호간 듣기(non-reciprocal listening)이다(Helgesen & Brown, 2007; Lynch & Mendelsohn, 2010). TV 토론회를 시청하거나 지하철이나 카페에서 다른 사람들이 하는 말을 듣게 되는 것도 일방향 듣기에 해당하지만, 일반적으로 일방향 듣기는 대화보다는 독백(monologue)을 듣거나 미리 준비된 자료를 듣는 경우가 많아서 듣기 자료 측면에서도 양방향 듣기와 차별화되기도 한다.

이러한 두 유형의 듣기는 청자가 의사소통 상황에 참여하는 화자인가 여부에 따른 분류이다. 다음과 같이 청자가 의사소통의 내적 참여자인가 아니면 외적 참여자인가에 따라 듣기 상황을 분류하면(Hedge, 2000; Underwood, 1989), 청자가 내적 참여자인 경우는 상호간 듣기로, 외적 참여자인 경우는 비상호간 듣기로 분류된다.

- Insider of the communication: listening to (face-to-face) conversation, listening on the telephone (telephone chat), following instructions, and attending a meeting as a participant
- Outsider of the communication: listening to announcements, someone giving a public address, stories (story-telling), a lecture, news and the weather forecast on the radio, live conversations in which one takes no part, the radio for entertainment, and records; watching the news, the weather forecast, television for entertainment, a live performance

of a play and a film in a cinema; and following a lesson

상호간 및 비상호간 듣기는 목적이나 기능 측면에서도 서로 다른 면이 있다. 비상호간 듣기는 일반적으로 정보 교환, 수집 또는 전이를 위한 정보 처리 또는 업무 처리 기능(transactional listening)에 초점이 맞추어지고 상호간 듣기는 청화자간 사회적 관계 형성과 유지(interactional listening)에 초점이 맞추어진다(Brown & Yule, 1983; Lynch & Mendelsohn, 2010; Nation & Newton, 2009). 이는 1.1.2절에서 논의한 첫 번째 및 두 번째 듣기의 목적에 해당된다.

정보 또는 업무 처리 목적 듣기는 메시지 중심(message-oriented) 듣기로서 Halliday(1970)의 표상적(ideational) 기능에 해당하며(Morley, 2001), 듣는 내용, 즉 명제(proposition) 또는 정보의 명료성 및 정확성에 초점이 맞추어진다. 대학 강의를 듣는 상황과 같은 학교 수업 듣기나 라디오 뉴스 듣기, 공항 안내 방송 듣기 등이 대표적인 예가 되는데, 이는 비상호간 외적 참여자로서의 일방향 듣기이다. 한편 다음 대화의 예와 같이 백화점에 가서 물건을 사거나 음식점에서 음식을 주문할 때, 극장에서 영화표를 구매할 때, 길 안내를 묻고 들을 때, 스마트폰 사용법을 들을 때와 같은 상황에서 청자와 화자가 정보 교환이나 수집 목적으로 대화를 나누는 상호간 듣기도 정보 또는 업무 처리 목적 듣기에 해당된다.

Waiter: Hi, what'll it be today?
Customer: Just a caffè latte with a blueberry muffin. Latte with non-fat milk please.
Waiter: OK. Anything else today?
Customer: No, thanks.
Waiter: I'll bring your coffee and muffin in a minute.

Salesperson: May I help you?
Customer: How much is this Korean puppet?
Salesperson: Let me see. It's 20 dollars. It's handmade.
Customer: Really? Very pretty. I'll take one.
Salesperson: Good. I will wrap it up for you.
Customer: Thanks.

청화자간 관계 형성과 유지를 위한 듣기는 양방향 상호간 듣기로서 Halliday (1970)의 대인간(interpersonal) 기능에 해당하며(Peterson, 2001), 듣는 내용이 아닌 사람 중심(person-oriented), 즉 청자 중심(listener-oriented) 듣기이다. 인사를 나누거나 안부를 묻는다든지 하는 일상생활에서 가족, 친구, 동료들과 간단한 대화를 나누는 것(small talk)이 그 대표적인 예이다. 감사나 미안함, 사과 표현을 주고받는 것도 포함된다. 예를 들어서 다음의 대화에서 엄마와 아들이 아침에 일어나서 아침 인사를 하며 간단한 대화를 나눈다든지 선생님과 학생이 오래 간만에 만났을 때 간단히 안부를 서로 묻는 대화를 나누는 것이 그 예가 된다.

Mother: Good morning, Tom.
Son: Good morning, Mom.
Mother: Did you sleep well?
Son: Yes. I slept like a log.
Mother: Good for you.

Rachel: Mrs. Obama!
Mrs. Obama: Oh, hello, Rachel. How're you doing?
Rachel: Just, fine. I haven't seen you in ages.
Mrs. Obama: Yes. It's been a long time. How have you been?

이러한 대화는 Brown과 Levinson(1978)의 예의(politeness) 이론에 따르면 다른 사람에 대한 관심, 배려, 예의를 갖추어 타인의 면(face)을 존중해주고 자신의 면을 긍정적으로 유지하기 위한 것이다(Morley, 2001).

　일상생활에서 청자는 상황에 따라 일방향 듣기나 양방향 듣기를 하게 된다. 그러나 교실 수업에서의 듣기 활동은 주로 일방향 듣기 활동이다(Nunan, 1999). 안내 방송, 강의, 라디오 방송을 듣는 것이 아니더라도 녹음된 대화를 제3자 입장에서 듣는 활동이 많이 사용되기 때문이다. 이러한 일방향 듣기는 집중적으로 특정 듣기 기술과 전략을 익히고 활용하는 연습을 하는 데 유용하다. 하지만 실생활 구두 언어로의 의사소통에서는 대화의 내적 참여자로서 청자의 역할이 중요하므로 교실 수업에서도 양방향 듣기를 활용한 학습의 중요성이 고려되어야 한다.

1.2 듣기 과정

1.2.1 결과 중심 듣기와 과정 중심 듣기

결과 중심(product-oriented)의 교육 접근법의 영향으로 1980년대까지는 듣기를 결과(finished product)로만 보는 견해가 팽배했지만 인지 심리학의 발달과 과정 중심(process-oriented) 교육 접근법이 대두되면서 듣기의 결과뿐만 아니라 과정을 중시하게 되었다. 90년대 이후부터는 듣기의 과정이 더 부각되고 있다(McDonough et al., 2013). 듣기 과정은 청자의 두뇌에서 진행되는 과정이기 때문에 직접 관찰할 수 없지만, 단순히 귀에 들리는 구두 언어 자료를 듣고 해독하는 것(decoding)으로 끝나지 않고 선험 지식을 통해 내용 또는 명제를 이해하고(comprehension), 예측했던 것을 바탕으로 청자가 메시지를 해석하는(interpretation) 세 국면을 다 포함한다고 본다. 또한 이러한 세 국면은 동시다발적으로 진행된다고 본다(Rost, 2005).

한편 듣기를 다음과 같은 다섯 단계를 포함하는 복잡한 과정으로 보기도 한다(DeVito, 2000; McDonough et al., 2013).

- receiving
- understanding
- evaluating
- remembering
- responding

먼저 귀에 들리는 구두 언어를 들리는 대로 또는 선택적으로 처리하여 자신의 배경지식이나 맥락적 정보를 활용하여 이해하며 이에 대한 평가를 하는 단계를 거쳐 자세한 내용이나 들은 언어 형태를 정확히 다 기억하지 못하더라도 중요한 내용은 장기 기억에 저장하는 단계에 이르게 된다. 마지막 단계는 양방향 듣기일 때 응답을 하는 단계이다. 따라서 듣기는 앞서 언급한 바와 같이 수동적 과정이 아니며 일방향 과정만도 아니고 청자 개인만의 과정(individual process)도 아니다(Richards & Burns, 2012). 듣기 상황에 따라서는 양방향 협력 과정(collaborative process)이 된다.

듣기 과정은 청자 내외적 요인의 영향을 받는다. 청자의 언어 능숙도, 주의력, 기억력, 나이, 성별, 정의적 요소, 선험 지식, 모국어 듣기 능력에 따라 듣기 과정이 달라진다. 또한 구두 언어 자료(text), 과업(task), 대화 대상(interlocutor) 등에 따라 구두 언어 처리의 속도(speed)와 효율성(efficiency)도 달라진다(Brown & Lee, 2015; Rubin, 1994).

1.2.2 듣기 과정 모델

듣기 과정은 두 가지 과정이 협동하여 이루어지는 과정이라고 가정된다(Morley, 2001). 귀에 들리는 구두 언어 입력 자료를 바탕으로 메시지를 이해하는 상향식 과정(bottom-up processing)과 청자가 자신의 배경지식을 사용하여 메시지를 이해하는 하향식 과정(top-down processing)이다(Richards, 2015). 이는 모두 심리학적 측면의 읽기 과정 이론에 기초한 듣기 과정에 대한 모델이다. 상향식 과정은 듣기 과정의 외적인 측면, 하향식 과정은 내적인 측면에 초점이 맞추어진다(Morley, 2001).

상향식 과정 모델은 듣기를 들은 자료를 해독하는(Richards, 2015) 자료 기반(data-driven) 과정이라고 보며, 청자는 카세트테이프 플레이어와 같이 수동적인 역할을 하는 것으로 본다(Anderson & Lynch, 1988). 청자가 귀에 들리는 구두 언어 자료를 집중하여 듣는 것에 초점이 맞추어지며, 듣기 과정을 소리, 단어, 구, 절, 문장, 담화로 언어 단위가 점점 확대되어 처리되어가는 선형적(linear) 과정으로 본다. 귀에 들리는 언어 자료가 듣기 과정의 출발점이 되어(Morley, 2001), 부분(part)에서 전체(whole)로, 즉 개별 소리 인지에서 전체 의미 파악으로 이어지는 구두 언어 처리 과정을 강조한다(Nation & Newton, 2009). Clark와 Clark(1977)는 다음 네 단계를 거쳐 구두 언어 자료가 처리된다고 보았다(p. 49).

1. They [listeners] take in raw speech and hold a phonological representation of it in working memory.
2. They immediately attempt to organize the phonological representation into constituents, identifying their content and function.
3. They identify each constituent and then construct underlying propositions, building continually onto a hierarchical representation of propositions.
4. Once they have identified the propositions for a constituent, they retain them in

working memory and, at some point, purge memory of the phonological representation. In doing this, they forget the exact wording and retain the meaning. (Richards, 2015, pp. 377-378)

자세한 내용을 다 이해하기 위해 집중해서 듣는 경우에 청자는 상향식 과정에 의존하여 구두 언어 입력 자료를 처리하게 된다. 예를 들어서 받아쓰기나 회의록 작성과 같이 들리는 구두 언어 자료 하나 하나를 정확히 듣기 위해 소리에 집중하여 주어지는 자료를 모두 정확히 들으려고 하는 경우이다. 이와 같이 상향식 과정은 소리, 구두 언어 인식(sound recognition)에 초점이 맞추어지는 청자의 음운론적, 어휘적 및 통사론적 지식에 바탕을 둔 구두 언어 입력 자료 처리 과정이다.

반면에 하향식 과정 모델은 듣기 과정을 청각 기관을 통해 들어오는 구두 언어 입력 자료보다 청자의 선험 지식의 역할을 강조하는 의미 기반(meaning-driven)과정으로 본다. 상향식 과정과는 반대로 듣기 과정은 청자의 선험 지식에서 시작하여 실제 듣는 구두 언어 자료 처리로 이어지며 전체에서 부분으로 구두 언어 처리가 진행된다고 보는 총체적(holistic) 접근법에 바탕을 둔다. 하향식 과정에서는 청자를 능동적인 모델 구축자(active model builder) 또는 가설 설정 및 점검자(hypothesis builder and tester)로 본다(Lynch & Mendelsohn, 2010). 즉 청자는 선험 지식이나 상황에 따라 구두 언어 입력 자료를 예측하여 가설을 세우고 들은 자료가 가설에 부합하면 다음 단계로 넘어가고 부합하지 않으면 다시 가설을 세워서 처리해 나간다고 본다. 따라서 실제로 청각 기관을 통해 듣는 구두 언어 자료보다 예측(prediction)과 추론(inference)이 이루어지는 청자의 인지적 측면을 강조한다(Chaudron & Richards, 1986). 구두 언어 입력 자료를 다 듣지 않더라도 청자가 맥락적 단서에 근거하여 또는 자신의 선험 지식을 바탕으로 듣는 자료의 화제, 주제, 핵심을 파악하거나 화자의 관계, 상황, 의도 등을 파악하는 듣기가 대표적인 하향식 과정의 예이다.

하향식 과정의 핵심인 청자의 선험 지식은 인지 심리학에서 말하는 경험이나 학습을 통해 구축해가는 인간의 지식 체계이다(Bartlett, 1932). 선험 지식은 내용 선험 지식(content schema)과 형식 선험 지식(formal schema)으로 분류된다. 내용 선험 지식은 세상적 지식(the knowledge of the world), 특정 주제들에 대한 지식(topical knowledge), 문화적 지식(cultural knowledge)을 포함한다. 예를 들면, 물이 섭씨 100

도에서 끓는다는 세상적 지식, 4차 산업 혁명에 대한 주제적 지식, 한국은 설날 떡국을 먹는다는 문화적 지식이 포함된다. 다음 대화에서 Denise는 Jim에게 Jack이 저녁 식사를 함께 하니 양고기 요리하는 것을 다시 생각해보라고 하는데 이는 주어진 구두 언어만으로는 쉽게 이해가 되지 않지만 Denise와 Jim이 Jack이 양고기를 싫어한다거나 채식주의자라는 정보를 서로 공유하고 있다면 이해가 가능한 대화이다. 이는 선험 지식이 대화 상황에서 화자의 말을 이해하는 데 어떤 역할을 하는지를 잘 보여준다.

Denise: Jack's coming to dinner tonight.
Jim: I'd planned to serve lamb.
Denise: Well, you'll have to rethink that one. (Nunan, 1999, p. 202)

반면에 형식 선험 지식은 수사학적 선험 지식(rhetorical schema)이라고도 하는데 대화나 담화의 구조(structure)에 대한 지식, 즉 구성적(organizational) 또는 텍스트적(textual) 선험 지식을 지칭한다(Lynch & Mendelsohn, 2010). 면대면 대화와 전화 대화의 담화적 차이에 대한 지식, 라디오 뉴스, 대학 강의나 설교의 담화적 구조에 대한 지식과 같이 다양한 구두 언어 대화나 담화의 구성적 특징에 대한 지식이 포함된다.

상향식 및 하향식 듣기 과정 모델은 듣기 과정에 대한 가설로서 실제 듣기에서는 이 두 과정이 분리되기 어려운 경우가 많다. 이에 듣기 과정을 구두 언어 입력 자료 처리 중심의 상향식 과정과 청자의 선험 지식 중심의 하향식 과정이 서로 상호 보완적으로 작용하는 과정으로 보는 상호작용식 과정(interactive processing) 가설이 있다(Buck, 2001; Richards, 2008).

청자가 상향식과 하향식 과정 중 어느 과정에 더 비중을 두는가 하는 것은 듣기 목적, 자료 유형, 내용의 친숙도, 상황뿐만 아니라 언어 능력 등의 개별 특성에 따라 달라진다(Richards, 2008; Vandergrift, 2007). 예를 들어서 수업 시간에 과제물에 대한 설명을 듣는 상황이라면 정확하게 들어야 하므로 구두 언어 입력 자료 처리 중심의 상향식 과정에 좀 더 비중을 두게 되는 반면에 라디오에서 광고를 듣는다면 청자는 구두 언어 입력 자료보다는 자신의 배경지식에 의존한 하향식 과정에 더 의존하여 무엇에 관한 광고인지를 파악하게 될 것이다. Richards(2008)는 음식을 만드는 요리법을 라디오에서 청취하는 경우 요리를 잘 못 하는 초보자는 배경지식이 부족하므로 재료 및 단계별 요리법을 주의 깊게 들으려고 노력하며 상향식 과정에 의존하겠지만, 능숙한 요리사는 배경지식과 경험이 풍부하므로 정확히 듣지 않더라도 설명을 쉽게 잘 이해할 것이라고 보았다.

청자에 따라서는 상향식 또는 하향식 과정을 더 선호할 수 있으며 언어 능력에 따라서도 의존하는 과정이 다를 수도 있지만, 청자의 개별 변인이 아닌 듣기 상황에 따라 상향식 또는 하향식 과정의 비중이 달라지기도 한다. 언어 능력이 부족한 초급 단계 청자는 청각 기관을 통해 소리로 듣는 언어 입력 자료의 인지 능력이 떨어져서 좀 더 정확하게 듣기 위해 상향식 과정에 더 집중할 수도 있고(Flowerdew & Miller, 2005), 언어적 지식으로는 내용 파악이 어려워서 선험 지식을 활용하여 맥락적 단서를 근거로 듣는 내용을 추측하기 위해 하향식 과정에 의존할 수도 있다. 한편 듣기 능력이 우수한 청자는 듣기 목적, 상황에 따라 상향식 및 하향식 듣기 기술을 적절하게 활용할 것이다(Flowerdew & Miller, 2005).

1.2.3 듣기 이해 과정

듣기 과정은 흔히 듣기 이해 과정을 지칭한다. 듣기 이해를 화자의 메시지를 청자가 다시 인지적으로 재생산하는 것(internal reproduction)으로 보고 성공적인 듣기란 화자가 의도한 의미를 청자가 최대한 재생산하는 것이라고 보는 견해가 있다(Clark & Clark, 1977; Peterson, 2001). 이와는 달리 청자의 목표, 내적 의미 구축에 좀 더 초점을 맞추어 청자가 의미를 수용하는 것이 아니라 구축하는 것(meaning construction)으로 보는 시각도 있다. Rost(1990)는 화자와 상호 작용을 하는 듣기 상황에서 청자는 주어지는 구두 언어 입력 자료를 기다리고만 있는 것이 아니라 이를 구축하는 데에도 참여하여 담화를 공동으로 만들어가는 의사소통 참여자(co-author)라고 본다(McDonough et al., 2013). 이는 1.1.1절에 언급한 바와 같이 화자에 의해 전달되는 메시지를 수용하고 해석하는 것뿐만 아니라 청자가 메시지를 화자와 함께 구축하고 상황에 따라서는 변형해나간다는 것이다(Coles, 2008; Rost, 2011, 2016).

청자는 언어적 지식과 비언어적 지식을 사용하여 들은 자료를 이해하게 된다(Buck, 2001; Richards & Schmidt, 2002). 언어적 지식은 음운론적 지식(phonology),

어휘 지식(lexis), 통사론적 지식(syntax), 의미론적 지식(semantics), 화용론적 지식(pragmatics), 담화적 지식(discourse knowledge)을 포함하며, 비언어적 지식은 맥락적 및 주제적 지식을 포함한 배경지식을 포함한다. 언어적 지식을 활용하여 청각 기관을 통해 입력되는 구두 언어 자료의 언어적 정보를 처리하면서 동시에 관련된 배경지식과 맥락적 단서를 활용하여 명제적 의미를 파악하고 화자의 목적이나 의도 등을 추론한다.

듣기 이해 과정은 앞서 언급한 상향식 및 하향식 듣기 과정이 동시다발적으로 일어나는 상호작용식 과정으로 본다. Clark와 Clark(1977), Richards(1983)는 다음과 같은 일곱 단계 과정에서 첫 번째와 마지막 단계를 제외한 나머지 과정들이 짧은 시간 안에 동시다발적으로 이루어져서 들은 자료의 이해가 이루어진다고 보고 있다.

1. Decoding auditory sounds
2. Determining the function of the speech event
3. Activating schemata
4. Assigning literal meanings
5. Assigning intended meanings
6. Determining the demand for short- or long-term memory
7. Retaining essential information or meanings (Brown & Lee, 2015, pp. 319-320)

Vandergrift(1999)도 외국어 듣기 이해에 대한 다음과 같은 설명에서 듣기 이해란 구두 언어 자료를 음성적, 어휘적, 구문적으로 처리하면서 동시에 듣기 자료가 발화된 맥락뿐만 아니라 사회 문화적 맥락 안에서 이해해야 하는 복잡한 과정이라고 본다. 이 모든 과정이 서로 조화롭게 이루어져야 하는 듣기 과정은 청자에게 많은 인지적 활동을 요구한다고 보고 있다.

Listening comprehension is anything but a passive activity. It is a complex, active process in which the listener must discriminate between sounds, understand vocabulary and grammatical structures, interpret stress and intonation, retain what was gathered in all of the above, and interpret it within the immediate as well as the larger sociocultural context of the utterance. Co-ordinating all of this involves a great deal of mental activity on the part of the listener. (p. 168)

청자가 자신의 상황 이해 및 배경지식을 활용하여 의식적으로 들으면서 능동적으로 구두 언어 정보를 처리하는 것을 언어로의 의사소통에서는 듣기라고 한다. 이러한 듣기는 읽기와 함께 수용적 언어 기능(receptive skill)이다. 이는 발화하거나 글을 쓰는 말하기와 쓰기라는 산출적 언어 기능(productive skill)과 구분되는 수용적 기능이지만 수동적 기능이 아니라 능동적인 기능이다(Helgesen & Brown, 2007).

한편 그림 1-1과 같이 언어적 지식과 선험적 지식이 듣기 맥락에서 서로 상호 작용을 하여 듣기 자료를 이해하게 된다고 보기도 한다. Anderson과 Lynch(1988)는 Widdowson(1983)이 말한 이해 과정과 관련되는 두 가지 지식인 언어적 및 선험적 지식과 더불어 상황을 이해하고 언어 자료의 앞뒤 텍스트 문맥을 이해하는 듣기 맥락(context)을 포함시키고 있다. 또한 선험적 지식에는 내용 선험 지식뿐만 아니라 언어의 절차적 지식도 포함된다고 보고 있다.

Rost(2002, 2011, 2016)는 앞서 언급한 음성 언어 처리 단계, 언어적 지식 적용 단계, 배경지식 활동 단계, 비언어적 및 사회문화적 맥락 단서 활용 단계를 포함한 듣기 이해 과정을 다음과 같이 네 가지 과정으로 세분화하고 있다. 신경학적 과정 (neurological processing), 언어학적 과정(linguistic processing), 의미론적 과정 (semantic processing), 그리고 화용론적 과정(pragmatic processing)이다.

background knowledge	schematic →	→ → C
-factual	knowledge	O
-sociocultural	↑ ↓	M
procedural knowledge	↑ ↓	P
-how language is used in discourse	↑ ↓	R
knowledge of situation	↑ ↓	E
-physical setting, participants, etc.	context	H
knowledge of co-text	↑ ↓	→ → E
-what has been/will be said (written)		N
knowledge of the language system	↑ ↓	S
-semantic	systemic	I
-syntactic	knowledge →	→ → O
-phonological		N

〈그림 1-1〉 이해 과정과 정보 자원 (Anderson & Lynch, 1988, p. 13)

- neurological processing: involving consciousness, hearing, and attention
- linguistic processing: perceiving speech, identifying units of spoken language, using prosodic features, parsing speech into grammatical units and recognising words
- semantic processing: integrating memory and prior experience into understanding events; constructing meaning
- pragmatic processing: identifying relevant factors in verbal and non-verbal input; injecting listeners' own intentions into the process of constructing meaning (Rost, 2011, p. 9)

신경학적 과정은 소리 인식(speech perception) 단계이다. 귀에 들리는 소리를 처리하는 과정으로서 인간의 신체적 구조를 바탕으로 하기 때문에 청자 모두에게 적용되는 보편적 과정이지만 청자마다 개별 차이도 있을 수 있는 과정이다(Rost, 2002). 신경학적 듣기 처리 과정은 얼마나 의식적으로 청각에 주의를 집중하여 처리하느냐와 관련된다. 다시 말해 의식(consciousness), 청각(hearing), 주의 집중(attention)에 따라 달라지는데, 의식과 주의 집중은 듣기(listening)를 청각과 구분해주는 요인이다. 예를 들어서 듣기는 숲에서 새 소리를 듣거나 아침에 알람 소리를 듣는 것과 같이 주의 집중 없이 무의식적으로 듣는, 귀에 들리는 대로 소리를 듣는 것인 청각과 구분된다. 청각은 신체 생리적인 과정(physiological process)인 반면에 듣기는 의식적 과정(conscious process)인데(Low & Sonntag, 2013), 듣기 이해 과정이 일어나기 위해서는 먼저 소리가 청각적으로 인지되어야 하기 때문에 청각은 듣기의 중요한 출발점이다.

그림 1-2의 청각 기관 구조가 보여주듯이, 듣기의 신경학적 과정은 소리 파장(sound wave)이 외이도(ear canal)를 따라 내려와 고막(eardrum)을 진동하고 이 진동은 중이(middle ear)를 통과하면서 세 개의 작은 뼈인 추골(malleus), 등골(incus), 침골(stapes)을 거쳐 공기 입자 형태인 소리가 달팽이관(cochlea)인 내이(inner ear) 내부의 액체로 효율적으로 전달된 후 전파로 변환되어 청각 신경(auditory nerve)을 따라 뇌 안의 청각 피질(auditory cortex)로 전달되는 과정이다. 귀에 들리는 소리가 어떤 소리인지, 위험한 것인지, 말소리(speech sound)인지 등의 판단은 대뇌 측두엽(temporal lobe)의 기억과 해석 기능이나 두정엽(parietal lobe)의 인식 기능 등에 따라 일어나는데, 말소리로 파악이 되면 주의 집중을 하여 언어적 처리 단계로 넘어가게

된다. 앞서 언급한 바와 같이 듣기의 신경학적 처리 과정은 귀에 들리는 소리를 청각 기관이 처리하는 과정이므로 모든 사람이 보편적으로 공유하는 과정이지만 처리 속도, 신경 전달 물질(neural transmitter)의 활성화 등은 개별 청자에 따라 달라질 수 있는 과정이다(Rost, 2011).

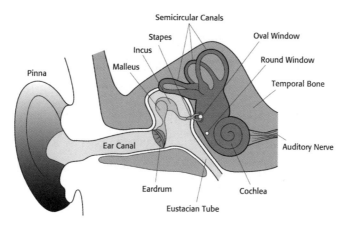

〈그림 1-2〉 청각 기관(Rost, 2011, p. 13)

언어학적 처리 과정은 Vandergrift(1999)가 말한 구두 언어의 음운론적, 어휘적, 문법적 처리 과정 또는 그림 1-1 Anderson과 Lynch(1988)의 듣기 이해 과정에서 언어 체계적 지식이 적용되는 단계이다. 구두 언어를 지각한 후 단위(unit)를 파악하고 단어를 인지하며 문법적 지식을 기초로 문법적 구조 단위를 파악함(parsing)과 동시에 강세, 억양 등의 초분절적(prosodic) 특징에 대한 지식과 의미론적 지식을 바탕으로 신경학적으로 처리된 구두 언어의 명제적(propositional) 의미를 파악하는 과정이다. 이는 상향식 과정이라고 불리는 언어적 해독 과정이다(Rost, 2011). 예를 들어서 신경학적 처리 과정에서 "Whaddya gonna do?"라는 말소리를 인식했을 때 영어의 연음과 강세 등의 음운론적 지식, 어휘 지식 및 문장 구조에 대한 문법적 지식을 기초로 "What are you going to do?"라는 wh-의문문으로 파악하는 과정이다. 또한 'do'라는 행위 동사(action verb)의 행위자(agent)가 'you'라는 것 등을 파악하는 의미론적 지식을 통해 명제적 의미를 파악하는 과정이다.

의미론적 처리 과정은 이해(comprehension), 추론(inference), 학습(learning), 메모리 정보(memory information)와 관련된 청자의 메모리로부터 시작되는 하향식 처리 과정이다(Rost, 2011). 귀에 들리는 구두 언어를 처리하는 과정에서 작업 기억(working memory), 단기 기억(short-term memory)과 장기 기억(long-term memory)이 작동한다. 청각적으로 처리된 음운론적 정보가 단기 기억에 10~20초 정도 보관되면 작업 기억에서 음운 고리(phonological loop)를 통해 1~2초 동안 기억하면서 장기 기억에서 필요한 선험 지식을 끌어들여 의미를 구축하거나 추론해 가는 과정이다.[3]

의미론적 처리 과정은 청자가 자신의 선험 지식을 활성화하여 이미 알고 있는 정보(given information)를 바탕으로 새로운 정보(new information)를 파악하고 필요한 경우 청각을 통해 전달된 말소리 정보에만 의존하지 않고 부족하거나 놓친 정보를 자신의 선험 지식에서 끌어들여 이해하거나 복원하는 과정이다. 구두 언어의 강세, 발화의 길이(duration), 높낮이(pitch) 및 크기(loudness) 등의 음성학적 단서를 근거로 핵심 정보나 새로운 정보를 인지하고 결합 단서(cohesive device)를 포함한 담화 구조 지식(textual knowledge)을 통해 정보 간의 관계를 파악하여 의미를 이해하고 추론한다. 또한 화자와 공유된 배경 정보를 바탕으로 자신과 관련이 있는 정보, 사회 구조(social structure) 맥락적 정보, 함축된 의미 등을 파악한다. 명제적 의미를 파악하는 언어적 처리 과정과 달리 청자가 자신의 배경지식을 기초로 의미를 구축하고 추론하는 과정이다. 또한 의미 처리 과정에서 문제가 생겼을 때 보충 전략(compensatory strategy)을 사용하는 과정이기도 하다(Rost, 2011).

듣기의 화용론적 처리 과정은 언어적 및 비언어적 입력 자료를 청자가 능동적으로 처리하면서 화자의 의도, 의미 및 태도와 감정을 파악하는 과정이다. 청자와 화자와의 관계, 발화 맥락과 사회 문화적 배경 등에 따라 화자의 의도와 의미 해석이 달라진다. 그림 1-1에서 언어 체계적 지식과 선험적 지식과 상호 작용하는 발화 상황 및 텍스트 문맥(co-text)의 파악을 기초로 한 이해 과정이다. 이는 듣기를 협력적 과정으로 보는 시각에서와 같이 발화의 함축적 의미(conversational implicature) 파악을 협동 원리와 격률(maxim)을 근간으로 설명하는 Grice(1975)의 대화함축 이론, 또한 맥락과 발화와의 최적 적합성을 기초로 청자에게 전달되는 발화의 의미를 설명하는

---

3) 작업 기억은 정보를 저장하고 처리하는 역할을 모두 한다고 보면서 단기 기억과 동일하게 보는 견해가 있지만, 일반적으로 작업 기억을 단기 기억의 한 기능 또는 독립된 기억 유형으로 보는 시각이 많다(Cowan, 2008). 단기 기억은 정보를 단기간 저장하는 역할을 담당하는 반면에 작업 기억은 이해, 학습 추론과 같은 복잡한 과제를 수행하는 제한된 용량의 기제로서 정보를 조작하는 역할을 한다.

Sperber와 Wilson(1986, 1995)의 적합성 이론(Relevance Theory)과도 연계된다.

화자 및 청자의 성별, 나이 및 개인적 배경 정보, 화자와 청자의 관계, 발화의 시공간적 배경, 발화 주제, 언어 매체 수단, 발화 목적, 발화 사건(speech event)의 사회적 관례 등의 상황 지시적 정보(deictic reference)에 따라서도 청자는 다양한 의미를 구축한다. 청자가 발화의 상황적 정보에 적합한 의미를 파악하는 것이다. 예를 들어서 무더운 여름날 오후 2시에 공원 벤치에 앉아있는 70대 할머니가 공원을 둘러보면서 "Today is better than yesterday"라고 말을 하면서 미소를 짓는다면 청자는 자신의 배경지식과 상황적 판단을 통해 다음과 같은 의미와 화자의 의도를 구축할 수 있다는 것이다.

"Today is cooler than yesterday": 어제보다 오늘 덜 더워서 좋다.
"Today I feel better than yesterday": 어제보다 오늘 건강이 더 좋아서 좋다.
"There are fewer people in the park today than yesterday": 공원에 사람이 적어서 조용하게 휴식을 취할 수 있어서 좋다.

화자인 할머니가 어디를 쳐다보는지, 어떤 얼굴 표정을 짓고 있는지, 어떤 옷을 입고 있는지, 누구와 함께 앉아 있는지, 애완견과 함께 있는지, 날씨가 어떠한지뿐만 아니라 청자의 연령대, 어떤 상황에서 청자가 할머니의 말을 들었는지, 청자의 감정 및 건강 상태 등에 따라서도 청자는 동일한 발화를 다른 의미로 해석할 것이다. 아울러 사회 문화적 배경에 따라서도 청자는 발화의 의미 및 화자의 의도를 다르게 파악할 수 있다. 예를 들어서 이슬람 국가에서 여자들이 외출할 때 머리에 쓰는 수건인 히잡을 두른 할머니라면 청자는 할머니의 발화를 종교적으로나 가정사적 측면으로 해석할 수도 있을 것이다.

언어학적 및 의미론적 처리 과정은 청자의 내부적 인지 과정인 반면에 화용론적 처리 과정은 좀 더 사회적 지식을 활용한 맥락적 정보 및 사회 관습적 배경을 기초로 한 과정이다. 청각으로 처리되는 구두 언어보다 발화의 맥락 중심이며 언어적 단위의 의미보다 화자의 의미 또는 청자가 파악하는 화자의 의미나 의도에 초점이 맞추어진다.

언어 사용을 언어 습득이나 언어 사용 능력 정도에 따라 통제적 과정(controlled processing)과 자동화된 과정(automatic processing)으로 나누어보듯이 외국어 듣기 이해 과정도 이러한 두 과정으로 분류하기도 한다(Nagle & Sanders, 1986). 구두 언어 입력 자료를 처리하기 위해 여러 지식과 능력을 얼마나 무의식적으로 사용하여 의미 파악에 도달하는가에 따라 통제적 및 자동화된 과정으로 차별화된다. 외국어 능력이 부족한 초급 단계 청자는 구두 언어 입력 자료를 주의 집중하여 의식적으로 처리하므로 이해 속도가 느린 반면에 능숙한 청자는 구두 언어 입력 자료를 무의식적으로 자동적으로 처리하면서 자신의 여러 능력과 지식을 짧은 시간 안에 동시다발적으로 활용하여 이해하며 이러한 과정을 모니터링하기 때문에 듣기 이해 과정의 속도와 효율성이 높다.

앞서 논의한 듣기 이해에 대한 정의, 시각, 단계 등을 종합 정리해보면 듣기 이해는 청자가 청각 기관을 통해 입력되는 말소리를 자신의 언어적 및 선험적 지식을 바탕으로 의미를 구축하고 추론해가는 과정으로서 발화 상황이나 텍스트 맥락뿐만 아니라 사회 문화적 맥락에 따라 그 의미 해석도 달라지고, 말소리를 통해 전달되는 의미를 파악하고 이해할 뿐만 아니라 청자가 좀 더 능동적으로 의미를 구축하고 변형해가는 과정이기도 하다. 또한 언어 능숙도에 따라 듣기는 통제적 또는 자동화된 과정이 된다.

1.3 듣기 능력, 기술과 전략

1.3.1 듣기 능력

듣기란 의사소통 과정에서 청각 기관을 통해 인식되는 구두 언어 입력 자료를 인지하고 메시지를 파악하는 능력이다. 능숙한 청자는 구두 언어 입력 자료를 자동적으로 처리하면서 명시적으로 전달되는 내용뿐만 아니라 암시적으로나 부분적으로만 전달되는 내용도 파악할 수 있으며, 자신의 선험 지식과 맥락적 정보를 활용하여 메시지와 상황을 추론할 수도 있다. 이러한 듣기 능력은 음운론적, 어휘론적, 통사론적, 담화론적 언어적 지식과 세상적, 주제적, 문화적 선험 지식을 바탕으로 하며 아울러 듣기 상황 노출 정도에 따른 맥락적 정보 활용 능력에도 기초한다. 따라서 듣기 능력을 함양하기 위해서는 언어적 지식과 선험적 지식뿐만 아니라 맥락 활용의 절차적 지식도 길러야 한다.

듣기 이해는 Barrett(1968)의 기준에 따라 다섯 단계 수준으로 나누어진다 (Helgesen & Brown, 2007, pp. 31-32, 42-49). 첫 단계는 명시적으로 언급된 정보를 파악하는 사실적 이해이며, 두 번째 단계는 주어진 정보의 순서를 파악하고 재구성하는 등 구두 담화의 전체 구조를 이해하고 주제를 파악하는 것이다. 세 번째 단계는 암시적으로 제시된 정보를 파악하는 추론적 이해이며, 네 번째 단계는 주어진 정보가 사실에 근거할 수 있는 내용인지 청자가 메시지 내용을 평가하는 것이다. 마지막 최종 단계는 청자가 TV 방송이나 음악을 듣고 감상하는 단계이다.

5. Appreciation (highest level)

Students give an emotional or image-based response.

4. Evaluation

Students make judgment in light of the material.

3. Inference

Students respond to information that is implied but not directly stated.

2. Reorganization

Students organize or order the information a different way than it was presented.

1. Literal (lowest level)

Students identify information directly stated. (Helgesen & Brown, 2007, p. 32)

예를 들면 첫 번째 단계의 수준은 예시 1-1의 활동 1.A와 1.B와 같이 명시적으로 주어지는 정보를 파악하는 능력, 즉 사실적 이해(factual/literal understanding) 능력이다. 두 번째 수준의 능력은 전반적 이해(global understanding) 능력으로서 활동 2.A와 2.B와 같이 들은 자료 전체의 주제, 요지, 줄거리 및 내용 흐름을 파악하거나 주어진 정보를 재구성하는 능력이다. 세 번째 이해 단계 수준인 추론적 이해 능력은 청자가 구두 언어로 들은 자료를 통해서만 아니라 자신의 선험 지식과 맥락적 정보를 활용하여 추론하는 능력에 관한 것이다. 활동 3.A와 3.B에서와 같이 구두 언어 자료에서 암시적으로만 전달된 정보를 청자가 파악하는 것이다. 네 번째 이해 능력 수준은 들은 정보가 사실인가 등 청자가 정보에 대한 판단과 평가를 하는 능력이다. 활동 4에서와 같이 사실적 이해를 바탕으로 정보를 파악한 후 청자가 이 정보의 진위 여부를 판단하는 능력이다. 옳고 틀린 판단이 있는 것은 아니며 주어진 정보를 활용해서 메시지에 대한 평가를 하는 것으로서 청자의 비판적 사고(critical thinking) 능력이 반영되는 이해 능력 수준이다.

〈예시 1-1〉 듣기 수준 단계별 과제

---

1. *Listening for specific information/literal processing*

A. Listen. Which page numbers should she read? Write the page numbers.

_____ and _____

B. Listen to three conversations. Look at the pictures. Write the letter of the order next to the number of the conversations.

Conversation 1 _____   Conversation 2 _____   Conversation 3 _____

2. *Listening for gist/reorganization*

A. Listen. What is the main important idea? Check (√) your answer.

☐ going to the doctor   ☐ school

B. People are talking about their vacations. Listen and number the topics from 1 to 4 in the order they are mentioned.

1. the food __	1. the taxi __	1. the people __	1. the sightseeing __
the staff __	the food __	the hotel __	the buses __
the people __	the hotel __	the bus __	the shopping __
the beach __	the waiters __	the food __	the people __

---

3. Inferencing

A. Listen to a conversation of two students. Did both students go to school today?

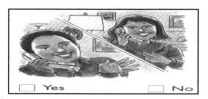

□ Yes   □ No

B. Listen. People are eating different foods. They don't say the names of the foods. What are they talking about? Number the pictures (1-6). There are two extra pictures.

□ pizza   □ fish   □ sushi (Japanese)   □ hamburger

[1] ice cream cone   □ soup   □ coffee   □ nan (Indian)

4. Listening and making evaluation

Listen to these stories. What information is in the stories? Check (√) your answers. Do you think these stories might be true? Draw lines to show your opinion.

True?

😐 Maybe   😐 Probably not   😠 Impossible

1. UFO sends TV sports show to earth.
   □ Videotape of UFO sports show found on earth.
   □ People on earth saw a TV show from a UFO. The show was about sports.
...
3. Two-thousand-year-old Greek statue has face of rock star.
   □ The statue looks like a rock star.
   □ The rock star was Greek.
4. Man loses 100 pounds.
   □ He stopped eating.
   □ He only ate one kind of food.

(출처: 활동 1.A, 2.A, 3.A, 3.B, 4, *Active Listening: Introducing*, Helgesen & Brown, 1995, pp. 5, 16, 56; 활동 1.B, *Top-up Listening 1*, Cleary, Holden, & Cooney, 2003, p. 22; 활동 2.B, *Developing Tactics for Listening*, Richards, 2003, p. 48)

Barrett(1968)의 이해 능력 수준의 마지막 단계는 감상이다. 이는 청자의 구두 언어 자료에 대한 주관적 감상의 능력인데, 1.1.2절에서 언급한 듣기의 세 번째 목적인 즐거움 얻기와 연관된다(Helgesen & Brown, 2007). 이야기를 듣고 즐거워하는 것 또는 영어 노래를 들으면서 가사의 의미를 생각하며 감상하는 능력이다. 앞에서 언급한 네 번째 이해 수준보다 더 주관적인 청자의 듣기 수준이다. 교실 수업의 목표를 이 단계 능력까지 설정하는 경우는 많지 않지만, 최근 확장적 듣기(extensive listening)가 확산되면서 영어 노래, 이야기나 라디오 드라마 방송 듣기 또는 영화 감상 등이 듣기 활동으로 활용되기도 한다.

Buck, Tatsuoka, Kostin과 Phelps(1997)는 듣기 능력에 다음 10가지의 핵심 능력이 포함된다고 본다. 발화 속도가 빠른 구두 언어를 처리하는 능력, 빈도수가 낮은 어휘나 어휘 밀집도(lexical density)가 높은 텍스트 및 복잡한 구문을 처리하는 능력, 구가 아닌 절 또는 절이 아닌 문장 단위 등과 같이 한 번에 처리해야 하는 길이가 긴 음성 언어나 정보량이 많은 텍스트를 처리하는 능력, 짧은 듣기 자료를 들고 목적을 빨리 파악하는 능력, 흩어져있는 정보를 통합하거나 잉여 정보를 활용하는 능력을 포함한다.

- · process faster input
- · process lower-frequency vocabulary
- · process texts with higher vocabulary density
- · process more complex structures
- · process longer segments
- · process texts with a higher information density
- · scan short segments to determine listening purpose
- · synthesise scattered information
- · use redundant information (Rost, 2002, p. 120)

듣기 능력은 언어적 지식과 배경지식을 바탕으로 구두 언어 메시지를 파악하는 것으로서 화자의 메시지를 구축하기 위해 청자는 맥락적 정보를 활용할 뿐만 아니라 절차적 지식을 사용할 수 있는 능력을 갖추는 것도 필요하다. 듣기를 통해 파악하는 정보 유형에 따라 듣기 단계의 수준이 등급화된다.

1.3.2 듣기 기술

듣기 기술은 언어 사용자가 충분한 연습을 했을 때 자동적으로 사용할 수 있는 짧은 시간 안에 활성화되는 능력이다(Peterson, 2001). 앞 절에서 언급한 듣기 이해 수준별 능력 모두가 포함된다. 억양 인식, 세부 내용 파악, 주제 파악, 화자 의도 추론 등의 여러 기술을 포함한다. Richards(1985)는 듣기 기술을 33개의 세부 기술로 분류했는데, 나열 순서대로 위계 체계(hierarchy)가 있는 것으로 보고 있다. 또한 학문적 목적 듣기와 관련된 듣기 기술 18개의 목록도 제시하였다. 음운, 강세, 리듬, 축약형, 단어 경계, 어순, 핵심 단어, 품사, 문장 구조, 생략된 문법 단위, 언어 형태의 기능 식별 및 인식하기와 같은 상향식 과정 중심 듣기 기술과 의사소통 상황, 원인과 결과, 결론, 전후 관계, 암시적 의미 추론하기와 같은 하향식 과정 중심 듣기 기술을 다 포함하고 있다. 특히 구두 언어는 언어학적 단위가 아닌 의미 또는 아이디어 단위(idea unit)로 발화되므로 휴지의 위치 파악을 통한 아이디어 단위 인지도 중요한 듣기 기술이다. 이러한 듣기 기술을 Brown과 Lee(2015)는 미시적 기술(micro-skill)과 거시적 기술(macro-skill)로 분류하고 있다. 미시적 기술은 상향식 과정의 구두 언어 처리와 관련된 기술이며 거시적 기술은 하향식 과정의 메시지 파악 및 추론, 구두 담화 구조 파악 등과 관련된 기술이다.

Rost(2002)는 Richards(1985, 1990)와 Rost(1994)의 듣기 기술 분류를 바탕으로 다음과 같은 기술 목록을 제시하고 있다.

· Hearing prominent words
· Hearing pause unit boundaries
· Hearing assimilations, elisions, and reductions
· Hearing differences in intonation patterns
· Guessing the meaning of 'weakened words' in an utterance
· Guessing the meaning of unknown words
· Discriminating between similar words
· Parsing an utterance into relationships (agent, object, location, etc.)
· Deciding the meaning of an ambiguous utterance
· Finding correct references for ellipted forms and pro-forms

- Understanding the function of an utterance when the speaker is indirect
- Using gestures to guide our understanding
- Activating images or memories when we listen to a story or description
- Making predictions as we listen
- Filling in missing information (or information that was not heard clearly)
- Using reasoning as we listen, such as filling in the 'supporting grounds' of an argument and making 'bridging inferences'
- Understanding the speaker's intended function for an utterance
- Understanding differences in conversational styles and discourse patterns
- Understanding organisational patterns of the speaker
- Holding information in short-term memory, building up long-term memory of relevant information
- Responding to what the speaker says (Rost, 2002, p. 119)

Rost(1990)는 또한 Richards(1985)의 듣기 기술을 기초로 듣기 기술들의 그룹화를 강조하면서 재분류하였다(Lynch & Mendelsohn, 2010). 구두 언어 자료를 인식하고 그 메시지를 파악하기 위해 사용하는 기술(enabling skill)과 메시지에 적절하게 반응하기 위해 사용하는 기술(enacting skill), 두 가지 영역으로 듣기 기술을 나누고 있다. 전자는 음운, 강세, 억양 등의 구두 언어 인식(perception) 중심의 상향식 기술과 모르는 단어 의미 추론, 암시적 정보 추론, 담화 표지어(discourse marker) 인지, 담화 주제 파악, 내용 추측 등의 해석 중심의 하향식 기술을 포함한다. 반면에 후자는 듣고 응답하기, 다른 정보와 통합하기, 노트하기와 같이 듣고 말하기, 읽기, 쓰기 기능을 수행하는 기술이다.

ENABLING SKILLS
Perception

Recognizing prominence within utterances, including:
- Discriminating sounds in words, especially phonemic contrasts
- Discriminating strong and weak forms, phonetic change at word boundaries
- Identifying use of stress and pitch (information units, emphasis, etc.)

Interpretation

Formulating content sense of an utterance, including:

· Deducing the meaning of unfamiliar words

· Inferring implicit information

· Inferring links between propositions

Formulating a conceptual framework linking utterances, including:

· Recognizing discourse markers (clarifying, contrasting)

· Constructing a theme over a stretch of discourse

· Predicting content

· Identifying elements that help you to form an overall schema

· Maintaining and updating the context

Interpreting (possible) speaker intention, including:

· Identifying an 'interpersonal frame' speaker-to-hearer

· Monitoring changes in prosody and establishing (in)consistencies

· Noting contradictions, inadequate information, ambiguities

· Differentiating between fact and opinion

ENACTING SKILLS

Making an appropriate response (based on the above), including:

· Selecting key points for the current task

· Transcoding information into written form (for example, notes)

· Identifying which points need clarification

· Integrating information with that from other sources

· Providing appropriate feedback to the speaker

(Lynch & Mendelsohn, 2010, p. 186)

Rost(1990)의 이와 같은 듣기 기술의 분류는 듣기 이해 과정을 말소리 인식, 문장 구문 분석(parsing), 활용(utilization)의 세 단계로 보는 Anderson(1985)의 정보 처리 모델(information processing model)과 유사하다(Lynch & Mendelsohn, 2010).

1.3.3 듣기 전략

듣기 전략(strategy)은 청자가 구두 언어 입력 자료의 처리 및 이해를 위해 선택하여 사용하는 책략이며 자신의 듣기 과정을 조절하면서 의도적으로 선별하여 사용한다는 점에서 자동화되어 무의식적으로 사용되는 듣기 기술과 차별화된다(Peterson, 2001). 전략은 목표를 위해 계획하고 수행하는 행위("goal-directed plans and behaviors")이며 (Rost, 2002, p. 154), 듣기 환경에 따라 주어진 듣기 과업을 잘 수행하기 위해 적절하게 선택하여 사용하는 책략이다.

Oxford(1990)는 다음과 같은 듣기 전략 목록을 제시하였다. 구두 언어 자료로 처리되는 내용과 관련된 배경지식을 연상시키기, 이미지화하기, 핵심 단어 파악하여 주제 찾기, 처리된 구두 언어를 작업 기억에 보관하기, 필요에 따라 다시 듣기, 모국어로 번역하기, 노트하기, 간단히 요약하기, 강세 등의 단서 활용하기, 관련된 선험 지식과 연결시키기, 자신의 듣기 과정이나 이해도를 모니터링하기 등의 전략을 포함한다. 이는 Oxford의 전략 분류에서 직접 전략 중 메타인지(meta-cognitive), 인지(cognitive), 보상(compensatory) 전략에 해당하는데, 모두 듣기 과정의 효율성과 이해도를 높이기 위해 청자가 사용하는 책략이다.

grouping
associating
elaborating
creating mental linkages
using imagery
semantic mapping
using keywords
representing sounds in memory
structured reviewing
using physical response or sensation
using mechanical techniques
repeating
recognising and using formulas and
    patterns
getting the idea quickly

taking notes
highlighting
summarising
using linguistic clues
using other clues
overviewing and linking with already
    known material
paying attention
organising
setting goals and objectives
identifying the purpose of a language task
self-monitoring
self-evaluating
using progressive relaxation, deep
    breathing, and meditation

using resources for receiving messages	using music
reasoning deductively	using laughter
analysing expressions	making positive statements
analysing contrastively across languages	taking risks (wisely)
translating	rewarding yourself
transferring	listening to your body
	using a checklist

(Oxford, 1990, p. 38)

듣기 전략은 Oxford(1990)의 일반적인 언어 학습의 직간접 전략 유형 분류를 바탕으로 메타인지(meta-cognitive), 인지(cognitive), 사회 정의적(socio-affective) 전략으로 분류하기도 한다. 인지 전략은 구두 언어 입력 자료 처리와 직접적으로 관련된 전략으로 듣기 중에 입력 자료를 효율적으로 잘 처리하여 이해도를 높이거나 들은 정보를 잘 기억하기 위해 사용하는 전략이다. 예를 들어서, 모르는 단어의 의미를 추측하거나 들으면서 노트를 한다든지 모국어로 번역하거나 요약을 하여 이해도를 높이려고 하는 책략들이다. 듣기 이해를 위해 입력 자료를 작업 기억(working memory)에 저장하면서 처리하고 아울러 미래에 다시 회상하여 사용할 수 있도록 장기 기억(long-term memory)에 저장하기 위한 것이다(Richards, 2008). 이에 Buck (2001)은 인지 전략을 듣기의 과정별로, 즉 이해 과정(comprehension processes), 저장 및 기억 과정(storing and memory processes), 사용 및 회상 과정(using and retrieval processes)으로 나누어 분류하고 있다.

메타인지 전략은 듣기 이전에, 듣기 중에 또는 듣기 이후에 청자가 듣기를 계획하고 모니터링하며 평가하는 데 사용하는 책략이다. 이에 Buck(2001)은 메타인지 전략을 듣기 상황 평가(assessing the situation), 모니터링, 자가 평가(self-evaluating and testing) 전략으로 나누고 있다. 메타인지 전략은 구두 언어 자료 처리와 직접 관련된 인지 전략의 수행을 관리하는 기능을 한다. 예를 들어서 듣기 목적을 먼저 생각하고 어떤 정보에 집중할 것인지 미리 계획하기, 자신의 듣기 과업 수행의 완성도를 모니터링 하기, 듣기 과정 중 직면했던 문제를 야기한 요인 파악하기와 같은 전략이다. 한편 사회 정의적 전략은 듣기 이전, 듣기 중 또는 듣기 이후에 사용하는 전략으로 타인에게 도움을 청하거나 화자의 말을 잘 못 이해했을 때 되묻거나 확인하는 질문 (clarification question)을 하는 전략 또는 듣기 이전에 듣기에 대한 두려움을 낮추기 위해 큰 숨을 들이키거나 듣기에 대한 자신감을 가지기 위해 청자 스스로 자신에게 용기를 북돋우는 전략 등을 포함한다. 이와 같은 듣기 전략은 표 1-1과 같이 정리해 볼 수 있는데, 이는 Vandergrift(1997), Field(1998)와 Richards(2015)가 제시한 듣기 전략을 다시 정리한 것이다.

〈표 1-1〉 인지, 메타인지 및 사회 정의적 듣기 전략 목록

Cognitive strategies	Meta-cognitive strategies	Socio-affective strategies
Inferencing: Filling in missing information - Apply knowledge about the target language. - Use information from familiar content words. - Draw on knowledge of the world. - Use contextual clues. - Use visual (paralinguistic, kinesic) clues. **Elaboration**: Embellishing an initial interpretation - Draw on knowledge about the target language. - Draw on knowledge of the world or personal experiences. - Use imagination. **Prediction**: Anticipating the contents of a text - Anticipate general contents (global). - Anticipate details while listening (local). **Contextualization**: Relating new information to a wider context - Place input in a meaningful context	**Pre-listening preparation**: Preparing mentally for a listening task - Preview contents. - Rehearse sounds of potential content words **Selective attention**: Noticing specific aspects of input - Listen to words in groups. - Listen for gist. - Listen for familiar content words. - Notice the information structure (e.g., discourse markers). - Notice intonation features. - Notice repetition and reformulation. - Listen to specific parts of the input. - Pay attention to visuals and body language. **Direct attention**: Avoiding distractions - Concentrate hard. - Continue to listen, in spite of	**Questioning for clarification**: (two-way tasks) - Ask for clarification. - Ask for repetition. - Use comprehension check. **Cooperation**: - Work with other learners. **Lowering anxiety**: Relaxing before listening - Use physical techniques. - Use visualization. **Self-encouragement**: - Develop positive attitudes toward the task.

(e.g., social, linguistic). - Find related information on hearing a key word. - Relate one part of text to another. **Visualization**: Forming a mental picture of what is heard - Imagine scenes, events, objects, etc. being described. - Mentally display the shape (spelling) of key words. **Reconstruction**: Using words heard to create meaning - Reconstruct meaning from words heard. - Reconstruct meaning from notes taken. **Summarization**: Making a mental or written summary of what is heard **Translation**: Translating from L2 to L1 **Transfer**: Using L1 language to facilitate L2 listening **Repetition**: Repeating what is heard **Resourcing**: Using resources to aid understanding (e.g., dictionaries) **Grouping**: Grouping words or information together **Deduction/Induction**: Applying rules learned or developed to follow a text	difficulty. - Pay attention to the main points. **Comprehension monitoring**: Checking/confirming understanding while listening - Confirm comprehension. - Identify words or ideas not understood. - Check current interpretation against context. - Check current interpretation with prior knowledge. **Real-time assessment of input**: Determining the value of specific parts of the input - Assess the importance of problematic parts heard. - Determine the potential value of subsequent parts of input. **Comprehension evaluation**: Checking interpretation for accuracy, completeness and acceptability after listening - Check interpretation against predictions. - Check interpretation against prior knowledge. - Match interpretation against context. - Check interpretation against external sources.	- Focus on success. **Taking emotional temperature**: - Check how one feels during listening tasks.

Substitution: Substituting words or expressions		
Fixation: Stopping to think about language forms or meaning or to memorize		

능숙한 청자는 자신의 이해 과정을 모니터링하면서 필요할 때 적절한 전략을 선택하여 사용한다. Vandergrift(1996, 1998, 1999)와 Rost(1999)는 외국어 듣기에서 성공적인 청자는 다음 여섯 가지 전략을 사용한다고 한다. 모니터링하고 평가하는 메타인지 전략이 포함되어 있는데 이는 청자가 자신의 듣기 과정에 주도적으로 참여할 때 듣기 성공도가 높아질 수 있다는 것을 시사한다.

1. Predicting: Predicting information or ideas prior to listening.
2. Inferencing: Drawing inferences about complete information based on incomplete or inadequate information.
3. Monitoring: Monitoring one's own performance while listening, including assessing areas of uncertainty.
4. Clarifying: Formulating clarification questions about what information is needed to make a fuller interpretation.
5. Responding: Providing a personal, relevant response to the information or ideas presented.
6. Evaluating: Checking how well one has understood, and whether an initial problem posed has been solved. (Rost, 2002, p. 155)

전략이란 언어적 기술이나 선험 지식이 부족할 때 이를 보완하기 위해 사용되는 책략이므로 듣기 능력이 향상할수록 듣기 전략 사용 빈도는 줄어들지만(Field, 1998), 외국어로서 영어를 학습하는 학습자는 언어적 지식이 부족하고 해당 구두 언어 노출 빈도수도 적기 때문에 듣기 기술을 자동화시키면서 듣기 능력을 향상시키기 위해서는 듣기 목적이나 자료 유형 등의 듣기 상황에 적절한 전략의 활용이 필요하다. 개별적인 전략에 대한 이해와 인식이 필요함과 동시에 상황에 적절한 전략을 선택하여 적용할 수 있는 전략적 능력도 개발되어야 한다.

1.4 구두 언어의 특징

　듣기에서 처리하는 구두 언어는 소리라는 매개를 통한 의사소통 수단이다. 강세, 억양, 리듬 등 운율적 자질(prosodic feature)을 가지는 음성 자료이다. 문자 언어보다 좀 더 사용 빈도수가 높은 친숙한 단어들과 덜 복잡한 문장 구조로 구성된다. 이는 녹음하여 다시 듣기 전까지는 한 번 들으면 다시 들을 수 없는 일회성(one-shot nature) 자료이므로 청자가 인지적으로 처리할 수 있는 정보의 양에 한계가 있기 때문이다.

　구두 언어는 운율적 자질, 문장 구조의 복잡성(degree of syntactic complexity) 및 문법성(grammaticality), 어휘의 격식성(formality) 및 친숙성(familiarity), 어휘적 복잡성(lexical complexity)과 어휘 밀집도 측면에서 문자 언어와 차별화된다. 또한 담화의 격식성, 즉흥성(spontaneity) 및 계획성(plannedness), 맥락 의존성(contextual dependency), 의사소통 대상과의 상호작용, 잉여성(redundancy), 일회성 또는 한시성(temporality) 측면에서도 차별화된다. Underwood(1989), Rost(1994), Ur(1984), Richards(2015), Brown과 Lee(2015), Tribble(1996)이 제시한 구두 언어의 특징을 정리하면 다음과 같다.

① 휴지(pause)로 나누어지는 의미 단위로 발화된다.
② 지역적, 사회적 방언이나 악센트(accent)로 발화되기도 한다.
③ 강세, 억양 등의 운율적 자질이 있으며 이에 따라 의미가 변화되기도 한다. 특히 영어는 강세 숫자에 따라 발화의 길이가 달라지는 강세 박자 언어(stress-timed language)이다.
④ 음운론적, 형태론적, 통사론적, 화용론적 축약형(reduced forms)이 많이 사용된다. "Brand new"라는 형용사구에서 첫 단어 마지막 자음 "d"가 발음되지 않고 두 "n"음이 하나의 긴 "n"음으로 /bræn'u:/로 발음되는 것과 같이 앞뒤 단어 간 자음과 자음, 자음과 모음이 연결되어 발음되는 이음말(connected speech) 현상이 있다.
⑤ 문법, 문장 구조, 어휘적 측면에서 형식에 구애를 덜 받기 때문에 복잡하지 않은 문장 구조와 일상적이고 친숙한 어휘를 많이 사용하며, 미완성된(unfinished,

incomplete) 문장이나 비문법적 문장도 사용된다.

⑥ 사용 빈도수가 높은 단어들이나 "kind of, sort of, kids, guys" 등 구어체 어휘가 사용된다. 또한 "drop in, figure out, give up, hand over, keep on, turn in" 같은 구동사(phrasal verbs)가 많이 사용된다.

⑦ 주어-동사와 같은 통사론적 구조보다 어떤 주제가 제기되고 이에 대해 정보가 추가되는 주제-화제(topic-comment) 구조로 발화되는 경우가 많다.

⑧ 복잡한 문장 구조를 사용하지 않는다. 종속(subordinate) 접속사나 "in addition, furthermore, therefore, however" 등의 접속 부사 대신 대등(coordinate) 접속사 "and, but"으로 절이나 문장을 연결하며, 명사구나 관계 대명사절 등을 사용하지 않는다.

⑨ 전치사, 대명사, 'be' 동사, 조동사 등의 기능어(function word) 사용 빈도가 높다. 내용어(content word) 비율이 떨어지고 동일 어휘 사용 빈도가 높으며 문장당 단어 수가 많지 않아서 어휘 다양성 및 밀집도가 낮다.

⑩ 발화 내용이나 주제가 명시적으로 발화되지 않고 생략되는 경우가 많다.

⑪ "Somebody, you, they, things" 등 지칭하는 대상이 불명확한 대명사나 명사의 사용 빈도수가 높다.

⑫ 머뭇거리거나(hesitation) 특별한 뜻 없이 말하거나 무슨 말을 할지 계획하기 위해 "ah, er, uh, um, well, you know, I mean, okay, right" 등의 추임새 또는 채움말(filler, interactive markers)들이 많이 사용된다.

⑬ 얼굴 표정이나 몸 움직임 등의 준언어학적(paralinguistic) 수단과 비언어적 단서 (non-linguistic clues)가 많이 사용된다.

⑭ 일반적으로 계획되지 않은 즉흥적인 발화이지만 말을 주고받거나 특정 구조로 말이 이어지는 등 담화 구성적 특징을 가지고 있다. 예를 들어서 "talking about ..., by the way ..."와 같이 말의 주제를 언급하거나 변경할 때 사용되는 특정 표현들을 사용함으로써 담화의 조직을 명시적으로 드러내기도 한다.

⑮ 동일하거나 유사한 내용을 반복하기도 하고 부연 설명이 제시되기도 하여 정보의 잉여도가 높다.

외국어 듣기 교육에서는 이러한 구두 언어의 특징들을 고려한 지도가 필요하다. 기본적으로 개별 음운의 발음 인지뿐만 아니라 운율적 자질, 축약형 및 이음말 인지 훈련이 필요하고, 구두 언어는 다시 듣기 어려운 일회성 자료인 경우가 많지만, 특성상 정보가 반복되기도 하고 잉여적 정보들이 있으므로 이를 잘 활용하는 학습이 필요하다. 문자 언어 중심으로 외국어를 학습하였다면 구두 언어에서 많이 사용되는 구어체 표현(colloquial language)을 익히는 것도 필요하다.

1.5 듣기 저해 요인

주변 소음과 같은 물리적 환경이나 청자의 심리적 및 신체적 상황이 듣기를 어렵게 만들 수 있는데, 앞서 논의한 구두 언어 특징도 듣기를 어렵게 하는 요인이 된다. 청자에게 익숙하지 않은 빠른 발화 속도, 원어민 발음, 축약형이나 이음말, 비강세(unstressed) 음절, 구어체 표현이 어려움을 야기한다. 또한 어휘 부족, 담화 표지어 인식 능력 부족, 메시지 해석의 어려움, 잘못된 듣기 습관 등도 듣기를 저해하는 요인이 된다. 이를 정리하면 다음과 같다(Anderson & Lynch, 1988; Brown & Lee, 2015; Underwood, 1989).

① 화자의 발화 속도(rate of delivery)가 듣기를 어렵게 만들 수 있다. 원어민의 발화 속도로 듣기를 연습하거나 학습한 경험이 부족한 외국어 학습자에게는 원어민의 발화 속도가 빨라서 그 속도에 맞춰 내용을 이해하기가 쉽지 않다.

② 구두 언어의 일회성이나 한시성이 듣기의 어려움을 야기하기도 한다. 녹음된 자료를 다시 들을 수 있는 환경이 아니라면 구두 언어 자료는 다시 듣기 어렵기 때문이다.

③ 친숙하지 않은 방언이나 악센트가 듣기를 저해한다. 예를 들어서 미국식 영어 발음에 익숙한 한국 학습자가 영국식 영어 발음의 자료를 들을 때 발음 문제로 영어 단어들을 인지하지 못하여 메시지를 이해하지 못하는 경우도 있다.

④ 축약형, 이음말, 비강세 음절 등이 듣기의 어려움을 초래한다. 특히 원어민 발음이나 구어체에 익숙하지 않아서 들리는 발음으로 단어를 인지하지 못하게 된다면 듣기가 어려워질 것이다.

⑤ 문어체 표현에 익숙한 청자에게는 구어체 표현은 듣기를 어렵게 한다. 특히 문화적 의미를 내포하는 구어체 표현은 듣기가 어렵다.

⑥ 어휘력 부족이 듣기 어려움을 초래할 수 있다. 모르는 단어가 들리면 그 의미를 생각하느라 그 다음 말소리를 놓치게 되고 이에 듣기가 중단되기도 한다.

⑦ 담화 표지어에 대한 지식 부족으로 구두 언어 정보가 서로 어떻게 연결되는지 파악하기 힘들다면 듣기의 어려움이 발생하기도 한다.

⑧ 화자와 공유하는 정보나 선험 지식이 부족하거나 다를 때 메시지를 해석하는 것이 어려울 수 있다.

⑨ 양방향 듣기 의사소통 상황이라면 상대방의 말에 대한 이해뿐만 아니라 이에 대한 적절한 응답을 해야 하므로 청자가 느끼는 부담감이 더 커질 수 있다.

⑩ 청자의 외국어 학습 습관이 어려움을 야기할 수도 있다. 정확성(accuracy) 중심으로 영어를 학습해온 외국어 학습자는 모든 것을 다 정확하게 듣고 이해하려고 하여 화자의 발음이 잘 안 들리거나 모르는 어휘가 들리면 확실하게 이해하기 힘든 부분 (vagueness) 때문에 그 다음의 구두 언어 입력 자료를 처리하지 못하게 되기도 한다.

들기를 어렵게 하는 요인에는 듣기 자료, 과업, 과정직 요인도 포함된다. 듣기 자료의 길이, 주제의 추상성, 정보의 밀집성과 들으면서 수행해야 하는 행위나 산출해야 하는 결과에 따라 듣기의 어려움이 달라진다. 또한 청자 및 화자 요인도 듣기의 어려움에 영향을 미친다(Lynch & Mendelsohn, 2010; Rubin, 1994). 이러한 요인들을 정리하면 다음과 같다.

- the number of speakers or objects
- the clarity in the differences of the speakers and objects
- the clarity in the spatial relations
- the order of telling the events matched with the order in which the event occurred
- the match of the inferences called for with what the listener would have predicted
- the content of the text that fits with the listener's background knowledge

들기 자료에서 화자나 언급되는 대상의 수가 많고 화자나 대상들이 잘 구분되지 않을 때, 공간적 상황과 관계가 명확하지 않을 때, 사건이 일어난 순서대로 이야기가 구사되지 않을 때 듣기는 어려워진다. 또한 청자가 자신의 배경지식을 바탕으로 예측한 것과 일치하지 않는 내용일 때, 청자가 듣기 자료에 대한 배경지식이 없을 때도 듣기의 어려움이 발생한다.

들기의 어려움은 청자의 언어 능력, 배경지식 및 심리 상태, 화자의 발화적 특징, 듣기 자료의 언어적 및 주제적 특성, 듣기의 상황적 요인, 들으면서 수행해야 하는 행동적 요인 등 다양한 요인에 의해 발생한다. 또한 하나 이상의 요인이 복합적으로 듣기의 어려움을 야기하기도 한다. 따라서 청자는 듣기의 어려움을 극복하여 구두 언어 자료의 메시지를 파악하고 필요한 행위를 수행하기 위해 자신에게 어려움을 유발하는 요인에 대한 이해가 먼저 선행되어야 한다. 아울러 외국어로서의 듣기에서는 구두 언어적 특성에 친숙하지 않아서 야기되는 어려움이 많으므로 구두 언어 자료에 노출되는 빈도수를 높이는 것이 중요하다.

제2장
듣기 지도의 기본 원리

2.1 듣기 지도 접근법

2.1.1 듣기 지도 접근법의 역사적 변천

듣기는 20세기 초중반에 구두 언어 학습 중심의 직접 교수법(Direct Method) 및 청화식 교수법이 대두되면서 주목을 받게 되었다. 하지만 모두 말하기 중심 교수법이라서 듣기가 말하기와 분리되어 독립적으로 지도되지는 않았다. 청화식 교수법에서는 듣기를 말하기 문형 연습(pattern drill)을 위한 청각 자료 제공 도구로만 간주하여 듣기 교육이 전문화되지 않았으며 교실 수업에서 중요한 비중을 차지하지 못하였다 (Richards, 2015; Rost, 1990). Morley(2001)는 이러한 지도법 모형을 듣고 따라하기 (listening and repeating)라고 명명하고 있다.

20세기 중반에 대두된 기술 기반 접근법(skills-based approach)은 언어 기능별 기술을 세분화하여 각 기술을 습득하기 위한 지도에 초점을 맞추었다. 듣기 기능만을 위한 접근법은 아니지만 듣기 교육에서는 세분화된 듣기 기술들을 학습하기 위한 청해 문제 풀이식 지도가 이루어졌다(Morley, 2001; Richards, 2015). Morley는 이를 "listening and answering comprehension questions" 모델이라고 부른다(2001, p. 70).

기술 기반 접근법은 언어 능력을 세분화하여 나누어 보는 분리형 접근법(discrete-point approach) 또는 언어 능력 분리 가설(divisibility hypothesis)에 기초하고 있다. 듣기 기술별 문제 풀이 방식으로 듣기 지도가 이루어져서 듣기 능력 향상을 위한 지도라기보다는 듣기 능력을 평가하는 것과 유사하여 평가(testing)와 지도(teaching) 가 구분되지 않았다는 한계를 가지고 있다.

듣기를 언어 학습을 위한 도구로 보는 접근법도 있다. 1960년대 후반에 대두된 전신반응교수법(Total Physical Response)은 모국어 습득 이론을 기초로 말하기 학습 이전에 듣기가 학습되어야 한다고 보고 학습 초기 단계에 듣기에 집중하기 위해 명령문을 듣고 몸으로 반응을 하는 활동(command-and-action)을 활용한다. Krashen (1985)의 입력 가설(Input Hypothesis) 중심의 외국어 습득 이론을 기초로 80년대 대두된 자연적 교수법(Natural Approach)도 동일하게 외국어 학습 초기 듣기 중심의 침묵 기간을 강조한다(Krashen & Terrell, 1983). 이러한 교수법들은 듣기 기술 함양을 위한 전문적인 듣기 지도 방안에 대한 모색보다는 충분한 듣기 입력 자료의 제공을 중요시한다. 특히 자연적 교수법은 학습자가 이해할 수 있는 듣기 자료 (comprehensible input)에 초점이 맞추어진다(Brown & Lee, 2015; Richards, 2015; Rost, 1990).

1980년대 이후 외국어 교육의 핵심 접근 방법인 의사소통 중심 접근법 (Communicative Approach)은 의사소통 중심 교수법(Communicative Language Teaching)과 과업 기반 교수법(Task-based Instruction)을 포함하는데, 의사소통 중심 교수법은 실제 생활에서 사용하는 자료(authentic material)와 수행 과업(authentic task)을 활용한 교육을 강조하여 듣기 지도에서도 자료와 과업의 진본성(authenticity) 을 가장 중요하게 본다(Richards, 2015; Rost, 1990). 의사소통 중심 교수법은 실제 언어 사용을 통한 언어 학습 즉 "using English to learn it"(Rost, 1990, p. 28)을 강조 하면서 듣기 기능과 다른 언어 기능이 통합된 활동을 지향한다. 따라서 녹음된 자료를 사용한 일방향 듣기보다는 구두 언어 의사소통에서 상호작용을 하면서 구두 언어 자료를 처리하는 양방향 듣기 활동을 주로 사용한다. 한편 과업 기반 교수법에서는 실생활에서 수행하는 듣기 과업 유형을 활용한 지도에 초점이 맞추어진다.

앞서 1.2.2절에서 언급한 바와 같이 상향식, 하향식, 상호작용식 과정 모델은 읽기 과정에 대한 가설로 시작되었는데 듣기 과정을 설명하는 가설로도 발전하면서 이를 기초로 한 듣기 활동들이 고안되어 듣기 교육의 전문화에 기여했다. 특히 언어 형태와 정확성에 초점이 맞추어진 듣기 지도에서 청자의 인지적 측면, 선험 지식과 듣기와의 관계를 고려한 듣기 방안을 개발하는 데에도 기여를 하였다.

듣기 기능만을 위한 고유의 접근법이 존재하지는 않지만, 외국어 교수법의 변화와 함께 듣기 지도의 접근 방향이 변화되어 왔다. 또한 언어 기능을 보는 시각이나 인지 심리학의 영향을 받은 듣기 과정 가설이 듣기 교육의 방향과 접근법에 영향을 주었다. 1.1.1절 및 1.2.3절에서 언급한 바와 같이 최근에는 사회 구성주의나 비판적 교육론의 영향으로 듣기란 청자가 화자와 함께 의미를 구축하거나 청자 스스로 의미를 변형해나가는 과정이라고도 본다. 하지만 이러한 시각은 듣기 교육에 많은 영향을 주지 못하여 아직 듣기 교육의 변화로까지 이어지고 있지는 않다.

2.1.2 집중적 듣기 접근법과 확장적 듣기 접근법

교실 수업에서 듣기 지도는 짧은 구두 언어 자료를 듣고 청해 문제를 풀거나 다양한 활동을 하는 집중적 듣기 접근법(intensive listening approach)에 기초해왔다. 1990년대 이후 Krashen(1985)의 입력 가설에 근거하여 읽기 교육에서 다독(extensive reading)이 활성화되면서(Day & Bamford, 1998) 듣기 교육에서도 확장적 듣기 접근법(extensive listening approach)에 따라 많은 양의 듣기를 지속적으로 하는 지도 방안의 활용이 증가하고 있다(Renandya & Farrell, 2011).

집중적 듣기 접근법을 바탕으로 한 듣기 지도에서는 정보 처리 목적으로 짧은 듣기 자료를 들으면서 특정 듣기 기술 함양에 초점이 맞추어진 다양한 활동을 수행한다. 이는 교사 주도적 지도 접근법으로서 듣기 학습의 목표뿐만 아니라 듣기 자료 및 활동 모두가 교사에 의해 제작되고 선택되어 학습자에게 주어지는 접근법이다.

반면에 확장적 듣기 접근법은 학습자가 자신이 원하는 듣기 자료를 스스로 지속적으로 듣는 것에 초점이 맞추어지며, 다독과 같이 즐거움에 목적을 두고 많은 양의 긴 듣기 자료를 지속적으로 들음으로써 독립된 청자(autonomous listener)로 발전해나가는 것에 목표를 둔다(Field, 2008). 예를 들어서 특정 라디오 프로그램을 장기적으로 듣는 것이다(Flowerdew & Miller, 2005). 집중적 듣기 접근법과는 달리 들으면서 수행해야 하는 활동이 주어지지는 않으며 듣기의 유창성(fluency)에 초점이 맞추어진다(Chang & Millett, 2014).

확장적 듣기 접근법에 기초한 듣기 학습의 유용성을 위해서는 학습자를 청자로 준비시키는 것이 중요하다(Field, 2008). 학습자가 자신의 듣기 능력, 흥미, 주제의 난이도 등을 고려하여 자신에게 맞는 자료를 잘 선택하고 자신의 학습 성향에 따라 듣기를 할 수 있도록 도와주어야 한다. 확장적 듣기는 전반적인 내용 이해에 초점을 맞추므로 부분적으로 못 들은 부분이 있어도 전사된 듣기 자료를 보면서 들은 내용을 정확히 이해하려고 하지 않도록 지도하는 것도 필요하다. 또한 학습자 스스로 주도적으로 듣기를 수행할 수 있도록 도와주고 지속적으로 듣기를 수행하는지 등을 점검하기 위해 듣기 일지(listening log)를 작성하거나 듣기 보고서(listening report)를 작성하는 것도 필요하다. 이는 다독에서 사용하는 독해 일지와 마찬가지로 언제 얼마 동안 무엇을 들었으며 들은 내용에 대해서 어떻게 생각하는지를 기록하여 학습자가 자기 주도적으로 듣기를 지속적으로 할 수 있도록 도와주기 위한 것이다.

2.1.3 귀납적 지도 접근법과 연역적 지도 접근법

듣기 지도는 읽기 지도와 마찬가지로 듣기 활동을 통해 학습자 스스로 듣기 기술을 함양하도록 유도하는 귀납적 지도 접근법과 이와는 달리 특정 기술과 이의 함양을 위한 방법을 간략히 설명한 후 이를 적용해보는 활동을 제시하는 연역적 지도 접근법이 있다. 듣기에 관한 대부분의 이론, 가설, 접근법 등이 읽기 이론에서 유래되었듯이, 읽기 교육에 적용되는 귀납적 및 연역적 지도 접근법이 듣기 지도에도 적용된 것이다.

귀납적 지도 접근법에 기초하여 주제 파악하기 활동을 고안한다면 예시 2-1의 활동 1과 2와 같이 주제를 예측하고 들으면서 확인하는 질문에 학습자가 답을 찾는 문제 풀이식 활동으로 구성할 수 있다. 이러한 활동을 학습자가 수행함으로써 스스로 주제를 예측하고 파악하는 능력을 함양하도록 유도하는 것이다. 학습자 스스로 추측해야 하는 이유와 방법을 파악해야 하므로 귀납적 접근 지도법 활동이다. 반면에 예시 2-2의 활동 1과 같이 내용 예측하기 활동의 역할을 명시적으로 설명하고 들을 내용에 대해 좀 더 명시적으로 추측해 보도록 유도한 후 학습 동료들과 예측 내용을 공유하도록 한다면 연역적 접근 지도 방법이 된다. 이는 학습해야 하는 듣기 기술과 전략을 명시적으로 제시하여 학습자가 좀 더 의식적으로 해당 기술과 전략을 인지하고 익힐 수 있도록 지도하는 것이다. 또한 예시 2-2의 활동 2는 듣기와 함께 제시되는 시각적 자료의 내용이나 인물의 준언어적 단서를 검토하는 것이 듣기에 도움이 된다는 것을 명시적으로 설명하고 듣기 전에 적용해보는 활동이다. 시각적 자료를 통해 상기되는 선험 지식과 의사소통 맥락적 정보를 활용하는 하향식 듣기 기술과 전략을 기를 수 있도록 유도한다.

〈예시 2-1〉 귀납적 듣기 지도 과제

---

1. Predict

Ken has just moved to Vancouver. Make a check (√) next to the things he likes there.

___ his job   ___ where he lives   ___ living alone   ___ weather
___ the food   ___ all the things to do   ___ the people

Now listen and check your predictions.

2. Getting the main ideas

Listen again. How does he feel about living in Vancouver? Write + for things he likes, - for things he doesn't like, and ? if you are not sure.

___ his job	___ where he lives	___ concerts	___ the people
___ the food	___ the weather	___ living alone	___ music

(출처: *Impact Listening 1*, Kisslinger, 2001, p. 39)

〈예시 2-2〉 연역적 듣기 지도 과제

---

1. Predicting the content

I n any listening context, thinking about and trying to predict what you will hear can greatly increase your comprehension.

1▶ Think about why it might be stressful to be an elementary school teacher or a police officer. Write your ideas in the boxes.

Teaching children is stressful because:	Being a police officer is stressful because:

2▶ Share ideas as a class. If you hear new ideas, add them to your lists.

---

2. Examining visual material

Always pay attention to visual material. The pictures, photographs, and charts in books will help you understand what you are reading, and watching people's faces and gestures as they speak will help you understand what you are hearing.

Look at the photographs to the right and discuss the following with a group of classmates.

1 What do you think the person in this photograph is listening to?
2 If you were the person in this photograph, what would you be listening to?
3 What kinds of sounds do you find relaxing?

3. Drawing inferences

When you listen to people speak, you must not only think about what they tell you directly but also be aware of what they communicate indirectly.

Drawing inferences, or gathering information beyond what a speaker actually says, is a critical aspect of listening.

1➤ Read the following statements about the interviews that you heard. Write whether you agree (*A*) or disagree (*D*) with each statement.

_____ *1.* Nancy is probably in her early thirties.

_____ *2.* She takes her job very seriously.

_____ *3.* She doesn't teach during the summer.

_____ *4.* She enjoys her work as a teacher.

...

4. Reductions

In spoken English, words that are not stressed are often shortened or reduced. For example: "Could you tell me where Campbell Hall is?" changes to "Cudja tell me where Campbell Hall is?" Listen to the difference:

Long: could you
Short: cudja

exercise There are several examples of reduced forms in the conversation you just heard. Listen to these examples of long and short forms and repeat the *short forms* after the speaker.

LONG	SHORT
Oh, you mean Campbell Hall?	Oh, y'mean Campbell Hall?
How about you?	How boutchu?
What's your name?	Whatcher name?
My family used to come here every summer.	My family yoosta come here every summer.
Now I want to go to college here.	Now I wanna gota college here.
...	...

5. *Taking Notes*

USING KEY WORDS, ABBREVIATIONS AND SYMBOLS, AND INDENTATION

- **Key words**: When you take notes, do not write every word. Taking notes is not like writing a dictation. Write only the most important, or key, words. Most often key words are nouns, verbs and adjectives.

- **Abbreviations and symbols**: Shorten (abbreviate) words and use symbols as much as possible. For example, write ↑ instead of "increases" or "go up." Look at the list of common symbols and abbreviations in the Appendix on page 200. Create your own abbreviations and symbols as you take notes.

- **Indentation**: Indent to show the relationship between main ideas and specific details. Write main headings or topics next to the left margin. Indent (begin writing a few spaces to the right) as information becomes more specific. Most of the time your notes will have three or four "levels" of indentation.

College Courses

Types of courses
   1. Lecture
      • hrs/wk: 4-6
      • class size: 200-300 students → large rooms
      • lec. given by profs.
      • note-taking important because
        - info. in lec ≠ info. in books
        - questions on exams based on lecs.
   2. _____
      • _____
    ...

---

exercise 1 Now listen to the lecture. Take notes on the most important points.

exercise 2 Listen to the lecture again to add more information to your notes if necessary. Compare your notes with the notes taken by your classmates. Are the notes mostly similar or different?

(출처: 활동 1~3, *Academic Listening Encounters*, Espeseth, 1999, pp. 3-4, 7; 활동 4~5, *Interactions Two: A Listening/Speaking Skills Book*, Tanka & Baker, 1996, pp. 5-6, 8-9)

　　활동 3과 4는 듣기 후행 단계에서 들은 정보를 바탕으로 추론하는 능력과 축약형과 연음 인식 능력을 함양하기 위해 개발된 연역적 접근법 기반 활동이다. 활동 3은 명시적으로 들은 정보에 대한 추론이란 무엇인지 설명한 후 듣기 자료 내용을 다시 생각하면서 어떤 정보를 추론할 수 있는지 표시하는 활동이다. 한편 활동 4는 좀 더 언어적 측면에 초점을 맞추어 구두 언어에서 연속되는 단어들이 축약되거나 연음으로 발음될 때와 아닐 때 발음이 다르다는 것을 설명한 후 이를 듣는 연습을 하고 실제 들은 대화 자료를 다시 들어보는 활동을 함으로써 발음 인식이라는 상향식 듣기 기술을 기르는 활동이다.

활동 5도 듣기 이전 단계에 강의를 들으면서 노트하는 방법을 설명하고 이를 강의 듣기에 적용해본 후 학습 동료들과 비교하여 정보의 흐름과 핵심 정보를 파악하는 듣기 기술을 함양하도록 도와주기 위해 고안된 연역적 접근법 활동이다. 들으면서 노트할 때는 약자, 기호 등을 사용하는 것이 필요하고 정보의 중요성에 따라 위계적으로 작성하기 위해서 들어쓰기를 어떻게 해야 하는지에 대해 구체적인 설명을 먼저 제시하고 있다. 이는 강의 이해력을 높이기 위해 고안된 학문적 목적 듣기 활동이다.

읽기 지도와 마찬가지로 과거에는 듣기 지도도 귀납적 지도 접근법을 바탕으로 활동들이 고안되어 왔다. 그러나 최근에는 연역적 지도 접근법 활용이 증가하고 있다. 특히 ESL 환경에서의 듣기 지도는 최근 연역적 지도 접근법을 선호하는 경향이 있다. 반면에 우리나라에서는 주로 귀납적 지도 접근법에 기초하여 듣기 지도가 이루어지며 연역적 지도 접근법에 대한 이해도가 낮아서 실제 영어 수업이나 교재에 이를 기초로 한 활동이 포함되는 경우가 거의 없다. 귀납적 및 연역적 지도 접근법 중 어느 접근법이 더 효과적인지는 학습 환경, 학습자 변인들에 따라 달라질 수 있다. 예를 들어서 인지적으로 듣기 기술이나 전략을 이해하기 어려운 초등학생들과 같이 학습자 연령이 낮을 때는 귀납적 지도 접근법이 더 적절할 것이다. 한편 고등학생이나 성인 학습자에게는 연역적 지도 접근법을 활용한다면 좀 더 효율적으로 듣기 기술과 전략을 함양할 수 있을 것이다.

2.2 듣기 지도의 기본 방향

2.2.1 듣기 지도의 기본 원리

청화식 교수법에서는 구두 언어 자료의 이해보다는 발음 학습이나 말하기 연습을 위한 자료로 듣기가 활용되고 기술 기반 접근법에서는 세부 기술별 청해 문제 풀이 중심으로 듣기가 지도되었는데, Lynch와 Mendelsohn(2002)은 다음과 같은 기본 지도 원리를 제시하고 있다(pp. 204-207). 이는 과거 듣기 지도의 문제점을 보완하기 위한 것이다.

- Teach listening rather than test it.
- Use authentic text and task.
- Provide listening strategy instruction.
- Train listening skills.

과거에 가장 많이 활용된 청해 문제 풀이식 듣기 지도는 듣기 지도가 아닌 듣기 평가에 더 치우친 지도라고 볼 수 있다. 듣기 전 선행 활동이 활용되거나 듣기 문제를 먼저 제시하여 어떤 정보를 들어야 하는지 어떻게 들어야 하는지 학습자들이 미리 알 수가 없었기 때문에 듣기 자료에서 제공되는 모든 구두 언어 자료를 다 정확히 들어야만 했다. Lynch와 Mendelsohn이 강조하듯이 듣기 지도는 듣기 평가가 아니므로 실제 학습자들이 듣기 기술과 전략을 함양할 수 있도록 도와주어야 한다. 과거에는 문자 언어로 작성된 자료를 녹음하여 듣기 자료로 사용하여 구두 언어적 특징이 반영되지 않은 구두 언어 자료들이 활용되었고 또한 수업 밖 실생활에서 들을 수 있는 구두 언어 자료에 노출되는 기회도 적었으며 문제 풀이식 활동 중심이어서 실생활에서 들으면서 수행하는 다양한 과업 중심 지도가 이루어지지 못했다. 이에 최근에는 의사소통 접근법의 영향으로 실제 사용되는 듣기 자료와 과업 중심의 지도가 권장되고 있다. Lynch와 Mendelsohn은 진본적인 자료와 과업을 활용할 때 학습자 부담이나 난이도를 고려하여 학습자들에게 필요한 언어적 능력 등을 기를 수 있는 기회를 제공하면서 점진적으로 활용할 것을 제안하고 있다. 또한 듣기 기술과 전략 함양의 중요성이 강조되면서 특정 전략과 기술이 무엇인지 학습하고 연습을 통해 배울 수 있도록 지도하는 것을 강조하고 있다. Lynch와 Mendelsohn은 듣기 기술과 전략 학습을 듣기 수업의 핵심이라고 본다.

Peterson(2001)은 외국어 학습에서 듣기 학습 시간을 늘려야 하며 듣기를 다른 활동보다 선행해서 학습해야 한다고 본다. 듣기 자료의 전반적 이해(global understanding)와 세부적 듣기(local listening) 또는 선택적 듣기(selective listening) 모두를 학습해야 하고 추론이나 내용 평가 등의 상위 단계의 듣기 기술도 학습해야 하며 듣기 과정이 자동화될 수 있도록 연습해야 할 뿐만 아니라 듣기 전략을 효과적으로 사용할 수 있도록 학습해야 한다고 보고 있다.

- Increase the amount of listening time in the second language class.
- Use listening before other activities.
- Include both global and selective listening.
- Activate top-level skills.
- Work towards automaticity in processing.
- Develop conscious listening strategies. (Peterson, 2001, p. 89)

Brown과 Lee(2015)는 듣기 기능 지도에서 고려해야 할 원리를 다음과 같이 제시하고 있다. 교육과정이 언어의 네 기능의 통합으로 구성되더라도 개별 기능 학습을 고려하는 것이 바람직하므로 듣기 기능 학습에 초점이 맞추어지는 활동들을 고안하여 사용해야 한다고 본다. 또한 학습자들의 관심 분야와 학습 목표를 고려하여 활동을 개발해야 하며 학습자의 문화적 배경 등 선험 지식이 듣기 과정에 영향을 줄 수 있으므로 학습자 변인에 대한 검토를 바탕으로 수업 활동을 계획해야 한다. Lynch와 Mendelsohn(2002, 2010)이 제안한 바와 같이 진본적 듣기 자료와 과업을 활용하여 교실 수업에서의 듣기 학습이 궁극적으로 학습자의 실생활에서의 듣기와 관련성이 있다는 것을 깨달을 수 있도록 지도하는 것을 강조하고 있다.

- Include a focus on listening in an integrated-skills course
- Use techniques that are stimulating and motivating
- Utilize authentic language and contexts
- Include pre-, while-, and post-listening techniques
- Carefully consider the form of listeners' responses
- Encourage the development of listening strategies
- Include both bottom-up and top-down listening techniques (Brown & Lee, 2015, pp. 330-333)

교실 수업은 단순히 듣기 자료를 이해할 때까지 듣는 것으로 그치면 안 되고 학습자가 좀 더 잘 이해할 수 있도록 또한 듣기 기술과 전략을 익힐 수 있도록 고안하는 것이 필요하므로 듣기 선행, 듣기 중, 듣기 후행 세 단계로 수업을 진행하고 단계별 활동을 개발하는 것이 바람직하다. 듣기 선행 단계에서는 학습자들이 자신의 선험 지식을 활용하여 듣기 자료의 주제에 대해 예측해보고 듣기를 어렵게 할 수 있는 맥락적 요인들을 미리 탐구해보는 기회를 제공하는 것이 도움이 된다. 듣기 중 단계는 단순히 듣기만 하는 것이 아니라 들으면서 적절한 활동을 수행하여 듣기를 능동적으로 할 수 있도록 유도하는 것이 유용하다. 듣기 후행 단계에서는 이해도를 파악하고 듣기의 어려움을 야기한 요인들을 고려하여 추가 활동을 제시하며 들은 내용을 장기 기억에 저장하여 추후 다른 자료를 들을 때 사용할 수 있도록 주제에 관한 토론이나 글을 쓰는 등의 활동을 활용하는 것이 바람직하다. 한편 학습자가 들은 자료를 이해했는지는 외부적으로 관찰할 수 없고 학습자의 명시적인 반응을 통해서만 추론할 수 있으므로 학습자가 이해한 내용이 맞는지 알아볼 수 있는 다양한 활동을 고안하는 것이 필요하다. 듣고 신체적으로 반응하기, 그림을 선택하기, 요약하기 등의 활동을 활용하는 것이 필요하다. Lynch와 Mendelsohn(2010) 및 Peterson(2001)이 강조했듯이, 듣기 전략의 지도도 필요하다. 교사의 궁극적인 역할은 학습자가 교실 밖 실생활에서도 외국어로 들은 자료를 잘 이해할 수 있는 듣기 능력을 함양하도록 도와주는 것이며 이를 위해서는 상황에 따라 유용한 책략을 사용할 수 있도록 도와주는 것이 필요하다. 예를 들어 주제 파악을 위해 강세를 받는 핵심 내용어에 집중하여 듣는 전략 또는 내용 파악을 위해 비언어적 단서를 활용하는 전략의 지도가 필요하다. 마지막으로 상향식 및 하향식 듣기 활동 모두를 활용하여 구두 언어 자료를 집중적으로 듣고 세부적인 내용을 정확히 듣는 것뿐만 아니라 선험 지식을 활용하여 전체적인 주제를 파악하거나 상황을 추론하는 능력을 균형 있게 함양하는 것이 바람직하다. 그러나 실제 의사소통 상황에서는 상향식 과정에 의존하여 구두 언어 자료를 모두 다 정확히 듣지 않아도 되는 경우가 많으므로 지나치게 상향식 과정에 의존하여 듣기의 효율성을 떨어뜨리고 구두 언어 처리 과정이 자동화되는 것이 저해되지 않도록 상향식 및 하향식 듣기 활동을 적절하게 사용할 수 있도록 지도하는 것이 바람직하다.

한편 Morley(2001)는 듣기 과제나 자료 선택의 세 가지 원리를 제시하고 있다. 학습자와의 관련성(relevance), 타 수업이나 실생활 듣기 상황으로의 전이 및 적용 가능성(transferability/applicability), 과업 지향성(task orientation), 이렇게 세 가지이다. 이를 정리하면 다음과 같다(pp. 77-78).

- Make the content of listening texts and the outcome of the task

· as relevant as possible to the learner; and

· as transferable or applicable to other classes or out-of-school situations as possible.

- Use both language use tasks and language analysis tasks.

　학습자의 실생활과 관련된 자료와 과제를 사용한다면 학습자의 학습 동기를 상승시킬 수 있다. 교사가 제작하는 자료가 아니라 기존 자료나 교재를 사용하는 경우 필요에 따라 자료나 활동의 수정과 보완이 필요할 것이다. 교실 수업에서 사용하는 듣기 자료나 과업은 내적으로는 다른 수업과 연계되거나 외적으로는 학교 밖 실생활에서의 언어 사용에 적용할 수 있는 것이 바람직하다. 그래야 수업에서 학습하는 듣기가 학습자의 실생활에서의 듣기로 이어져 듣기 능력 함양에 도움이 될 것이다. 마지막으로 수업 활동은 청해 문제 풀기 활동에서 벗어나 과업 중심으로 구성하여 들은 내용을 실제 사용해 볼 수 있는 기회를 제공해야 한다. Morley(2001)는 과업을 언어 사용 과업(language use task)과 언어 분석 과업(language analysis task) 두 종류로 분류하여 제시하고 있다. 언어 사용 과업은 들은 정보를 바탕으로 특정 의사소통 결과가 산출되는 것으로 듣고 행동하기, 문제 해결하기나 요약하기 등이 포함된다. 반면에 언어 분석 과업은 학습자가 발음, 어휘, 문법 구조 등의 형태나 언어 형태적 단위의 의사소통적 기능을 분석하는 기회를 제공하는 것이다. 예를 들면, 예시 2-2의 활동 4와 같이 학습자들의 언어 형태와 기능에 대한 인식도를 높이는 과업(awareness-raising task) 또는 의식 상승 활동(consciousness-raising activities) 유형의 과업이다.

　Rost(2002)는 표 2-1과 같이 듣기 지도 방안의 원리 원칙을 제시하고 있다. 첫째, 학습자별 흥미, 능력, 선호하는 학습 스타일에 맞춘 지도를 강조하고 있고, 둘째, 학습 목표나 활동에 따라 비디오, 오디오 등 다중 자료를 적절하게 활용하며, 셋째, 교사의 지도와 학습자의 학습이 잘 융합될 수 있도록 수업을 고안하고 학습 내용을 장기 기억에 저장하기 위해 여러 다른 학습 상황들을 서로 연계시키는 것이 필요하다고 보고 있다. 또한 새롭게 학습하는 것을 기존의 지식이나 능력과 연결할 때 학습 효과가 커지므로 메타인지 전략을 사용하여 학습 내용을 예측하고 다시 되돌아보는 과정이 포함되는 것이 바람직하며, 다섯째, 교사는 학습을 촉진할 수 있도록 긍정적인 환경과 분위기를 조성하고 학습 목적을 명확히 제시하며 학습 자원을 조직하고

〈표 2-1〉 듣기 지도 원리 원칙 (Rost, 2002, p. 107)

Principle	Instructional design element
Aptitude specific instruction	input based on interests and needs of learners; focus on individualising learning and increasing motivation
Cognitive flexibility	input is multimodal, with multiple representations of content; focus on use of resources, keeping learning flexible and enjoyable
Coordination of teaching and learning	instruction organised into holistic 'learning events'; focus on cross-cultural communication between instructor, learners, other sources
Modes of learning	inclusion of metacognitive strategies; focus on developing learning strategies
Positive climate for learning	instructor organises, facilitates, interacts; focus on positive climate for cross-cultural communication
Anchored instruction	use of 'macro-context' and 'problem texts'; focus on integrating listening with other areas of learning
Course structures	instruction organised around transactions; focus on developing learner autonomy
Spiral learning	focus on inference as primary learning strategy; focus on developing language-use strategies
Elaborative sequencing	increasing complexity and demands on learners; focus on deepening critical thinking
Criterion referencing	agreed instructional goals and clear feedback provide link between teachers and learners; focus on favourable outcomes of learning

학습의 인지적 및 정의적 측면의 균형을 맞추며 학습자와 생각이나 감정을 공유하여 상호작용적 과정과 개방형 양방향 의사소통이 이루어지도록 구성해야 한다. 여섯째, 거시적 맥락과 난이도가 있는 문제 텍스트 활용을 통해 학습자가 들은 메시지의 해석과 구축에 능동적으로 참여할 수 있도록 지도하고 듣기 학습이 다른 학습 영역과 통합될 수 있도록 지도하며, 일곱 번째 효과적인 학습을 위해 학습 내용은 학습 환경과 목표에 따라 구성하는 것이 바람직하고 학습자가 자율성을 기를 수 있도록 도와주어야 한다. 여덟 번째, 교사가 듣기 자료 내용을 설명하는 방식의 지도가 아니라 학습자 스스로 내용을 파악하고 추론할 수 있도록 도와주는 학습 전략을 우선적으로 학습하며 또한 언어 사용 전략을 습득하는 것에 초점을 맞춘다. 아홉 번째, 복잡성 수준과 추론 요구

정도가 점점 상승되도록 학습 내용을 구성하는 것이 바람직하다. 학습 내용의 수준에 대한 등급화가 필요하고 이러한 학습을 통해 궁극적으로 학습자가 비판적 사고 능력을 기를 수 있도록 학습 내용이 구성되어야 한다. 마지막으로 지도 목표는 학습자들이 학습의 최종 단계 수준에서 수행할 수 있어야 하는 듣기 행위에 맞추어져야 하며 교사는 학습자들에게 해당 학습 목표 달성 정도와 듣기 수행에 대한 피드백을 제공해야 한다.

여러 학자들이 제시하고 있는 듣기 지도의 기본 원리나 방향은 듣기 지도의 전문성을 강조하고 있으며 상향식 및 하향식 듣기 과정 모델, 의사소통 접근법, 인지 심리학, 전략 기반 지도, 학습자 중심 교육 이론에 기초하고 있다. 이와 더불어 학습자의 정의적 측면에 대한 고려도 필요하고 2.1.2와 2.1.3절에서 논의한 집중적 및 확장적 듣기 접근법이나 귀납적 및 연역적 지도 접근법을 바탕으로 확장적 듣기의 중요성과 연역적 지도의 필요성을 고려해야 한다. 이를 종합 정리하여 듣기 지도에서 고려해야 할 기본 원리를 제안하면 다음과 같다.

- 듣기 능력을 평가하지 말고 듣기 기술과 전략을 가르친다.
- 학습자의 욕구, 연령, 듣기 및 언어 능력, 배경지식 및 관심 분야 등을 고려하여 학습 목표, 과제, 자료, 활동 유형을 선정한다.
- 듣기의 양을 증가시킨다.
- 집중적 듣기 지도뿐만 아니라 확장적 듣기 학습이 이루어질 수 있도록 한다.
- 다양한 기술과 전략을 함양할 수 있도록 지도한다.
- 학습 상황과 학습자 욕구를 고려하여 귀납적 및 연역적 지도 방법을 활용한다.
- 진본적 자료와 과업을 사용한다.
- 학습자의 실생활 의사소통 환경과 상황을 고려하여 활동을 고안한다.
- 상향식 및 하향식, 세부적 및 전반적과 추론적 이해가 균형적으로 발달할 수 있도록 지도한다.
- 듣기 선행, 듣기 중, 듣기 후행 단계로 수업 절차를 구성한다.
- 학습자 욕구에 따라 일방향 및 양방향 듣기 학습, 귀납적 및 연역적 듣기 학습, 집중적 및 확장적 듣기 활동을 선별적으로 활용한다.
- 듣기 이해도를 파악하기 위해 청자의 응답을 다양한 유형으로 도출하는 활동을 사용한다.
- 다양한 모드(mode)의 듣기 자료를 활용한다.
- 듣기와 다른 언어 기능을 통합한 활동을 사용한다.

- 흥미롭고 학습 동기를 부여하는 활동을 사용한다.
- 학습에 대한 자신감을 잃지 않도록 지도한다.
- 개별 및 협동 학습을 고려하여 활동을 구성한다.
- 학습자의 자율성을 높이고 주도적 학습이 가능한 활동을 활용한다.

듣기 지도의 기본 원리와 방향은 교육 환경에 따라서는 적용하기 어려울 수도 있을 것이다. 하지만 교육 환경, 교사 및 학습자 변인, 사회 문화적 요인들을 고려하여 듣기 수업을 계획하고 지도 방안을 고안할 때 유용하게 참고할 수 있을 것이다.

2.2.2 학습자 수준별 듣기 지도의 기본 원리

듣기 지도의 기본 원리는 학습자의 듣기 능력 수준에 따라 차별화할 수 있다. Helgesen과 Brown(2007)은 학습자의 수준별 지도 원리를 다음과 같이 제시하고 있다. 초급 단계는 학습자의 언어적 수준과 정의적 측면, 중급 단계는 듣기 전략과 듣기의 역할, 그리고 고급 단계는 듣기 자료 및 언어와 문화와의 관계와 관련된 지도 원리이다.

Beginning level
- Be aware of the goal of your task.
- Use a variety of tasks.
- Be aware of the difference between spoken and written language.
- Build on success.

Intermediate level
- Teach listening strategies.
- Balance "listening as comprehension practice" and "listening for acquisition."
- Go a little further.

Advanced level
- Build on what learners already know about listening.
- Teach the culture as well as the language.
- Help learners understand the structure of longer texts.

초급 단계 학습자를 지도할 때는 먼저 청해 문제 풀이와 같이 듣기 목적과 필요한 듣기 기술과 전략에 대한 이해 없이 듣기 과제가 고안되어서는 안 되며 교사뿐만 아니라 학습자들도 과제의 목표를 인지하고 듣기 전에 과제를 먼저 간략히 검토하여 선험 지식을 활성화시키거나 무엇에 집중해서 들 것인지 계획하는 메타인지 전략을 사용하는 기회를 주는 것이 중요하다. 둘째, 다양한 과제를 활용하는 것이 바람직하다. 실생활 의사소통 상황에서는 다양한 자료를 여러 방법으로 들으므로 교실 수업이나 학습도 이와 같이 여러 자료를 활용한 다양한 과제를 통해 이루어지는 것이 필요하다. Howard(2000)가 강조하듯이 인간의 두뇌는 한 가지 감각보다는 다양한 감각을 통해 새로운 자극이 이루어질 때 더 활발하게 기능하기 때문에 학습 효과를 높이기 위해 다양한 과제 사용이 중요하다. 또한 Dörnyei(2001)가 주장하듯이 특정한 활동만 하게 되면 듣기 행위가 하나의 방향으로만 이루어지는 습관이 형성되어 다양한 듣기 기술과 전략을 익히고 발달시키기 어려워지므로 여러 과제를 활용하는 것이 유용하다. 셋째, 1.4와 1.5절에서 구두와 문자 언어 차이 및 이로 인해 야기되는 듣기의 어려움을 다루었듯이 초급 단계 학습자들은 구두 언어 특징을 파악하고 이로 인해 발생할 수 있는 문제점을 극복할 수 있도록 도와주는 연습을 하는 것이 필요하다. 특히 문자 언어 중심으로 학습을 시작하고 원어민의 발음에 노출되는 빈도수가 적은 초급자들에게 중요하다. 마지막으로 "성공은 성공을 부른다"는 말이 있듯이 듣기 자료 및 학습 활동의 난이도를 학습자 수준에 맞게 조정하고 학습자로 하여금 듣기를 통한 과업 수행을 성공적으로 완수함으로써 경험하는 성공이 학습 동기를 유발할 수 있도록 수업 활동과 내용을 고안해야 한다. 예를 들어서 듣기 선행 활동을 통해 학습자에게 필요한 내용적 또는 언어적 지식을 먼저 제공하여 듣기 활동을 할 수 있는 준비를 도와주고 짝이나 집단 활동으로 듣기 과업을 구성하여 학생들이 서로 협동적으로 도와주면서 듣기 과제를 수행하며 또한 듣기 과업을 세분화하여 단계별로 과업을 성공적으로 마칠 수 있도록 계획하는 것이 중요하다.

중급 단계 학습자들에게는 첫째, 듣기 전략을 지도하는 것이 유용하다. 특히 1.3.3절에서 제시한 성공적인 청자가 사용하는 예측하기, 추론하기, 모니터링하기, 이해 명료화하기, 반응하기 및 평가하기의 여섯 가지 전략을 학습자들이 이해하고 자신의 듣기 과정에 적용해보는 연습을 하는 것이 바람직하다. 또한 1.1절에서 듣기의 두 가지 역할인 구두 언어 자료 이해와 언어 습득을 언급하였는데 중급 단계에서는 듣기 학습은 듣기 능력 함양에만 국한시키지 말고 언어 습득에도 초점을 맞추어 듣기 자료를 통해 학습자가 언어 형태에 노출되고 알아채기를 할 수 있도록 유도하는 것도 필요하다. 알아챈 언어 형태가 흡입(intake)이 되어 습득으로 이어질 수 있도록 하는 것이 바람직하다. 예를 들어서 Richards(2015)는 구두 언어로 들은 자료를 인쇄물로 보면서 청각 기관을 통해 처리되었던 구두 언어와 시각 기관을 통해 처리되는 문자 언어 사이의 차이점을 인지하여 의식적으로 집중하고 알아채기를 하도록 하는 방안을 제안하고 있다. 마지막으로 중급 단계에서는 좀 더 길고 복잡한 구두 언어 자료를 듣고 과업을 수행하도록 계획하는 것이 필요하다.

고급 단계 지도에서는 보다 더 복잡하고 난이도가 높은 과제를 활용하여 지도하는 것이 필요하지만 동일한 듣기 자료를 활용하여 좀 더 인지적으로 복잡하거나 비판적 이해를 요구하거나 학습자 스스로 응답을 구성하는 개방형 과업을 활용하는 것도 바람직하다. 좀 더 길고 내용상 정보가 많은 듣기 자료를 활용하여 듣기 과업의 난이도를 도전적인 수준으로 구성하는 것도 필요하다. 이러한 자료와 과업을 통해 메타인지 전략을 사용하는 기회를 증가시킬 수 있다. 둘째, 목표 언어뿐만 아니라 해당 문화도 익히는 기회를 제공해야 한다. 언어는 문화와 밀접한 관련이 있어서 문화적 배경 없이는 이해가 안 되는 표현이나 맥락들이 있기 때문이다. 특히 고급 단계에서는 교실 밖에서 사용되는 구두 언어에 접할 기회를 제공하는 것이 바람직하다. 이에 지속적으로 라디오 방송 청취나 TV 프로그램 시청을 확장적 듣기 형식으로 지도하는 것이 필요하다. 셋째, 이야기나 강의와 같이 긴 구두 언어 자료를 이해할 수 있도록 도와주어야 한다. 또한 이러한 일방향 듣기에 필요한 기술과 전략을 익힐 기회를 제공하는 것이 바람직하다. 예를 들어서 강의를 듣는 경우 예시 2-2의 활동 5와 같이 노트하기 기술과 전략을 지도하는 것이 유용하다.

학습자 수준별 지도를 위해 언어적, 인지적, 정의적 및 사회 문화적 측면을 고려해야 한다. 초급 단계에서는 학습자들이 학습의 흥미나 듣기 자신감을 잃으면 안 되므로 정의적 측면에 대한 고려가 필요하다. 중급 단계에서는 언어적 지식을 바탕으로 좀 더 주도적 학습이 가능하도록 전략 지도 등을 포함하는 것이 바람직하다. 고급 단계에서는 좀 더 도전적으로 학습할 수 있도록 듣기 자료와 과제의 난이도 및 복잡성을 고려하여 학습 내용을 구성하는 것이 필요하다. 유창성과 정확성의 비중도 학습자 수준에 따라 결정되어야 하는데, 초급 단계에서는 의미 중심의 유창성을 강조하고 고급 단계로 갈수록 정확성과 유창성이 균형 있게 발달할 수 있도록 지도하는 것이 바람직하다.

2.2.3 교실 수업에서의 듣기 유형

교실 수업에서 듣기를 학습할 때 학생들이 수행하는 행동(classroom listening performance)의 유형을 Brown과 Lee(2015)는 여섯 가지로 분류하고 있다. 이러한 분류는 교사의 통제 정도, 듣기 자료의 양, 일방향 또는 양방향 듣기, 하향식 또는 상향식 과정 중심 여부에 따른 것이다.

1) 반사적 듣기

반사적 듣기(reactive listening)란 학생들이 들은 말을 그대로 따라 발화하는 활동을 할 때 수행되는 듣기 행위이다. 녹음된 것을 그대로 재생하는 카세트 테이프 플레이어와 같이 청자가 의미 파악보다는 들리는 구두 언어 형태에 집중하여 들은 소리를 반복하는 행위이다. 예를 들어서 예시 2-3의 활동 1과 2와 같이 발음을 연습하거나 특정 문장 구조를 익히기 위해 개별적으로 녹음 자료를 사용하여 또는 교사를 따라 특정 음운(phoneme)이나 단어 또는 문장을 모방하여 말할 때 수행되는 상향식 과정에 초점

〈예시 2-3〉 반사적 듣기 과제[4]

1. 밑줄 친 부분에 유의하며 듣고, 따라 해봅시다.
1) The park is next to City Hall.
2) She looks surprised, and he looks sad.
2. Sound in Use   American vs British T sound
B Listen and repeat the pronunciations of these examples.
1) Can I get a glass of water?
2) She is a better dancer than you.

(출처: 활동 1, *Middle School English 1*, 이재영 등, 2018a, p. 67; 활동 2, *High School English*, 김성곤 등, 2018a, p. 112)

---

4) 이 책에서 인용한 예시 활동들 일부는 원본 활동 그대로가 아니라 부분적으로 각색하여 재편집된 것이다. 예를 들어서 예시 2-3의 활동 1은 원본 활동에서 지시문을 수정한 것이고 활동 2는 원본 자료에서 두 번째 활동만 인용한 것이다.

이 맞추어지는 듣기이다. 언어 형태 학습이나 정확성이 강조되었던 과거에는 듣기를 학습할 때 많이 행해졌던 수행 빈도수가 높은 유형이었지만 유창성과 언어 사용을 강조하는 의사소통 접근법의 영향으로 지금은 수행 빈도수가 떨어지며 듣기 후행 단계에서 집중적인 발음이나 구문 학습이 필요할 때 이루어진다.

2) 집중적 듣기

집중적 듣기(intensive listening)는 짧은 듣기 자료에서 음운 발음, 억양, 단어, 담화 표지어 등 특정 언어 형태를 집중적으로 들을 때 수행되는 행위이다. 언어 형태 중심으로 상향식 과정에 기초하여 짧은 듣기 자료를 듣는다는 측면에서 반사적 듣기와 유사하지만 집중적 듣기에서는 청자들이 들은 말을 모방하여 반복하는 발화가 이루어지지 않으며 집중적으로 듣는 행위만 이루어진다. 이 때 학습자는 들리는 모든 구두 언어 자료를 다 들어야 한다. 특정 음운이나 단어를 듣고 음운, 단어, 강세 식별하기, 어구나 문장을 듣고 축약형, 이음말, 억양 또는 문장 구조 인지하기뿐만 아니라 들은 내용을 받아 적기, 청화식 교수법의 대치 연습(substitution drill)에서 교사가 제시하는 핵심어(cue) 듣기, 세부적인 내용을 정확히 듣기도 집중적 듣기 유형에 포함된다. 예를 들어 예시 2-4의 첫 번째 활동같이 대화를 들으면서 강세가 있는 내용어를 빈칸에 쓰기, 전화번호를 듣고 적기, 묘사되는 대상 찾기가 그 예가 된다.

단어, 문장, 대화나 담화를 교사가 여러 번 반복하여 말할 때 집중해서 듣고 기억하려고 하는 듣기 수행 형태도 집중적 듣기이다. 예를 들어서 2~3분 정도의 긴 이야기를 듣고 기억했다가 짝이나 집단 구성원들과 최대한 정확하게 다시 재산출하는 딕토 글로스(dictogloss)가 집중적 듣기 유형에 속한다(Rost, 2002, 2011). 이 외에도 Rost(2002)는 주어진 대화를 들으면서 빈칸 채우기(listening cloze)나 짝과 함께 각자 가지고 있는 자료를 서로 읽어주어 공유함으로써 전체 듣기 자료를 최대한 정확하게 다시 재생산하는 직소 받아쓰기(jigsaw dictation)를 집중적 듣기 유형의 예시로 제시하고 있다.

3) 반응적 듣기

교실 수업에서 교사나 다른 학생의 질문에 답을 할 때 이루어지는 듣기를 반응적

---

1. Listen to the first part of the conversation again. Some of the stressed words are missing. Repeat each sentence during the pause. Then fill in the missing words.

   Jack: _____! How're you _____?
   Peter: Oh, hi! You're _____, right?
   Jack: That's _____. What's your _____ again?
   Peter: _____. _____ _____.
   Jack: _____, this is my _____, _____.
   Peter: _____, _____.
   Herb: Nice to _____ you.

---

2. You will hear people giving their telephone numbers. Write them below.

   A. _____   B. _____   C. _____
   D. _____   E. _____   F. _____

---

3. Which picture shows Gerry?

(출처: 활동 1, *Interactions One: A Listening/Speaking Skills Book*, Tanka & Most, 1996, p. 3; 활동 2, *Listen for It*, Richards, Gordon, & Harper, 1995, p. 5; 활동 3, *Insight into IELTS*, Jakeman & McDowell, 1999, p. 15)

듣기(responsive listening)라고 한다. 즉 말이나 질문을 듣고 바로 응답하기 위해 듣는 행위이다. 언어 형태보다는 의미 파악에 초점이 맞추어지지만 한 두 문장 정도의 짧은 듣기 자료를 처리하는 듣기이다. 예를 들어서 다음 말들을 듣고 답을 한다든지 어떤 행동을 할 때 이루어지는 듣기이다.

"How was the lunch today?"
"What did you say?"
"Stand up."
"Turn to page 100 of the textbook."

4) 선택적 듣기

긴 듣기 자료를 들으면서 학습자가 특정 부분만 집중적으로 들을 때 이를 선택적 듣기(selective listening)라고 한다. 전체 듣기 자료의 이해에 초점이 맞추어지지 않고 듣고자 하는 특정 부분에서 특정 정보만 파악하는 것이며 추론적 이해를 요구하지 않는 특정 사실 파악 중심의 듣기이다. 예를 들어서 공항 안내 방송을 들으면서 탑승할 항공편의 출발 시간 변경 부분만 집중해서 듣는 행위이다. 수업 시간에 연설문, 미디어 방송이나 뉴스, 공항이나 기차역 안내 방송 등을 듣고 이름, 날짜, 시간, 장소 등과 같이 전체 메시지의 의미 파악보다는 특정 정보만 정확히 듣는 것에 초점이 맞추어지는 듣기 행위이다. 이에 Rost(2002)는 선택적 듣기의 지도 원리를 다음과 같이 제시하고 있다.

Selective listening tasks encourage learners to approach genuine spoken texts by adopting a strategy of focusing of specific information rather than trying to 'understand and recall everything.' Reconstruction of the spoken material based on selective listening tasks can help students link selective listening to global listening. (p. 140)

선택적 듣기를 요구하는 활동으로 교실 수업이나 교재에 가장 많이 활용되는 과제는 예시 2-5와 같다. 학습자들이 파악해야 하는 정보가 무엇인지 듣기 전에 미리 알고 그 정보만 집중적으로 듣도록 유도하기 위해 표나 메모 양식 등이 많이 사용된다.

5) 확장적 듣기

하향식 과정 중심으로 긴 듣기 자료를 들으면서 요지나 목적 등을 파악하는 듣기 행위를 확장적 듣기(extensive listening)라고 한다. 이는 집중적 듣기와는 달리 청각 기관을 통해 입력되는 모든 듣기 자료를 정확히 다 듣는 데에 초점이 맞추어지지 않으며 학생들이 자신의 선험 지식을 활용하여 주제 및 발화 상황을 파악한다든지 하는 전반적 또는 추론적 이해 활동에서 수행되는 듣기 행위이다. 다른 학생들과 상호 작용이 필요한 양방향 듣기보다는 강의, 이야기 듣기 등 일방향 듣기 중심의 행위이다.

<예시 2-5> 선택적 듣기 과제

1. Listen to the dialogue about weekend plans and complete the table below.

Name	Place to go	Place to meet	Time to meet
Jiho	BTS concert		
Suji		COEX	
Daniel			4 pm

2. Listen to the telephone conversations and complete Peter's memos taken for his roommate.

1. **Memo**	*2.* **Memo**	*3.* **Memo**
From _____	From _____	From _____
To _____	To _____	To _____
Message _____ _____	Message _____ _____	Message _____ _____

3. Listen to a conversation about Blue Harbour Cruises and complete the table below.

BLUE HARBOUR CRUISES

Name of cruise	Highlight Cruise	Noon Cruise	(1)................. Cruise
Price per person	$16	(4)..................	$25
Departure times	(2)..................	12.00	(6)..................
Included in the price	(3)..................	(5)..................	coffee and (7)..................

(출처: 활동 3, *Insight into IELTS*, Jakeman & McDowell, 1999, p. 11)

6) 상호작용적 듣기

상호작용적 듣기(interactive listening)는 반응적 듣기의 확장이라고 볼 수 있다. 질문 하나를 듣고 응답하는 것이 아니라 교실 수업에서 다른 학생들과 대화를 나누거나 역할극을 하거나 토론을 하면서 듣고 말하는 상호작용을 할 때 이루어지는 듣기이다. 일상생활에서 구두로 의사소통을 할 때 가장 많이 수행되는 듣기이다.

2.3 듣기 과제

2.3.1 듣기 과제 분류

듣기 과제는 듣기 과정 모델별로, 듣기 단계별로, 학습자 듣기 능력 수준별로, 전략 유형별로도 분류된다. 또한 일방향과 양방향 듣기에 따라 과제가 나누어지며, 학습자의 과제 수행 결과가 특정한 범위 안에서 정해지는 것인지 여부에 따라 개방형과 폐쇄형으로도 구분된다. 학습자 능력이나 연령과도 관계가 있는 학교 급별로도 분류할 수 있다.

- 듣기 과정 모델별: 상향식, 하향식, 상호작용식
- 듣기 단계별: 듣기 선행, 듣기 중, 듣기 후행
- 학습자 듣기 능력 수준별: 초급, 중급, 고급
- 전략별: 인지, 메타인지, 사회 정의적
- 상호간 듣기 여부: 상호간, 비상호간
- 응답의 개방성: 개방형, 폐쇄형
- 학교 급별: 초등, 중등, 고등

듣기 과정 모델별 분류인 상향식, 하향식, 상호작용식 과제는 언어 자료 처리와 청자의 선험 지식 중 무엇에 더 초점이 맞추어지는지 또는 둘 다 요구되는 과제인지의 여부에 따른 분류이다(Brown & Lee, 2015; Nunan, 1999; Peterson, 2001; Richards, 2008, 2015). 듣기 단계별로 듣기 선행, 듣기 중, 듣기 후행 단계 과제로 나누어지기도 하는데(Helgesen & Brown, 2007; McDonough et al., 2013; Underwood, 1989), 듣기 이전과 이후인지 아니면 듣기 자료를 직접 들으면서 처리하는 단계인지에 따른 분류이다. 또한 학습자 듣기 능력 수준별로 초급, 중급, 고급 단계 과제로 나누어지기도 한다(Helgesen & Brown, 2007). 이는 2.2.2절에서 언급한 바와 같이 듣기 자료나 과업의 난이도에 따른 분류로서 듣기 자료의 길이나 내용의 복잡성, 요구되는 학습자 응답의 길이와 유형, 필요한 언어적 및 선험적 지식의 수준에 따라 달라진다. 듣기 전략별로는 인지 전략, 메타인지 전략, 사회 정의적 전략별로 과제를 구성할 수 있다(Rost, 2002). 또한 양방향 듣기인지 또는 일방향 듣기인지에 따라 상호간 또는 비상호간 듣기 과제로 나누어진다(Nunan, 1999). 학습자가 듣고 질문에 답을 쓰거나 그림을 선택하는 등 듣기 과제 수행 결과가 주어진 범주 안의 행위이거나 정해져 있는 폐쇄형인지 아니면 학습자 스스로 응답을 자유롭게 산출할 수 있는 개방형인지에 따라서도 과제가 분류된다. 마지막으로 학교 급별로, 초등 영어 듣기 과제, 중등 영어 듣기 과제, 대학(고등) 영어 듣기 과제로 분류할 수 있다. 이러한 분류는 무엇에 초점을 두고 나누는가의 문제이고 하나의 과제는 다양한 유형으로 분류가 가능하다. 예를 들어서 예시 2-4의 활동 1과 같이 대화를 들으면서 강세가 있는 단어를 빈칸에 써넣는 활동은 상향식 폐쇄형 과제인데, 듣기 단계를 마친 후 강세가 있는 단어를 식별하는 연습으로 사용한다면 듣기 후행 과제이며, 들려주는 자료의 길이와 단어들의 난이도에 따라 초급 또는 중급 단계 과제가 될 수 있고 전략 측면에서는 인지 전략 학습용 과제가 되며 학교 급별로는 자료와 학습자 수준에 따라 초중고등 모든 학교 급에서 사용 가능한 과제가 된다. 따라서 앞서 언급한 분류는 분류 기준에 따른 것이며 분류 자체가 핵심은 아니다. 교사는 과제를 개발하거나 선택할 때 학습 목적과 목표, 학습자, 지도 환경 등에 따라 이러한 분류를 참고할 수 있을 것이다. 본 절에서는 듣기 과정 모델별 과제, 상호간 및 비상호간 듣기 과제, 개방형 및 폐쇄형 과제를 논의하고 듣기 단계별 및 전략별 과제는 3장에서, 학교 급별 과제는 4장에서 논의한다.

2.3.2 듣기 과정 모델별 듣기 과제

듣기 과제는 듣기 과정 모델에 따라 상향식, 하향식, 상호작용식 과제로 분류된다. 상향식 과제는 발음, 어휘, 문장 구조 등의 언어 형태 중심으로 구두 언어 자료 처리에 집중하는 과제인 반면, 하향식 과제는 청자가 자신의 선험 지식을 활용하여 듣기를 수행하는 과제이다. 상향식 및 하향식 과정이 다 포함되는 상호작용식 과제는 청자가 구두 언어 자료를 처리하면서 동시에 자신의 선험 지식을 활용하여 듣기를 수행하는 과제이다.

1) 상향식 과정 중심 듣기 과제

듣기 자료를 기반으로 들은 내용을 잘 이해하기 위해서 학습자는 구두 언어를 식별하고 인지하는 능력이 필요하다. 음운별 발음, 억양, 이음말 인지뿐만 아니라 들은 단어나 문장의 구조 파악 능력도 필요하다. 따라서 Richards(2008)는 상향식 듣기 과제는 학습자가 언어 형태를 파악할 수 있도록 도와주어야 한다고 본다. 구두 언어 입력 자료를 처리하면서 단어와 구 단위를 식별하고 핵심 단어, 담화 연결어, 문장 구조를 인지하며 억양과 강세를 통해 단어와 구의 기능을 파악하는 학습이 필요하다.

- Retain input while it is being processed
- Recognize word and clause divisions
- Recognize key words
- Recognize key transitions in a discourse
- Recognize grammatical relationships between key elements in sentences
- Use stress and intonation to identify word and sentence functions (p. 5)

이러한 상향식 듣기를 위한 과제에는 받아쓰기, 들으면서 빈칸 채우기 등이 포함되는데, Peterson(2001, pp. 93-98), Brown과 Lee(2015, pp. 334-338)는 학습자의 외국어 능력 단계별 상향식 과제를 다음과 같이 제안하고 있다. 상향식 과제들은 의미의 변화를 가져오는 음운, 억양, 동사 어미, 명사의 복수형, 강세 음절, 문장 강세, 억양, 문장 구조의 식별, 인지 및 파악에 초점이 맞추어진다. 또한 단순한 사실적 정보의 파악이 요구되는 과제도 포함된다. 초급, 중급, 고급 단계별 상향식 과제는 구두 언어 입력 자료의 길이 및 학습자의 응답 유형과 길이 등의 측면에서 차별화된다.

〈표 2-2〉 학습자 언어 능숙도 단계별 상향식 과제
(Peterson, 2001, pp. 93-98; Brown & Lee, 2015, pp. 334-337)

Level	Goals	Tasks
Beginning	Discriminate between phonemes	- Listen to a pair of words and identify whether they are same or different in their initial or final

		consonant or vowel by discriminating between phonemes.
	Discriminate between intonation contours in sentences	- Listen to sentences with either rising or falling intonation and mark them with appropriate punctuation for statements (.), questions (?), surprise (??), or excitement (!).
	Listen for morphological endings	- Listen to sentences and decide if the verb is in the present or past tense or note the pronunciation of the verb ending, whether it is pronounced /t/, /d/, or /əd/.
	Recognize syllable patterns, number of syllables, and word stress	- Listen to words or sentences and recognize stressed syllables or words.
	Select details from the text	- Listen to words, sentences, or short texts and select details by matching words with pictures, circling the words heard from a weather report, and selecting the price of an item heard from an advertisement.
	Listen for normal sentence word order	- Listen to a short text including a dialogue and fill in the missing words in the transcript.
Intermediate	Differentiate between content and function words and recognize fast speech forms	- Listen to a series of sentences and identify unstressed function words such as 'a,' 'the,' and 'of.'
	Recognize words with reduced vowels or dropped syllables	- Listen to a series of words or short sentences read in fast speech and recognize the reduced syllables.
	Recognize words as they are linked in the speech stream	- Listen to a series of short sentences with consonant/vowel linking between words and recognize the linkages.
	Recognize pertinent details in the speech stream	- Listen to a short dialogue or text and recognize detailed information. For example, mark the new and changed appointment information in the calendar; fill in the flight numbers, destinations, gate numbers and departure times while hearing announcements of airline information.
Advanced	Use features of	- Listen to a number of sentences, extract the

	sentence stress and volume to identify important information for note taking	content words read with greater stress and write them as notes.
	Recognize contraction, reduced forms, and other characteristics of spoken English	- Listen to sentences containing reduced forms and write the sentences as they would appear without reduction in formal, written English.
	Become aware of common performance slips that must be reinterpreted or ignored	- Listen to a long conversation and a segment of a lecture and note the incomplete sentences, pauses, verbal fillers and phrases such as "I mean" and "you know" while reading its transcript.
	Become aware of organizational cues in text	- Listen to a lecture or speech and note the cues for its organization.
	Become aware of lexical and suprasegmental markers for definitions	- Listen to a lecture or speech and note special intonation patterns and pause patterns used with appositives or signals of the speaker's intent such as rhetorical questions.
	Identify specific points of information	- Listen to an interview or lecture and take notes on the information which belongs in the blanks in a given skeleton outline.

상향식 듣기 과제의 예는 예시 2-6의 활동 1에서 활동 9까지와 같이 영어 자음, 문장 억양, 축약형 식별 과제와 빈칸 채우기, 세부 정보를 듣고 해당 정보 확인하기 활동 등이다(Nunan, 1999, pp. 220-221; Richards, 2008, pp. 6-8).

〈예시 2-6〉 상향식 듣기 과제

1. Listen and discriminate the sounds /θ/ and /s/. Circle the words you hear.   A. sing thing   B. sink think   C. pass path   D. tense tenth

2. Listen to the questions and circle the intonation you hear.
 	
  A. How much is it?   ↗   ↗⌃
  B. Can I take this with me?   ↗   ↗⌃

C. Have you been to Seoul?

D. What're you doing this weekend?

3. Listen to the following vowels and check the sound of *-s* ending you hear.

	/s/	/iz/	/z/		/s/	/iz/	/z/
A. plays	☐	☐	☐	D.	☐	☐	☐
B.	☐	☐	☐	E.	☐	☐	☐
C.	☐	☐	☐	F.	☐	☐	☐

4. Listen to the radio announcements and check (√) the times you hear.

   A. ☐ 7:50 ☐ 7:15   B. ☐10:45 ☐ 10:05   C. ☐ 11:10 ☐11:02

5. Listen to the following positive or negative statements and choose an appropriate form of agreement.

Students hear	*Students choose the correct response*
That's a nice camera.	Yes No
That's not a very good one.	Yes No
This coffee isn't hot.	Yes No
This meal is really tasty.	Yes No

6. Listen for word stress as a marker of the information focus of a sentence and mark 'When' if the focus is on time or 'Where' if the focus is on place. (Words in italic are stressed.)

Students hear	*Students check information focus*
The bank's *downtown* branch is closed today.	When Where
Is the city office open on *Sunday*?	When Where
I'm going to the *museum* today.	When Where

7. Listen to someone describing where different things are. Put a check (√) under the picture that matches the description you hear.

8. Listen to the following dialogue and fill in the blanks.

Dad: Anna, are you OK? You look (_____) today.
Anna: Well, I (_____) my math homework (_____) hours ago, but I have not finished it yet.
Dad: Math homework? Some (_____) questions?
Anna: Yes, Dad. I (_____) solve some questions. I'm not good at math. I really (_____) hard to do better in math, but still . . . I don't think I am smart.
Dad: I (_____) think so. You are a smart girl. Anna, look around the (_____) (_____). There are lots of good (_____) things you made.
Anna: (_____), Dad. But I am not good at math.
Dad: Anna, look at this (_____) you made with (_____) jeans. You did a great job! I like it a lot. Without mathematical thinking, you (_____) make such things. You are smart!
Anna: Oh, thank you, Dad. I (_____) so much better now.
Dad: Good. Can I help you for the questions you need to (_____)?
Anna: Yes. Great! I think I (_____) finish the homework soon.

9. Listen to the messages recorded on Marcy's telephone answering machine and check her roommate's notes. Cross out any parts of each note that are incorrect.

(출처: 활동 1~2, *Sounds Great*, Beisbier, 1994 (Nunan, 1999, pp. 220-221); 활동 3, *Interactions One: A Listening/Speaking Skills Book*, Tanka & Most, 1996, p. 5; 활동 4, *Basic Tactics for Listening*, Richards, 1996, p. 9; 활동 5~6, Richards, 2008, p. 6; 활동 7, 9, *Listen for It*, Richards et al., 1995, pp. 9, 74)

2) 하향식 과정 중심 듣기 과제

하향식 듣기란 청자가 구두 언어 입력 자료보다는 자신의 선험 지식, 상황적 맥락 정보 등을 바탕으로 자료를 이해하는 것에 초점이 맞추어진다. Richards(2008)는 하향식 듣기 과제는 학습자가 다음과 같은 능력을 함양할 수 있도록 도와주어야 한다고 보고 있다. 핵심 단어들을 사용하여 구두 의사소통 담화에 대한 배경지식을 구축할 수 있는 능력, 구두 텍스트의 상황, 의사소통 참여자들의 역할과 목표, 명시적으로 제시되지 않은 자세한 상황적 정보 및 원인과 결과를 추론할 수 있는 능력, 주제나 상황과 관련된 질문을 예상할 수 있는 능력을 기르는 데 목표를 둔다.

- Use key words to construct the schema of a discourse
- Infer the setting for a text
- Infer the role of the participants and their goals
- Infer causes or effects
- Infer unstated details of a situation
- Anticipate questions related to the topic or situation (p. 9)

Peterson(2001), Brown과 Lee(2015)가 초급, 중급, 고급 단계별로 제시하고 있는 하향식 과제를 정리하면 다음과 같다. 하향식 과제들은 청각 기관으로 전달되는 구두 언어 입력 자료를 모두 처리하지 않더라도 자신의 선험 지식과 맥락적 상황을 바탕으로 자료의 주제와 목적, 화자의 의도 및 분위기, 의사소통 상황에 대한 추론, 암시적으로 전달되는 정보나 전후 관계 추론 등에 초점이 맞추어진다. 초급, 중급, 고급 단계별 하향식 과제는 구두 언어 입력 자료의 길이, 그림 자료 활용, 학습자에게 요구되는 응답 유형과 길이 등의 측면에서 차별화된다.

〈표 2-3〉 학습자 언어 능숙도 단계별 하향식 과제
(Peterson, 2001, pp. 94-98; Brown & Lee, 2015, pp. 334-337)

Level	Goals	Tasks
Beginning	Discriminate between emotional reactions	- Listen to a statement about a vacation and decide whether or not the speaker enjoyed the vacation.
	Get the gist of a sentence	- Listen to a sentence and select one of the pictures describing the gist of the sentence.
	Recognize the main idea of text	- Listen to a short dialogue and circle where the conversation occurred in the list given. - Listen to short biographies and write a title that expresses the main idea for each one.
	Recognize the topic	- Listen to short conversations or texts and note which of the topics given in a list is discussed.
Intermediate	Discriminate between registers of speech	- Listen to sentences with either flat or varied intonation and determine whether the speaker is enthusiastic, friendly, or sincere by the amount of

	and tones of voice	pitch change and energy in the voice.
	Listen to identify the speaker or the topic	- Listen to the news stories and match each one with the appropriate headline.
		- Listen to radio commercials and choose among four types of sponsors and products and identify the picture that goes with the commercial.
	Find main ideas and supporting details	- Listen to a short conversation between two friends and find and write the name of the program and the channel. Decide which speaker watched the program.
	Make inferences	- Listen to a series of sentences and suggest a possible context for the sentence such as place, situation, time, and participants.
		- Listen to two people ordering dinner in a restaurant and tell which person is more conscious of health concerns based on the food choices they make.
Advanced	Use knowledge of the topic to predict the content of the text	- Write a description about an object or a procedure and predict the content of the text by writing questions that would be answered in the listening text.
	Use the text transcript to predict the content of the next section	- Read a section of a text transcript and predict what will come next.
	Use the introduction to the text to predict its focus and direction	- Listen to the introductory section of a text and predict the content of the next section or the topic that will be discussed.
	Find the main idea of a text	- Listen to a segment of a text after reading its skeleton outline. Fill in the outline and identify the main points and digressions.
	Recognize point of view	- Listen to a debate about an issue while taking notes and identify the supporting and counter arguments.

하향식 듣기 과제의 예는 예시 2-7의 활동 1에서 7까지와 같이 요점이나 주제 파악하기, 일의 순서 파악하기, 감정적 반응 또는 태도, 화자간 관계 및 대화 상황 추론하기, 대화 이후 이어질 행동 추론하기 등이다.

1. Listen to people talking about work. What job are they talking about? Listen and check (√) the answer.

A. ☐ salesperson   B. ☐ waitress   C. ☐ teacher
   ☐ office worker   ☐ actor   ☐ flight attendant

2. Look at the pictures below and listen to six conversations talking about what six people like doing in their free time. Write one of the following names under each picture: Jan, Sam, Ted, Mary, Pat or Jill.

(1)   (2)   (3)

(4)   (5)   (6)

3. Listen. Some students are learning how to make jambalaya, a dish from the southern part of the United States. Put the pictures in order (1-9).

4. Listen to the following dialogue and find out the relationship between the speakers.

A. a mother and a daughter B. a student and a teacher C. a customer and a clerk

5. Listen to people talking about their jobs. Do they like their jobs? Check (√) *Yes* or *No*.

	Yes No		Yes No		Yes No
A.	☐ ☐	C.	☐ ☐	E.	☐ ☐
B.	☐ ☐	D.	☐ ☐	F.	☐ ☐

6. Listen to the following dialogue and find out what the girl will do.

A. 　B. 　C.

7. What will the boy most likely do after the conversation?

A. play soccer　B. call his sister　C. meet his friends　D. cancel his appointment

(출처: 활동 1, 5, *Basic Tactics for Listening*, Richards, 1996, pp. 12-13; 활동 2, *Listen for It*, Richards et al., 1995, p. 31; 활동 3, *Active Listening: Building*, Helgesen & Brown, 1994, p. 14; 활동 7, *High School English I*, 김성곤 등, 2018b, p. 12)

3) 상호작용식 과정 중심 듣기 과제

실생활 듣기 상황에서는 상향식 및 하향식 과정이 동시에 이루어지므로 듣기 과제를 상향식과 하향식 과제로 구분하여 수업에 활용하는 것이 효과적인가에 대해 의문이 생길 수 있다. 그러나 학습자에게 필요한 여러 능력의 개발을 위해서는 인위적이기는 하지만 차별화된 두 과제를 사용하여 듣기 능력을 함양하는 것도 의미가 있다. 반면에 상향식과 하향식 과정 모두에 초점을 맞춘 상호작용식 과제를 사용하여 학습자로 하여금 두 듣기 과정을 동시에 처리하는 학습을 하는 것도 필요하다. 이러한 목적의 상호작용식 과제는 표 2-4와 같다. 이는 Peterson(2001)과 이를 다시 정리한 Brown과 Lee(2015)가 제시하고 있는 과제이다.

〈표 2-4〉 학습자 언어 능숙도 단계별 상호작용식 과제
(Peterson, 2001, pp. 94-98; Brown & Lee, 2015, pp. 335-338)

Level	Goals	Tasks
Beginning	Use speech features to decide if a statement is formal or informal	- Look at five pictures which show people meeting each other. Based on extralinguistic information such as setting, age, and professions of the people, predict whether the language will be formal or informal. Listen to short dialogues

		to confirm your prediction. Analyze features of the speech (tone, speed, word choice) to determine what makes an introduction more formal.
	Recognize a familiar word and relate it to a category	- Listen to words from a shopping list and match each word to the store that sells it.
	Compare information that you hear with your own experience	- Listen to statements about an issue and compare them about the issue in your country. Tell whether your country is the same or different.
Intermediate	Use word stress to understand the speaker's intent	- Listen to a series of statements about money problems and circle the words in each statement that are emphasized. With a partner, discuss what is important to the speaker, and how the speaker feels about it.
	Recognize missing grammar markers in colloquial speech	- Listen to a series of short questions in which the auxiliary verb and subject have been deleted. Use grammatical knowledge to fill in the missing words.
	Use context and knowledge of the world to build listening expectations; listen to confirm expectations	- Read some telephone message with missing words. Decide what kinds of information are missing so you know what to listen for. Listen to the information and fill in the blanks. Finally, discuss with the class what strategies you used for your predictions.
	Use incomplete sensory data and cultural background information to construct a more complete understanding of a text	- Listen to one side of a telephone conversation and decide what the topic of the conversation might be and create a title for it.
Advanced	Use knowledge of phrases and discourse markers to predict the content in the next segment of a text	- Identify the speaker's intention by his/her choice of discourse markers and predict the kind of information that will follow.
	Use incoming details to determine the accuracy of predictions	- Listen to the introductory sentences to predict some of the main ideas you expect to hear in the text. Then listen to the text and note whether

about content	or not the speaker talks about the points you predicted. If he/she does, note a detail about the point.
Make inferences by identifying ideas on the sentence level that lead to evaluative statements	- Listen to a statement and take notes on the important words. Indicate what further meaning can be inferred from the statement. Indicate the words in the original statement that serve to cue the inference.
Use knowledge of the text to discover the speaker's misstatement and to supply the ideas that he/she meant to say	- Listen to a text segment that contains an incorrect term. Write the incorrect term and the term that the speaker should have used. Finally, indicate what clues helped you find the misstatement.

상호작용식 과제는 표 2-4의 예시 활동들이 보여주듯이 하향식 과정 듣기에서 상향식 과정 듣기로 진행되거나 반대로 상향식 과정 듣기에서 하향식 과정 듣기로 이루어진다. 예를 들어서 학습자가 자신의 선험 지식이나 맥락적 정보를 활용하여 하향식 과정에 의존하여 예측하기를 한 후 듣기 자료를 들으면서 예측이 맞았는지 확인하고 아울러 상향식 과정에 좀 더 초점을 맞추어 예측의 근거가 되는 언어 형태 정보를 분석하는 것이다. 상향식 및 하향식 과정 듣기가 서로 상호 보완적으로 듣기 이해를 도와주는 역할을 하게 된다. 이러한 상호작용식 듣기 과제들은 하향식 과정 중심으로 예측을 하더라도 그 근거가 되는 언어 형태에 집중할 수 있는 기회를 제공하거나 또는 반대로 상향식 과정 중심으로 구두 언어를 집중적으로 듣더라도 자신의 선험 지식이나 상황적 정보를 활용할 수 있는 능력을 균형 있게 발달시킬 수 있도록 도와준다.

상호작용식 과제의 예는 예시 2-8의 활동과 같다. 학습자는 먼저 예의 바르지 않은 행동에 대해 화자가 느꼈던 감정 상태를 추론하여 그 정도를 눈금으로 표시한 후 추론의 근거가 되는 언어 표현을 들은 자료에서 찾아 쓰는 활동이다. 화자의 감정 상태를 말투, 목소리, 억양, 언어 표현을 통해 추론하는 하향식 과정과 화자의 감정을 드러내는 언어 표현을 쓰는 상향식 과정이 모두 요구되는 활동이다. 감정을 드러내는 표현을 명시적으로 다시 생각해보게 하는 기회를 제공하여 화자의 감정을 추론하는 기술을 향상하기 위해 필요한 상향식 및 하향식 과정을 인지하고 익힐 기회를 제공한다.

Listen. People are talking about rude behavior and how strongly they feel about it.
Draw lines. How did you know their feelings? Write few words.

1. Chatting on a public telephone

2. Using a mobile phone in a public place

3. Double parking

4. Not giving up a seat on the subway

(출처: *Active Listening: Expanding*, Helgesen, Brown, & Smith, 1997, p. 34)

듣기 학습에서는 목표 듣기 기술에 따라 상향식 또는 하향식 과정 듣기에만 초점을 맞춘 과제들이 활용되지만 실제 의사소통 상황에서는 두 과정이 동시다발적으로 일어나는 것이 보편적이다. 이에 상향식에 초점을 맞추더라도 학습자로 하여금 자신의 선험 지식을 활용하여 예측해 보게 한다든지, 하향식 중심의 활동을 하더라도 예측의 근거가 되는 언어 형태에 집중하는 기회를 제공하여 상향식 및 하향식 과정의 듣기 기술이 균형적으로 발달할 수 있도록 하는 것이 필요하다.

2.3.3 상호간 및 비상호간 듣기 과제

듣기 과제는 일방향 듣기인지 양방향 듣기인지에 따라 상호간 및 비상호간 듣기 과제로 구성할 수 있다(Nunan, 1999). 듣기 수업에서 활용되는 듣기는 말하기와 통합되는 활동이 아닌 경우 모두 다 일방향 비상호간 듣기 과제이다. 앞서 예시 1-1에서 2-8까지 제시한 과제들도 모두 비상호간 듣기 활동이다.

말하기와 직접 통합되지 않지만 가능한 한 양방향 상호간 듣기를 유도할 수 있는 과제를 고안하기 위해 Nunan(1999)은 예시 2-9와 같이 듣고 적절한 응답을 찾는 과제를 제안하고 있다. 이는 반응적 듣기 유형으로서 청자가 직접 대화 상대에게 응답을 할 기회는 없지만 적절한 응답을 찾음으로써 간접적으로 상호간 듣기 성격을 띠게 된다.

〈예시 2-9〉 상호간 듣기 과제 (Nunan, 1999, p. 216)

Imagine you are taking part in an airport survey. Listen and circle a response for each question.

a	Sure.	OK. As long as it doesn't take too long.
b	Yes, I did.	No, it was pretty short.
c	Yes, they're fine.	I don't think so. I think they need to do better.
d	Yes, it did.	No, I had to wait a long time, actually.
e	You're welcome.	Don't mention it.

또한 Rost(2002)도 청자 혼자 상호간 듣기를 할 수 있는 과제 유형을 제안했는데 이야기를 들으면서 중간 중간 다음 이야기를 예측하는 휴지 삽입 과제(paused task) 이다. 두 명의 대화에서 한 명의 화자의 발화 다음마다 휴지를 넣어서 다른 화자의 발화를 예측하여 청자가 직접 말하도록 고안하는 것이다. 이 때 청자의 발화 이후 듣는 대화 내용이 본인의 발화와 논리적으로 잘 이어지지 않더라도 지속하는 것이 필요하며 이 문제를 해결하기 위한 방법으로 다음과 같이 한 명의 발화만을 남기고 다른 한 명의 발화는 삭제하여 빈 공간으로 제시하는 대화 대본을 청자가 미리 읽어 본 후에 들으면서 발화하도록 구성할 수도 있다.

A: Breakfast, Jimin. Ready to go to school?

B: _____

A: Jimin, you have time for breakfast. Have some rice with some soup and vegetables. The soup is not hot.

B: _____

A: Then, try an apple. It tastes sweet and is good for your health.

B: _____

듣기 전에 대본이 주어져서 두 명의 대화 상황을 파악하도록 하더라도 대화를 듣고 적절한 응답을 구현할 때는 대본을 보지 않는 것이 바람직하다. 아니면 듣기에 집중하지 않게 되고 또한 듣기가 아니라 읽기 학습이 될 수 있기 때문이다.

2.3.4 개방형 및 폐쇄형 듣기 과제

듣기 과제는 들으면서 수행하는 과업의 결과가 예측 가능하고 한정적인지의 여부에 따라 개방형(open-ended) 또는 폐쇄형(closed) 과제로 분류된다(Brown, 2006). 예상하고 있는 학습자의 수행 결과나 응답이 정해져 있는 과제는 폐쇄형인데, 예를 들어서 답이 하나인 청해 문제 풀기를 할 때 응답을 선지에서 고르거나 쓰는 과제는 폐쇄형이다. 듣고 그림을 완성하거나 행동으로 옮기더라도 예상된 응답이 정해져 있다면 폐쇄형으로 보는 것이 타당하다. 반면에 답이 다양할 수 있는 청해 문제 질문에 답을 구두나 문자 언어로 표현하거나 듣고 요약하여 말하거나 쓰는 것은 학습자 스스로 응답을 생산해야 하는 것이고 다양한 응답이 수용 가능하므로 개방형 과제가 된다.

폐쇄형 과제를 수행하기 위해서는 청자는 듣기 자료를 정확히 이해해야 한다. 예를 들어서 답이 이미 정해져 있는 청해 문제 풀이 과제라면 답을 찾기 위해 듣기 자료를 정확히 이해할 필요가 있다. 뉴스를 들으면서 신문 기사에서 틀린 부분 세 군데를 찾아서 고친다거나 음성 메시지를 들으면서 메모에 적힌 메시지 오류를 고치는 것 모두 폐쇄형 과제이다. 교실 수업에 사용되는 일방향 듣기 과제는 폐쇄형이 많다. 1장부터 제시된 예시 과제들 대부분은 폐쇄형이다.

개방형은 양방향 듣기 과제에서 대화를 나누면서 화자의 발화를 이해하여 적절하게 응답을 하는 것과 같이 정해져 있는 응답이 없거나 좀 더 다양한 응답이 가능한 과제이다. 앞서 제시한 예시들 중 예시 2-2 활동 5와 같이 강의 들으면서 노트하기는 개방형 과제이다.

듣기 지도를 위해 과제를 개발할 때 폐쇄형과 개방형 중 어떤 유형의 과제를 고안해야 하는가는 학습 목표, 목적, 학습자 수준 등 학습 상황에 따라 결정되어야 한다. 능숙한 학습자를 위해서는 도전적인 과제를 수행하도록 하기 위해 개방형 과제를 개발할 수 있을 것이다. 반면에 아직 언어적 지식이 부족하고 구두 언어에 익숙하지 않은 초급 단계 학습자들에게는 학습 부담을 줄이고 과제 수행의 성공도를 높이기 위해 폐쇄형 과제를 활용하는 것이 바람직할 것이다. 그러나 폐쇄형과 개방형 과제의 유용성은 학습자 듣기 능력으로만 결정되는 것은 아니므로 초급 학습자라도 좀 더 비판적 사고 능력과 자신이 원하는 응답을 할 수 있도록 난이도가 낮은 개방형 과제를 사용하는 것이 바람직하다.

2.3.5 듣기 과제 난이도

듣기 과제의 난이도는 듣기 자료와 과업뿐만 아니라 언어 능숙도, 선험 지식 및
학습 동기 등의 언어 학습자로서의 청자 개별 요인에 따라서도 달라진다. Helgesen과
Brown(2007)은 Anderson과 Lynch(1988)가 분류한 과제 난이도에 영향을 미치는 요
인 네 가지를 정리하여 제시하였는데, 이를 다시 정리하면 다음과 같다(pp. 61-63).

The text
- Parts of language: speech rate, words, pronunciation, intonation, and grammatical
  structures
- Usage of language: functional language, direct and indirect speech
- Amount of language: redundancy
- Organization: unfamiliar text organization
- Content: familiarity of topics and vocabulary
- Amount of context: contextual clarity
- Kind of text: information density of text

The task
- Complexity of the task: demands on knowledge and memory
- Level of response required: types, length, and openness of responses
- Level of participation: one- or two-way listening
- Knowledge of the content and procedure of the task: familiarity of the content and
  task procedure
- Level of support/context: pictures/graphical aid
- Response time: the amount of time given for response

The speaker
- Style: individual style of speaking
- Accent: unfamiliar accent

- Number of speakers: one to many people
- Recorded or not: recorded or live conversation

The listener
- Proficiency level: beginning to advanced level
- Interest and motivation: degree of learners' interest and motivation
- Confidence: the amount of experiences of successful listening

듣기 자료 측면에서 언어적 요인, 자료의 길이 및 정보의 양과 주제 친숙도, 구성적 특징, 맥락적 명료성 및 장르 유형이 과제 난이도에 영향을 미친다(Buck, 2001). 언어적 요인에는 발화 속도 및 휴지 빈도수, 발음, 단어, 문장 구조와 직간접 발화 행위(speech act)의 친숙성, 언어 표현과 기능의 명시적 관계 여부가 포함되는데, 학습자에게 좀 더 친숙한 발음, 단어와 문장 구조일수록 과제의 난이도가 낮아진다. 일반적으로 토론이나 강의 등에 비해 이야기가 이해하기 쉬운 장르로 알려져 있다. 이는 정보 밀집도가 낮고 맥락적 정보가 좀 더 풍부하며 주인공이나 등장인물 중심의 사건이나 행동의 흐름으로 구성이 되어 정보의 추상성이 낮은 편이기 때문이다. 구두 언어의 특징인 정보의 잉여성은 정보가 반복되기 때문에 듣기를 도와줄 수도 있지만 듣는 양이 많아져서 난이도를 높일 수도 있다. 이와 유사하게 주어지는 정보의 양이 너무 적어서 내용 이해가 어려워지기도 하지만 반대로 양이 많으면 인지적으로 처리해야 하는 부담이 증가하여 난이도가 높아질 수도 있다. 또한 화자 간의 관계나 대화 장소 등에 대한 맥락적 정보의 양도 듣기의 난이도에 영향을 미친다.

Nunan(1999)도 Anderson과 Lynch(1988)가 제시한 과제 난이도에 영향을 미치는 듣기 자료 요인을 다음과 같이 정리하고 있다(pp. 207-209). 이는 언어적 요인보다는 텍스트의 주제 및 구성적 특징과 정보의 명시성 및 충분성에 초점이 맞추어져 있다.

- The organization of information
- The familiarity of the topic
- The explicitness and sufficiency of the information
- The type of referring expressions used
- Whether the text describes a "static" or "dynamic" relationship

과제 측면에서는 학습자에게 요구되는 지식과 기억해야 하는 정보량이 적을수록, 과제를 몇 개의 세부 단계로 나누어 수행할수록, 관련 정보가 집약적이고 명시적으로 유인물이나 교재 한 페이지 안에 제시될수록, 처리해야 하는 정보의 양이 적을수록 난이도가 낮아진다. 들으면서 학습자가 해야 하는 응답이 그림 선택이나 신체적 행동 등과 같이 비언어적 유형일 때 대체로 과제의 난이도가 낮아질 수 있다. 일반적으로 다른 사람의 대화를 제3자의 입장에서 듣게 되는 일방향 듣기 과제가 대화를 나누면서 화자와 청자의 역할을 모두 해야 하는 과제보다 쉬운 것으로 평가된다. 하지만 이 역시 맥락에 따라서 달라질 수 있어서 참여 수준, 일방향 및 양방향 듣기 여부만으로 난이도가 결정되는 것은 아니다. 친숙한 주제의 과업이거나 이전에 수행한 적이 있는 과업이 일반적으로 난이도가 낮으며 아울러 듣기 자료 이해에 도움이 되는 그림과 같은 시각 자료가 제공되면, 즉 보조 자료가 제공되면 과업이 더 쉬워진다. 반면에 듣고 문자 언어로 요약하기와 같이 문자 언어로 응답을 적어야 할 뿐만 아니라 요구되는 응답의 길이가 길면 난이도가 높아진다. 아울러 주어진 응답 시간이 짧고 들은 시간과 응답을 해야 하는 시간 사이에 시간 간격이 있다면 더 어려워진다. 왜냐하면 구두 언어는 다시 들을 수 없기 때문에 기억에 남은 정보로 응답을 구성해야 하기 때문이다. 따라서 응답 시간, 길이 및 유형과 더불어 응답과 듣기의 시간차도 과제의 난이도에 영향을 미치는 요인이 된다.

일방향이나 양방향 듣기 모두에서 화자의 변인도 과제의 난이도에 영향을 미친다. 앞서 언급한 듣기 자료 변인 중 일부는 화자 변인과 중복되는데 그 외에도 청자에게 친숙하지 않은 화자의 개인적 발화 스타일이나 악센트 등에 따라 듣기의 난이도가 높아진다. 또한 발화자 수가 많아질수록 어려워지며 녹음된 자료인가 아니면 실제 대화를 나누는 상황인가도 난이도에 영향을 미친다. 녹음된 자료는 실제 대화와는 달리 자연스러움이 적고 듣기에 도움이 되는 정보의 잉여성이 부족하며 또한 화자와 직접 대화를 나누는 상황과는 달리 이해가 안 될 때 되물어볼 수도 없고 몸짓이나 얼굴 표정과 같은 비언어적 정보와 상황적 정보가 제공되지 않기 때문에 이해하기 더 어려울 수 있다. 하지만 대화를 나누면서 동시에 이해를 해야 하는 양방향 상호간 듣기 역시 청자 및 화자의 이중 역할을 해야 한다는 측면에서 난이도가 더 낮다고만 볼 수는 없다.

마지막으로 학습자의 언어 능숙도, 학습 동기와 흥미도, 선험 지식, 듣기 자신감 등을 포함한 청자 변인도 과업의 난이도를 결정하는 요인이 된다. 학습자가 언어적 지식이 많고 언어 능숙도가 높으면 듣기 자료나 과업 자체의 변인과 상관없이 과제 수행이 쉬워질 수 있다. 하지만 학습자의 동기나 흥미도가 낮고 듣기에 대한 자신감이 부족하면 과제의 난이도가 올라간다. 이는 객관적인 과제 요인에는 변화가 없더라도 학습자 개별적 정의적 성향이 과업 수행을 어렵게 할 수 있기 때문이다.

과제의 난이도에는 듣기 자료, 과업, 화자 및 청자 요인과 그 세부 여러 요인들이 복합적으로 영향을 미친다. 이에 Anderson과 Lynch(1988)는 이러한 요인의 영향을 교사가 어떻게 통제하여 학습자들에게 도움이 되는 과제를 고안하고 활용할 수 있는지를 시각적으로 소리 조절 장치인 이퀄라이저 그림으로 제시하였다. 이를 다시 정리하여 제시한 Helgesen과 Brown(2007)의 그림은 2-1과 같다. 화자나 듣기 자료로 야기되는 난이도를 낮추기가 어려울 때 학습자들에게 요구되는 응답을 쉽게 만들고 학습자를 도와주기 위해 시각 보조 자료를 제공하거나 어려운 단어를 미리 학습하는 방법으로 과제 난이도를 낮출 수 있다.

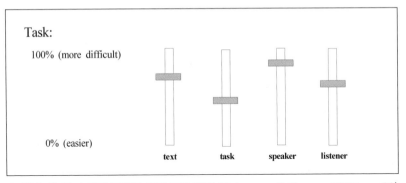

〈그림 2-1〉 듣기 과제 복잡성 요인 조정 예시 (Helgesen & Brown, 2007, p. 63)

Helgesen과 Brown(2007)은 과제 난이도가 높다고 판단될 때 교사는 과제 난이도에 영향을 미치는 네 가지 요인별로 난이도를 낮추는 방법을 다음과 같이 제안하고 있다(pp. 64-65). 듣기 자료가 녹음 자료라서 언어적 수준을 낮추기가 어렵다면 학습자들이 배경지식을 가지고 듣기 준비를 할 수 있도록 들을 자료에 대해 간단히 이야기하거나 들은 후에 추가적인 정보를 제공하여 난이도를 조정할 수 있다는 것이다. 또한 듣기 자료가 난이도가 더 높은 비소설적 주제에 관한 것이라면 소집단별로 토론을 하면서 배경지식을 공유하는 듣기 선행 과제를 활용함으로써 과제 난이도를 낮출 수 있다.

The text

- Preteach key vocabulary.
- Modify the script to make the language level easier or harder.
- Give a short talk before the recording that previews the content (activate schema).
- Follow up the recording with a talk that gives additional information.
- For non-fiction topics, put the learners into small groups and have them see how much they already know about the topic.

The task

- Write a list of key words on the board to help guide them.
- Add pictures. For example, find related pictures on the Internet and have students preview by talking about what they think they will hear.
- Modify the task to include TPR, drawing, etc.
- Provide a copy of the script for students to use at some time during the activity (not the whole time).

The speaker

- Have more or fewer speakers. You can do this if you are making your own material, but it is probably not practical if you are using textbook.
- Pause the recording to allow "think time."
- Read the script yourself, rather than using the recording (at least the first time).
- Play the recording a second or third time.

The listener

- Give the learners a choice of two to three ways to respond (e.g., draw a picture, write the key words, or write a summary).
- Have the learners do the task in pairs, sharing what they understand.
- Add a microtask (e.g., brainstorm words, give a list of events).

또한 과업 측면에서도 핵심 단어를 미리 제시하거나 시각 보조 자료를 제공하여 난이도를 낮출 수 있고 비언어적 응답을 요구하는 과제로 수정하거나 필요한 경우 활동 중간에 듣기 자료 대본을 제공하여 난이도를 낮출 수 있다. 화자 측면에서는 화자의 숫자를 고려하여 듣기 자료를 선택하고 만일 화자 측면에서 난이도 조정이 어렵다면 중간 중간에 휴지를 넣어서 학습자들이 생각할 수 있는 시간을 제공하거나 또는 교사가 대본을 읽어주거나 녹음 자료를 반복해서 들을 수 있는 기회를 제공하여 과업의 난이도를 낮출 수 있다. 청자 측면에서는 응답의 유형을 스스로 선택하게 한다든지 과업을 짝과 함께 수행함으로써 학습자 상호간 도움을 받고 이해한 내용이나 배경지식을 공유할 수 있도록 하여 난이도를 낮출 수 있다. 하나의 과업을 단계별로 나누어 세부 과업으로 미시적으로 진행하는 것도 난이도를 낮추는 방법이다.

앞서 논의한 바와 같이 듣기 과제는 듣기 자료, 과업, 화자, 청자 변인에 따라 난이도가 달라지는데, 어떤 과제를 선택할 것인지, 선택한 과제의 난이도를 어떻게 조정할 것인지 역시 교실 상황, 학습 목표, 교사 및 학습자 변인 등 여러 요인을 고려해서 결정해야 한다. 한 가지 방법으로의 조정이나 해결책은 존재하지 않으므로 교사는 학습 상황에 맞는 적절한 방법으로 요인들을 조정하거나 고려하여 과제를 선택하고 수정해야 한다.

2.4 듣기 자료

2.4.1 듣기 자료 선택 및 제작

듣기 자료는 교재와 함께 제공되는 녹음된 자료인 경우가 많지만, 필요에 따라서는 교사가 직접 제작하거나 미디어나 인터넷 자료로 구성할 수도 있다. 듣기 지도에서 어떤 듣기 자료를 사용할 것인가를 결정하기 위해서는 먼저 녹음된 자료 및 진본적인 자료 사용 여부를 결정해야 한다.

- recorded material or live presentation
- authentic or inauthentic material

듣기 수업에서는 녹음된 자료가 가장 많이 사용된다. 그러나 교사의 발화, 학생들의 발화, 초청 강사의 스피치 등 실시간 구두 언어 자료로 듣기 자료를 구성할 수도 있다. 실시간 자료는 화자를 직접 볼 수 있어서 이해가 안 되는 부분을 되물어보거나 시각적 및 준언어적 정보를 활용할 수 있으며 특별한 기자재가 필요하지 않다는 장점을 가지고 있다. 반면 실시간 자료의 유용성을 확보하려면 철저한 계획이 필요하다. 교사 발화가 듣기 자료인 경우 어떤 내용을 어떻게 말할 것인지 미리 계획하는 것이 필요하다. 그렇지 않으면 발화의 길이나 내용적 및 언어적 난이도가 통제되지 않아 학습 효과가 떨어질 수 있기 때문이다. 한편 녹음 자료는 다양한 주제와 유형의 자료로 구성이 가능하고 다시 들을 수 있을 뿐만 아니라 필요에 따라서는 교실 밖에서 학습자가 개별적으로 활용하여 학습할 수 있다는 장점을 가지고 있다. 또한 듣기 자료에 대한 활동을 미리 고안하여 수업 준비를 할 수 있다는 장점도 있다. 실시간 및 녹음 자료는 각각 장단점을 가지고 있어서 학습 상황에 따라 선택되어야 한다. 앞서 언급한 바와 같이 듣기 학습에서는 녹음 자료가 주로 사용되지만 필요에 따라서는 교사 발화와 같은 실시간 자료를 사용하여 실제 의사소통 상황의 구두 언어에 노출되는 기회를 제공하는 것도 바람직하다.

진본적인 자료는 비원어민이나 언어 학습을 위해 제작된 자료가 아닌 실제 해당 언어의 원어민들이 의사소통 상황에서 사용하는 자료를 말한다(Richards, 2015).

- not designed or recorded for non-native speakers, or for language learning purposes (Lynch & Mendelsohn, 2010, p. 192)
- materials not made for language teaching, for example, real TV programs and not videos made especially to teach language (Helgesen & Brown, 2007, p. 101)
- produced in response to real life communication needs rather than as an imitation of real life communicative needs (Underwood, 1989, p. 98)

영어 사용국에서 방송된 라디오 뉴스는 진본적 자료이다. 그러나 이 뉴스 자료의 대본을 언어적으로 쉽게 수정해서 녹음하여 듣기 학습 자료를 제작한다면 이는 편집된 자료이기 때문에 진본적 자료로 보지 않는다. 또한 뉴스 대본을 교실 수업을 위해 녹음한다면 이 역시 비진본적 자료가 된다. 청자가 언어 사용자에서 언어 학습자로 바뀌었기 때문이다.

의사소통 접근법의 영향으로 진본적 자료 사용이 권장되고 있는데, 이는 학습 상황과 실제 언어 상황 사이의 괴리를 줄이기 위한 것이다. 하지만 진본적 자료는 화자의 발화 속도, 발음, 표현 등의 측면에서 난이도를 조정할 수가 없다는 한계점을 가지고 있다. 반면 비진본적 자료는 진본적 자료에 비해 발화 속도를 느리게 하거나 발음을 더 명확히 할 수도 있어서 초급 단계 학습자들에게는 유용한 듣기 학습 자료가 된다. 그러나 발음, 리듬, 억양, 발화 속도 측면에서 구두 언어의 특징이 잘 나타나지 않을 수도 있다는 문제점이 있다. 이와 같이 진본적 및 비진본적 듣기 자료는 장단점을 가지고 있으므로 학습 목표, 학습자 변인 등 학습 상황에 따라 자료를 선택하는 것이 바람직하다. Richards(2015)는 진본적 자료와 비진본적 자료를 모두 사용할 것을 권장하고 있다. 진본적 자료를 통해 실제 사용되는 구두 언어에 노출되어 실제 언어 사용을 위한 듣기 학습이 필요한 반면, 진본적 자료가 학습자에게 어려울 수 있으므로 난이도를 조정하여 제작된 비진본적 자료로 특정 듣기 기술이나 전략을 학습하는 것도 필요하다고 본다.

듣기 자료를 선택할 때는 다음과 같이 언어적 난이도, 길이, 발화 스타일 및 속도, 텍스트 유형, 과업 유형, 내용, 구성 및 맥락을 고려해야 한다(Richards, 2015; Underwood, 1989).

- linguistic difficulty
- length
- text types
- content
- organization
- the style of delivery
- the speed of delivery
- task types
- context

듣기 자료를 선택하기 위해서는 자료의 언어적 난이도를 먼저 검토해야 한다. 발음, 어휘 및 문법적 측면 그리고 휴지의 양과 길이 측면에서의 언어적 난이도를 고려해야 한다. 둘째, 자료의 길이를 고려해야 한다. 교실 수업에서는 짧은 자료가 많이 활용되는데 대부분 30초 이내 대화 자료이다. 그러나 다양한 듣기 기술과 전략을 익히기 위해서는 1~2분 정도의 대화를 듣는 기회를 제공하는 것도 필요하다. 특히 학습자 수준이 높아질수록 자료의 길이도 길어져야 한다. 셋째, 자료의 텍스트 유형을 고려해서 선택해야 한다. 일반적으로 대화, 이야기, 뉴스나 안내 방송이 가장 많이 사용되는 듣기 자료인데 학습자가 들어야 하는 자료가 무엇인지 즉 현재와 미래의 듣기 상황에서 접할 텍스트 유형을 고려해서 자료를 결정해야 한다. 넷째, 자료의 주제가 구체적인지 또는 학습자에게 친숙한지 고려해야 한다. 일반적으로 추상적인 내용이 인지적으로 이해하기 어렵기 때문에 주제의 구체성도 검토할 필요가 있다. 다섯째, 자료의 구성도 검토해야 한다. 자료의 구성이 명확하면 학습자가 이해하기가 쉬워지기 때문이다. 예를 들어서 과거와 현재 시간을 왔다 갔다 하는 이야기보다 시간적 흐름대로 구성된 이야기가 이해하기 더 쉽다. 여섯째, 발화 스타일을 고려해야 한다. 학습 초기에는 다양한 발화 스타일의 구두 언어를 이해하기 어려우므로 화자의 발화 스타일을 검토하는 것이 필요하다. 일곱째, 발화 속도도 검토해야 한다. 이상적으로는 정상 속도의 발화가 바람직하다. 왜냐하면 정상 속도로 발음이 되어야 실제 의사소통 상황에서 발음된 원어민의 리듬, 억양, 강세, 연음, 축약형 발음에 노출될 수 있는 기회가 주어지기 때문이다. 여덟째, 자료가 사용될 과업 유형도 검토할 필요가 있다. 자료에 따라 적절한 과업 유형이 달라지는데 이러한 과업이 학습 목표나 학습자 수준에 적합한지 검토한 후 자료를 선택하는 것이 바람직하다. 아홉째, 자료를 시각적 자료와 함께 제시해야 하는가도 고려해야 한다. 시각적 자료 없이 구두 언어로만 메시지가 전달될 때 이해하기 어려운 경우가 있기 때문이다. 듣기 자료는 이와 같이 여러 측면에서 학습 목표, 상황 및 학습자 수준에 적합한가를 고려해서 선택해야 한다.

듣기 자료는 다음과 같은 자료들을 활용하여 만들거나 선택할 수 있다(Richards, 2015). 교사가 제작하거나 학습자가 만든 자료, 미디어나 비디오 자료, 판매용 교재뿐만 아니라 초청 강연이나 책을 녹음한 오디오 책이다. 오디오 책은 학습자들이 스마트폰 등을 활용하여 어디에서든지 개별적으로 들으면서 학습할 수 있다는 장점을 가지고 있지만, 문자 언어가 녹음된 자료이기 때문에 선별적으로 활용되어야 한다. 문자 언어로 주로 학습하는 학습자들이라면 오디오 책 듣기는 문자 언어로 친숙한 표현을 구두로 들어보고 발음을 인식하는 능력을 기르는 데 도움이 될 것이다.

- *Teacher made*: The teacher may prepare materials addressing specific listening problems that have emerged during a course.
- *Student made*: Intermediate to advanced-level students can be invited to record or video role plays, discussions, interviews, etc., which can be used with other learners.
- *Media-based*: Extracts taken from radio, television or the internet can often provide a good basis for a listening class.
- *DVD and video*: Extracts taken from DVDs or videos can often be used part of a listening course, provided they are at a suitable level.
- *Commercial materials*: Published listening courses are available for every kind of listening situation—from beginning to advanced—and for learners with specific needs.
- *Class visitors*: It may be possible to invite people to class to make a presentation or take part in an interview or discussion.
- *Audiobooks*: (either graded or original readers)—These are easy to download and listen to on mobile phones / MP3 players and good for extensive listening. (Richards, 2015, pp. 392-393)

듣기 자료는 여러 가지 유형의 구두 언어 장르와 노래, 라디오나 TV 장르 및 영화 중에서도 선택할 수 있다. 또한 Field(2008)가 표 2-5와 같이 정리하였듯이 장르에 따라 적절한 학습자 응답 유형 또는 필요한 듣기 기술과 전략이 있으므로 이점을 고려하여 장르를 선택하는 것이 필요하다.

〈표 2-5〉 듣기 자료 장르별 적절한 화자 응답 (Field, 2008, p. 64)

Genre	Listener response
Conversation	Listen and respond Eavesdrop
Negotiation	Listen and respond or challenge. Retain detailed meaning representation
Transmission of information	Locate and retain main points
Announcement	Monitor for one item
News headlines (radio/TV)	Monitor for interesting items
News (radio/TV)	Monitor for previously identified item. Listen for main points in item

Sports/outside broadcast	Construct spatio-visual representation
Song	Gist; listen for words
Personal narrative	Listen for plot essentials
Film/TV drama	Listen for plot essentials
Instruction	Listen and do
Form-filling	Scan and locate relevant points
Phoning	Listen and respond. Allow for minimal context
Taking a message	Close listening for details
Lesson	Listen for main points – show understanding
Lecture	Listen for main points and relative importance. Take notes
Tour guide	Listen for main points
Translation	Listen for meaning; rephrase

Field(2008)의 장르별 응답 유형을 기초로 Richards(2015)는 표 2-6과 같이 듣기 자료 유형별 듣기 목적 및 청자의 역할을 분류하여 제시하고 있다. 이는 듣기 자료를 선택할 때 듣기 목적과 청자가 수행해야 할 행위 유형을 고려할 필요가 있다는 것을 보여준다. 자세한 정보를 파악하는 듣기 기술을 학습해야 한다면 전화 대화 자료를 선택하여 전화 메시지 적기 활동을 고안하는 것이 바람직하다. 반면 듣기 자료를 모니터링하다가 특정 정보만 자세히 듣는 능력이 필요하다면 안내 방송 자료가 유용한 자료이다. 과업을 수행하기 위한 절차를 이해하는 듣기 기술을 함양해야 한다면 지시문 자료를 선택하는 것이 좋다. 줄거리 이해 능력을 길러야 한다면 영화나 드라마 자료를 선택할 수 있을 것이다. 이와 같이 듣기 자료는 유형별로 목적과 청자의 역할 및 필요한 기술과 전략이 다를 수 있으므로 학습 목표와 학습자 욕구를 고려하여 선택하는 것이 바람직하다.

진본적 자료나 기존에 만들어진 자료 이외에 필요한 자료가 있어서 새로 제작하게 된다면 앞 절에서 언급한 듣기 자료 선택 기준과 함께 다음 사항들을 고려하는 것이 바람직하다. 이는 특히 녹음 단계에서 검토해야 하는 사항들이다.

- The speaker's voice, accent, and style and speed of delivery
- The speaker's gender and recording experiences
- Recording with a note rather than a script

〈표 2-6〉 듣기 자료 유형별 듣기 목적 및 청자 역할(Richards, 2015, p. 372)

Type of listening	Purpose	Listener role
Casual conversations.	To exchange social and personal information.	Listen and respond.
Telephone conversations.	To exchange information. To take a message. To obtain goods and service.	Listen and respond. Listen for specific details. Listen and give specific details.
Lectures.	To expand knowledge. To learn about various topics.	Listen for main points and details. Listen and make inferences. Follow the development of a topic and take notes.
Class lessons.	To expand knowledge. To learn about various topics. To interact with others.	Listen for instructions. Listen for key content and main points. Listen and respond.
Movies, drama, songs.	To entertain and gain pleasure.	Listen to follow plot. Listen to get gist of song. Listen to learn the words of the song.
Announcements.	To gain information. To act on information.	Listen for specific items. Listen to do something.
Instructions.	To carry out a task.	Listen for steps in task. Listen to do something.

　　화자의 발음, 악센트, 톤, 말투, 발화 스타일과 속도를 반드시 확인해야 한다. 또한 화자의 녹음 경험도 중요하며 아울러 제작하는 자료에 따라 필요한 화자의 성별도 결정을 해야 한다. 오디오 자료를 제작할 때 화자가 2명이라면 일반적으로 남성 1명과 여성 1명의 화자가 바람직하다. 시각 단서가 주어지지 않는 오디오 자료에서는 목소리로만 화자를 구별하기 쉽지 않기 때문이다. 또한 녹음을 할 때는 대본을 읽지 않는 것이 바람직하다. 대본을 읽게 되면 발화를 자연스럽게 하기 어렵기 때문이다(Richards, 2015). 따라서 녹음해야 하는 자료의 개요를 작성하여 화자에게 주고 개요를 보고 화자가 자연스럽게 발화하는 것을 녹음하는 것이 유용하다. 이렇게 자료를 제작해야 좀 더 진본적인 구두 언어 특징을 살리는 자료를 제작할 수 있다.

2.4.2 듣기 교재 평가 및 선택

듣기 교재를 선택하기 위해서는 먼저 평가를 해야 한다. 교재가 계획하고 있는 듣기 지도의 기저 접근법이나 듣기 과정 이론과 부합하는지, 학습자 변인 측면에서 난이도가 적절한지, 다양하고 유용한 활동과 듣기 자료를 제공하는지, 듣기 자료의 주제가 흥미로운지, 보조 자료를 제공하는지 등을 고려하여 평가할 수 있다.

Rost(2002)는 교재를 선택할 때 고려해야 할 평가 항목으로 다음과 같은 질문들을 제시하고 있다. 이는 듣기만이 아닌 일반적인 교재 평가에 적용할 수 있는 질문이다.

- Does it teach what you want to teach?
- What classroom procedures will you be using when you employ these materials?
- Is the material at the right level for your students?
- Are the procedures easy to figure out—for you? For the students?
- Are there appropriate visuals—charts, illustrations, etc., to engage students and guide learning?
- Is it reasonably up to date?
- Are the exercises varied? (Too varied?)
- What kind of supplementation will be necessary?
- Does the material allow for learners at multiple levels to use it?
- Is the material readily available?
- Is it reasonably priced for the students?
- What kind of supplementation will be needed in class and out of class? (Rost, 2002, p. 240)

교재의 외적 디자인과 교재 내용의 선택적 활용이나 수정의 용이성도 고려할 필요가 있다. 페이지가 학습에 용이하게 디자인되어 있는지, 시각 자료가 선명하고 흥미로우며 유용한지도 검토해야 한다. 또한 교재 내용의 취사선택과 변경 가능성 여부도 점검하는 것이 좋다. 특정 수업이나 학습자를 대상으로 제작된 교재가 아닌 이상 실제 학습 상황에 적용하기 어렵거나 유용하지 않은 부분이 있을 수 있기 때문에 선별적으로 내용을 수정하거나 활용하는 것이 가능한지 검토해봐야 한다. 교사용 지도서가 제공된다면 이러한 정보가 지도서에 포함되는지 살펴보는 것이 바람직하다.

2.5 듣기 지도 교사와 학습자의 역할

2.5.1 듣기 지도 교사의 역할

듣기는 1.1절에서 언급한 바와 같이 가르치지 않아도 저절로 향상되는 능력이라고 보기도 했지만, 영어를 포함한 외국어 교육이 전문화되면서 듣기를 보는 시각의 변화와 함께 듣기 기술과 전략의 함양을 위한 지도의 중요성이 강조되고 있다. 이에 듣기 교사는 다음과 같은 역할을 담당해야 한다.

- need analyzer
- course or lesson planner
- input provider
- text and task selector or creator
- facilitator
- diagnostician
- feedback provider
- evaluator

기본적으로 듣기 과정 이론, 기술과 전략, 지도 접근법 등에 대한 이해를 바탕으로 학습자의 듣기 학습 욕구를 파악하고 이에 적절한 듣기 과목이나 수업을 계획해야 한다. 특히 교사의 듣기에 대한 정의 및 듣기 지도에 대한 이론적 배경지식에 따라 지도의 접근법이 달라질 수 있으므로 교사는 이에 대한 올바른 이해를 하는 것도 중요하다. 또한 교사는 수업에서 자연스러운 듣기 자료를 제공해줄 수 있는 듣기 자료 제공자의 역할을 할 수 있다. 아울러 기존의 듣기 자료와 활동이 있다면 적절한 것을 선택해야 하며 아니면 교사 스스로 제작하여 제공하는 생산자가 되어야 한다. 수업이 진행될 때 학습자들이 듣기 활동을 잘할 수 있도록 도움을 주는 역할을 하고 학습자 활동에 대한 피드백을 제공하고 아울러 듣기 과정에서의 어려운 점을 진단하고 이를 해결하기 위한 추가 학습을 계획하는 진단자의 역할도 해야 한다. 이는 특히 듣기 후행 단계 활동을 계획할 때 필요한 역할이다. 또한 학습자들의 학습 진전도, 듣기 자료 이해도와 과업 수행도를 판단하는 평정자의 역할도 해야 한다.

듣기 지도를 위해 Underwood(1989)는 다음과 같은 목표를 가지고 듣기 지도를 해야 한다고 보고 있다.

- exposing students to a range of listening experiences
- making listening purposeful for the students
- helping students understand what listening entails and how they might approach it
- building up students' confidence in their own listening ability (Underwood, 1989, pp. 21-22)

교사는 다양한 자료를 사용하여 학습자들이 다양한 듣기를 경험할 수 있는 기회를 제공하며 학습자 생활과 연계된 과업들을 사용하여 듣기의 목적이 학습자에게 실질적이고 명확하게 전달되는 데 목표를 두어야 한다. 또한 듣기 과정을 명시적으로 이해할 수 있는 기회를 제공하고 흥미롭고 어려움 없이 수행할 수 있는 활동을 사용함으로써 학습자가 자신감이나 학습 동기를 잃지 않도록 도와주는 것도 필요하다. 이는 앞서 2.1.1절에서 논의한 듣기 지도의 기본 방향과도 일맥상통하는 목표이다.

Nunan(1999)도 듣기 교사는 교실 수업과 실생활 과업을 연계시키고 다양한 듣기 자료를 제공하며 듣기 전략을 가르치고 학습자들이 교실 밖에서도 듣기 연습을 할 수 있도록 하며 학습자 스스로 자신의 학습을 뒤돌아볼 수 있도록 지도하는 역할을 하는 것이 중요하다고 보고 있다.

- Link classroom tasks to real-life tasks.
- Provide a wide range of listening input.
- Teach listening strategies.
- Encourage learners to practice their listening skills out of class.
- Encourage learners to reflect on their learning. (Helgesen & Brown, 2007, p. 147)

Underwood(1989)도 듣기 교사는 학습자들이 다음을 파악할 수 있도록 도와주어야 한다고 본다. 이는 듣기 자료의 주제를 파악하고 상황을 추론하는 듣기 기술들이다.

- determine what an utterance or a conversation is about (even if they cannot follow the details)
- establish who is talking and to whom (e.g., a doctor talking to a patient)
- recognize the mood and attitude of the speaker(s) (e.g., an angry parent, a persuasive salesperson)
- decide where a conversation is taking place (e.g., in a hospital, on a bus)
- decide when a conversation is taking place (e.g., after a football match, before a business meeting) (p. 22)

이러한 기술들을 익히기 위해서는 기본적으로 다음과 같은 사실적 및 추론적 이해를 위해 필요한 기본적인 언어 형태 인식과 해석 능력과 추론 및 평가적 능력이 요구되므로 교사는 이를 인지하고 지도해야 한다고 본다. 교사는 1장에서 언급한 듣기 능력, 기술 및 전략을 이해하여 학습 환경과 학습자 변인에 따라 목표 기술과 전략을 선택한 후 수업을 계획해야 한다.

- to be aware of how lexis and lexical sets can indicate topic
- to interpret the use of stress, intonation, loudness, etc.
- to recognize transition words and what they indicate (e.g., 'although,' 'for instance,' 'but,' 'for example')
- to predict what is coming next in an utterance or a conversation, using both their general knowledge and the clues from what they have heard
- to make guesses based on the context, the tone, etc.
- to 'listen between the words' (the listening equivalent to 'reading between the lines') to know what is really meant by speakers who do not always say precisely what they mean
- to distinguish between facts and opinions as they listen, so that they can be critical listeners, not easily persuaded by other people's clever use of language (e.g., utterances where 'spying on' is used rather than 'watching' to suggest that there was something suspicious/sinister about the action) (Underwood, 1989, pp. 22-23)

듣기 수업을 계획할 때 교사는 여러 사항을 결정해야 한다. 듣기 개별 수업 여부,

수업 장소, 시설 및 장비, 듣기 자료 준비, 듣기에 배정되는 시간, 듣기 평가에 대한 고려 여부이다. 앞서 논의한 바와 같이 과거와는 달리 듣기 평가가 아니라 지도가 강조되지만, 학습자의 욕구에 따라 듣기 시험 연습 유형의 활동 포함 여부를 결정하는 것이 바람직하다.

- A separate lesson or part of a general lesson?
- In the classroom, language lab or listening centre?
- Equipment
- Preparing recordings
- The amount of time to be allocated to listening
- The place of tests (Underwood, 1989, pp. 23-24)

듣기 수업에서 중요한 교사의 역할은 수업이 잘 진행될 수 있도록 계획하고 실행하는 것이다. 물론 교사 중심의 수업을 의미하는 것은 아니며 학습자 개별, 짝, 집단 활동을 진행할 때 및 학습자 주도적 학습 활동을 할 때 교사의 역할을 미리 계획하고 준비하는 것이 중요하다는 것이다.

듣기 수업은 다음과 같은 단계들로 구성되는 것이 바람직하다고 Underwood (1989)는 보고 있다. 듣기 선행 단계, 듣기 중 단계, 듣기 후행 단계의 세 단계이다.

- the pre-listening stage, when the context of the listening text is established, the task(s) explained and assistance given/offered as necessary
- the while-listening stage, when the students listen to the passage (in some instances one section at a time) and attempt the while-listening activities
- a period when students discuss their responses, in pairs/groups, and help each other with the task
- if necessary, a repeat listening, for students to continue/complete the activity or to check/clarify information they may have missed or think they may have got wrong
- perhaps some further discussion between students, or some assistance from the teacher, leading if necessary to listening again to all or part(s) of the text
- post-listening production of the 'acceptable' answers, either by the teacher or the class in general

- consideration of the areas where students failed to understand or missed something and discussion of why this happened, playing through the text again, in whole or in part, if necessary
- perhaps a post-listening extension activity (Underwood, 1989, p. 28)

듣기 이전 단계에서는 먼저 듣기 자료의 상황적 맥락 및 학습자들이 수행해야 할 과업을 학습자에게 잘 전달해야 하며 학습자들에게 필요한 도움을 제공해야 한다. 듣기 단계에서는 학습자들이 듣기 자료를 필요에 따라 나누어 들으면서 활동을 할 수 있도록 계획하고 과업 수행 결과를 학습자들이 서로 논의할 기회를 제공하며 필요에 따라 듣기 자료를 다시 들을 수 있도록 한다. 듣기 후행 단계에서 교사는 학습자들이 잘 이해하지 못한 부분과 듣기의 어려움을 초래하는 요인을 스스로 파악해볼 기회를 주며 무엇을 교사가 도와주어야 하는지도 결정을 해야 한다. 듣기 후행 단계에서 학습자들의 응답 결과를 누가 어떻게 확인할 것인가에 대한 결정도 필요하고 앞서 언급한 듣기에서 놓친 부분, 더 학습이 필요한 부분에 대한 추가 지도도 계획해야 한다. 마지막으로 듣기 후행 활동을 확장한 교실 밖 과업이나 과제를 부여할 것인지도 교사는 결정해야 한다.

2.5.2 듣기 학습자의 역할

듣기는 수용적 기능이지만 앞서 논의한 바와 같이 능동적 행위이다. 따라서 듣기 학습자는 듣기 과정에 역동적으로 참여하여 상향식 및 하향식 과정을 통해 자신 나름대로의 의미 구축을 해나가는 역할을 해야 한다. Nunan(1989)은 학습자 스스로 학습 내용을 구성하는 데 참여하는 능동적인 학습자의 역할도 해야 한다고 본다. 듣기 선행이나 후행 활동을 자신의 경험이나 의견과 연결시켜 듣기 자료 주제를 확대시킴으로써 학습 내용이 좀 더 자신의 삶과 연계될 수 있도록 하는 것이 바람직하다는 것이다. 예를 들어서 책의 저자에 대한 이야기를 듣는다면 듣기 후행 활동에서 저자를 대상으로 한 인터뷰 질문을 스스로 만들어 보는 것이다.

personalizing listening
- giving learners a degree of choices

- giving learners opportunities to bring their own background knowledge and experience into the classroom (Nunan, 1999, p. 211)

학습자는 학습의 주도자가 되어 메타인지 전략을 통해 학습을 계획하고, 모니터링하며 평가하는 학습의 주체자 역할도 수행해야 한다. 학습자 중심 교육, 자기 주도적 학습, 확장적 듣기 접근법이 강조되면서 학습자의 능동적 역할과 개별 학습이 강조되고 있는데, 학습자의 이와 같은 역할을 위해서는 교사의 도움이 필요하다. 따라서 교사는 수업 시간뿐만 아니라 학습자들이 개별적으로 듣기 학습을 할 때 필요한 학습 전략을 학습자들이 익히고 적용해 나갈 수 있도록 도와주는 안내자 역할을 담당해야 한다.

제3장
듣기 지도 방안

3.1 듣기 단계별 지도

듣기 지도는 선험 지식 이론의 영향으로 듣기 전과 후 과정을 중요시한다. 이에 듣기 과정을 듣기 선행(pre-listening), 듣기 중(while-listening), 듣기 후행(post-listening) 단계로 나누고 단계별로 듣기 지도를 계획한다(Field, 2008; McDonough et al., 2013; Richards, 2015; Underwood, 1989). 세 단계의 구별이 항상 명확한 것은 아니지만 단계별로 목표와 목적을 달리 설정하여 활용하는 과제를 차별화한다. 듣기 선행 단계는 듣기 준비를 하는 단계(warm-up)로서 듣기 자료와 관련된 선험 지식을 활성화(schema activation)하거나 보강하기(schema build-up) 위한 것이다. 듣기 중 단계는 구두 언어 자료를 처리하면서 메시지를 이해하는 데 목표를 두고, 듣기 기술과 전략을 적용하고 익히는 단계이다. 듣기 후행 단계는 들은 자료에 대한 내용 이해도를 점검하고 추론적 이해 활동 등을 통해 들은 내용의 이해도를 높일 뿐만 아니라 장기 기억에 저장하여 다른 상황에서도 선험 지식으로 활용 가능하도록 하는 데 목표를 둔다. 아울러 발음, 억양, 축약형 등 듣기에 영향을 미치는 언어 형태적 측면과 특정 듣기 기술이나 전략에 대한 집중적 연습을 하는 기회를 제공한다.

3.1.1 듣기 선행 단계 지도

1) 듣기 선행 단계 지도의 기본 원리

운동 전에 간단한 체조를 통해 준비를 하듯이, 듣기 선행 단계는 학습자가 인지적 및 정의적으로 듣기를 준비할 수 있도록 하는 단계이다. 실제 의사소통 상황에서 청자는 의식적으로나 무의식적으로 들을 내용에 대한 예측을 하게 되는데, 듣기 선행 활동은 이러한 예측을 도와주어 내용 이해를 좀 더 쉽게 할 수 있도록 도와주어야 한다. 이는 특히 초급 단계 학습자에게 필요하다(Underwood, 1989). 듣기 자료와 관련된 선험 지식이 있다면 이를 활성화하고 부족하다면 보강하는 것이다. 주제와 관련된 내용적 지식 또는 언어 형태나 담화 구조에 관한 형식적 지식을 활성화하거나 보강해야 한다. 또한 학습 동기를 유발하고 흥미도를 높여 듣기 중 단계 활동에 능동적으로 참여할 수 있도록 도와주는 것도 중요하다. 듣기의 목적을 인지하고 필요에 따라서는 듣기 중 활동에 대한 안내로 학습자가 듣기 자료와 활동에 대해 미리 예측하면서 준비할 수 있도록 한다. 연역적 지도 접근법을 바탕으로 한 지도에서는 듣기에서 필요한 기술과 전략을 듣기 이전에 간략하게 소개하고 학습하는 기회를 제공하기도 한다. 듣기 선행 단계의 목적을 정리하면 다음과 같다.

- to activate content and formal schemata
- to build up content and formal schemata
- to motivate learners for listening
- to recognize the purpose of listening
- to learn listening strategies
- to introduce the while-listening task

듣기 선행 과제를 선택할 때는 다음 사항을 고려해야 한다. 듣기 선행 활동을 할 수 있는 시간, 비디오나 컴퓨터 등을 사용할 수 있는 시설, 학습자의 언어 능숙도 수준, 연령, 성별 및 흥미 분야 등의 특성, 듣기 자료의 내용적 및 언어적 특성 등을 검토하여 적절한 과제를 선택하는 것이 바람직하다.

- the time available

- the material available
- the ability of the class
- the interests of the class
- the interests of the teacher
- the place in which the work is being carried out
- the nature and content of the listening text itself (Underwood, 1989, p. 33)

예를 들어서 초급 단계의 저학년 학생들이라면 그림을 활용한 활동이 바람직하며 고급 단계 학문적 목적으로 학습하는 대학생들이라면 강의 요약문을 훑어보는 활동이 적절하다. 듣기 자료가 학습자의 어휘력에 비해 어렵다면 핵심 어휘를 간략히 소개하여 숙지하도록 하는 것이 유용할 것이다.

듣기 교사는 교실 수업을 계획할 때 듣기 이전 단계에서는 듣기 자료를 선택하고 이에 맞는 적절한 활동을 고안하여 이를 준비할 수 있는 활동을 제시해야 한다. 이에 Underwood(1989)는 듣기 이전 단계에 교사가 계획하고 준비해야 하는 사항을 다음과 같이 제시하고 있다.

- Choose the listening text
- Check that the activities are suitable
- Adjust the level of difficulty of the activities if you need to
- Consider whether the listening work you are planning will fill the time available
- Think about visual aids
- Decide whether any special equipment will be needed
- Make up your mind what procedure you will adopt for the listening session
- If you are planning to present the listening text 'live,' practice reading it aloud (pp. 25-26)

듣기 자료 선택 및 적절한 활동 점검 이외에도 필요에 따라 활동의 난이도를 조정하고 주어진 시간에 완료할 수 있는 활동인지, 시각적 보조 자료가 필요한지, 수업에서 필요한 기자재가 무엇인지를 점검해야 한다. 또한 듣기 자료에 따라 듣기 단계를 위해 듣기 이전에 준비해야 하는 사항을 다시 한번 검토하는 것도 필요하다. 녹음된 자료를 사용하는 것이 아니라 교사의 발화를 듣기 자료로 수업 시간에 사용하는 경우라면 발화 내용을 미리 연습하고 리허설을 하여 철저하게 준비해야 한다.

듣기 선행 활동은 듣기를 도와주기 위한 활동이므로 간단한 말하기, 읽기, 쓰기 활동으로 주로 구성된다. 듣기 선행 활동을 목적별로 정리하면 다음과 같다.

- to activate topical or rhetorical knowledge to understand the text
  · predict the content or topic from the title
  · predict the genre type
  · have a class discussion on the topic of the text
  · look at a list of items or ideas
  · look at or watch the given visual materials such as pictures or video clips related to the topic and think or talk about them
  · label a picture
  · complete part of a chart
  · brainstorm around a topic word
  · make a mind map or semantic map of a key word
  · answer the pre-listening questions about the main theme of the text
  · answer a questionnaire to personalize the topic of the text
  · rank the items given
  · make a list of possibilities, ideas or suggestions
  · generate questions that may be answered by the text
  · match key words
  · match words with pictures
  · write a short text about the topic
  · provide teacher talk on the topic
  · predict the expressions the speaker might say
  · predict the context
  · read the outline given for the while-listening activity

- to build up content and formal schemata
  · read a short passage related to the topic
  · learn topic-related or unknown vocabulary
  · learn discourse markers used in the text

- · learn grammatical structures used in the text

- anticipate the while-listening activity
  - · read through while-listening questions or instructions in advance
  - · choose listening skills or strategies for processing the text

- learn listening strategies

듣기 선행 단계에서 가장 많이 사용되는 활동은 듣기 자료 주제에 관한 선험 지식을 활성화하기 위한 주제와 관련된 그림 보고 내용 추측하기, 질문에 답하기, 토론하기, 떠오르는 생각 말하기(brainstorming), 의미망 작성하기(semantic mapping) 등이다. 또한 학습자들에게 친숙하지 않은 어휘가 있다면 미리 간략하게 소개하는 형식적 선험 지식 보강 활동과 듣기 단계 활동의 지시문을 먼저 읽고 준비하는 활동도 자주 사용된다.

2) 듣기 선행 단계 지도 방안

듣기 선행 과제로 가장 많이 사용되는 활동은 앞서 언급한 바와 같이 듣기 자료 주제와 관련된 활동들이다. 내용 선험 지식 활성화를 위해 사용하는 활동들 대부분이 이에 속한다. 예를 들어서 중학교 2학년 교과서 듣기 활동인 예시 3-1의 활동 1과 같이 그림을 보고 듣기 자료의 상황을 예측해봄으로써 관련된 선험 지식을 활성화하는 활동이 많이 사용된다. 듣기 자료에서 제시될 표현을 미리 보고 화자와 연결시켜 본다면 내용적으로뿐만 아니라 언어적으로도 학습자들이 듣기 준비를 할 수 있도록 도와줄 수 있다. 그림을 활용할 때는 활동 2와 같이 그림과 질문을 주고 간단히 상황을 파악해보도록 하는 방법이 많이 사용된다. 이는 교과서 활동 1을 변형한 것인데 듣기 자료와 그림 및 활동에서 요구되는 학습자 응답에 따라서 다양한 능숙도 수준과 연령대 학습자들에게 사용 가능하다. 특히 그림은 언어 사용 없이도 활용할 수 있어 초보자 또는 어린이 학습자를 대상으로 한 듣기 선행 활동에서 많이 사용된다.

예시 3-2의 활동 1에서 활동 6까지는 동일한 듣기 자료에 대한 선행 활동으로서 출처 교재의 활동인 활동 1과 이를 응용한 활동들이다. 취업 면접 자료는 대학생 이상 성인 중급 이상 학습자용으로 사용되는 경우가 많은데, 활동 1은 해당 직업에서 요구되는 능력을 주어진 목록에서 찾아봄으로써 해당 직업 및 취업 면접에 대한 선험 지식을 활성화시키는 활동으로 고안되어있다. 이를 응용하면 활동 2~6과 같다. 활동 2는 선지 없이 학습자들이 자유롭게 필요한 능력을 토론하기, 활동 3은 취업 면접에서 면접관이 물어볼 질문을 예상해보기, 활동 4와 활동 5는 취업 면접에서 지원자가 했을 또는 학습자 자신이 면접 전에 할 준비에 대해 추측해보기, 활동 6은 취업 면접에서 면접관이 질문을 할 때 흔히 사용하는 표현들을 읽어보기이다. 이는 모두 취업 면접에 관한 선험 지식 활성화를 도와주기 위한 것이다. 더불어 활동 5는 학습자가 취업 면접이라는 주제를 좀 더 자신의 삶과 연결해서 생각해볼 기회를 제공하며, 활동 6은 취업 면접 듣기 자료에서 실제로 들을 언어 표현을 읽어봄으로써 언어 형태와 그 기능을 학습할 기회도 제공한다.

〈예시 3-1〉 듣기 선행 과제: 주제와 관련된 그림 활용 활동

1. Look at the picture below. Who would say the given expressions?

| I think it's too bitter. | It's great. | I think it's too hot. |

2. Look at the picture below. Who would the people be? Where would they be? What would they say?

(출처: *Middle School English 2*, 박준언 등, 2014, p. 198)

〈예시 3-2〉 듣기 선행 과제: 취업 면접 주제에 관한 활동

1. Daniel wants to work at an international hotel. He is at a job interview. What skills does he need?

  ☐ can use a computer ☐ can ride a bicycle ☐ can swim
  ☐ can play the piano ☐ can wait tables ☐ can carry heavy things
  ☐ can work well with many people

2. Daniel wants to work at an international hotel. He is at a job interview. What skills does he need?

3. Daniel wants to work at an international hotel. He is at a job interview. What questions might the interviewer ask?

4. Daniel wants to work at an international hotel. He is at a job interview. What would he have prepared for the interview?

5. If you have a job interview, what would you prepare for the interview? What would you say to get the job?

6. Do you know the following expressions? In what context do you hear these expressions?

  Tell me a little about yourself. Can you work at the front desk?
  Can you work on weekends? Do you like working with people?
  Thank you for coming in today. I'll give you a call in a few days.

(출처: *Impact Listening 1*, Kisslinger, 2001, p. 25)

활동 1을 제외한 모든 활동은 개방형 과제라서 학습자가 자유롭게 자신의 생각과 의견을 말할 수 있는 기회를 제공한다. 개방형과 폐쇄형 과제 중 어떤 과제 유형으로 듣기 선행 활동을 구성할 것인가는 학습 상황, 학습자 변인 등을 고려해서 결정해야 하지만 일반적으로는 개방형 과제가 더 많이 활용된다. 왜냐하면 학습자에게 생각할 시간을 제공하고 또한 자신의 생각과 견해를 이야기해봄으로써 듣기 주제를 좀 더 자신의 삶과 연계시켜 학습 동기와 흥미도를 높일 수 있기 때문이다.

활동 1의 해당 직업 지원자에게 필요한 자질과 능력에 관한 목록은 해당 직업에 대해 생각해보게 하는 기회를 제공하기 위한 것이다. 그러나 만일 듣기 자료에서 언급되는 능력과 이를 표현하는 단어가 학습자에게 친숙하지 않다면 새로운 어휘를 학습할 수 있는 기회를 제공하는 것이 필요할 것이다. 한편 목록을 만들 때는 배열

순서도 고려해야 한다. 알파벳순이나 듣기 자료에서 들을 순서대로 나열되는 것이 임의적으로 나열되는 것보다 쉽다. 또한 나열되는 내용이 숫자, 연도, 크기, 부피 등 자연적 순서(natural order)가 있는 항목일 때는 자연적 순서를 따르면 활동의 난이도가 낮아지므로 계획하는 난이도에 따라 배열 순서를 정하는 것이 바람직하다(예시 3-5의 활동 1 참조). 활동 6에 나열된 질문도 면접에서 면접관이 질문하는 순서대로 배열한 것인데, 이는 임의적으로 배열되었을 때보다 인지적으로 이해하기 더 쉽게 만들고 듣기 자료에 대한 예측을 도와주기 위해서이다. 한편 나열되는 표현의 길이를 고려하여 짧은 것부터 먼저 배열하는 것도 난이도를 낮출 수 있는 방법이다.

활동 2에서 활동 5와 같은 듣기 선행 질문에 답하기 활동은 듣기 주제와 상관없이 쉽게 작성하여 사용할 수 있고 학습자가 개별적으로 답해보거나 학습자 집단 전체가 간단히 답을 공유할 수 있기 때문에 가장 많이 사용되는 듣기 선행 활동이다. 활동 2에서 활동 4와 같이 질문을 듣기 자료 내용을 바탕으로 작성할 수도 있고 활동 5와 같이 학습자 스스로 듣기 자료 주제에 대해 생각해볼 수 있는 시간과 자신의 의견을 말할 기회를 제공할 수도 있다. 전자의 경우는 듣기 단계와 좀 더 밀접하게 연계됨으로써 듣기 단계에서 파악해야 하는 질문이나 필요한 듣기 기술과 전략을 선택하는 데 도움을 줄 수 있다. 반면 후자는 듣기 자료 주제를 학습자가 자신의 삶 및 배경지식과 연결시킬 수 있어서 학습 동기를 유발하는 데 기여할 수 있다. 따라서 듣기 선행 질문은 활동의 목적에 따라 구성하는 것이 바람직하다.

예시 3-3의 활동 1과 활동 2도 모두 직업 관련 듣기 자료에 관한 선행 활동인데, 활동 1은 여러 직업에 관한 단어와 그 뜻을 연결하는 활동이고 활동 2A는 카페라는 특정 장소에서 일하는 사람들의 직업과 그 직업을 묘사하는 사진을 연결하는 활동이다. 두 활동 모두 직업과 관련된 핵심 단어를 제공함으로써 내용적 선험 지식을 상기시키고 직업에 관한 단어들에 대한 형식적 선험 지식을 활성화할 수 있다. 활동 2A의 "busboy"와 같이 친숙하지 않은 단어가 있다면 뜻이 무엇인지 파악하는 기회를 제공하여 어휘력이 부족한 학습자들에게 필요한 선험 지식을 보강하는 기회를 제공하는 것이 유용하다. 한편 활동 2B는 듣기 단계의 청해 문제를 미리 읽어보는 활동인데 이를 통해서도 듣기 자료에 대한 내용적 선험 지식을 활성화하여 듣기 자료 내용과 장르를 예측해볼 수 있다. 이러한 활동은 또한 듣기 목적과 집중해서 들어야 하는 정보가 무엇인지 파악하여 듣기 단계에서 필요한 듣기 기술과 전략을 선택할 수 있도록 도와줄 수 있다.

〈예시 3-3〉 듣기 선행 과제: 직업 주제에 관한 활동

1. Match the words and phrases with the jobs.

courier	writes software
ski instructor	takes photos for a newspaper
teacher	teaches people how to ski
computer programmer	delivers packages
photographer	works for an international airline
flight attendant	works at the front desk of a major hotel
hotel clerk	teaches geometry to high school students

2A. Go over the words below for different jobs for a cafe and match them with the pictures given.

__ waiter   __ handyman   __ cook   __ delivery person   __ busboy   __ manager

1.    2.    3.

4.    5.    6.

2B. Read the questions before listening. Answer them after listening.

1. Who is cooking?
   Who is serving the food?
   Who is giving the customers change?

2. Who says the customer is the most important person in the café?
   Who decides that the employees will trade jobs for one day?

(출처: 활동 1, *Impact Listening 1*, Kisslinger, 2001, p. 24; 활동 2, *Crossroads Cafe: Worktext A*, Savage, Gonzalez, McMullin, & Weddel, 1996, pp. 170-171)

예시 3-4 역시 듣기 자료 주제를 학습자 자신과 연결시키는 활동으로 오래된 물건을 팔려고 할 때 물건들의 가격을 책정하여 가격 목록을 완성해 보는 것이다. 화자가 책정한 값과 듣기 선행 단계에서 예측한 값이 유사한지 비교해보도록 고안한다면 듣기 선행 활동과 듣기 활동을 좀 더 직접적으로 연계시킬 수 있을 것이다.

〈예시 3-4〉 듣기 선행 과제: 판매 물건 값 예측하기

Tom is going to have a garage sale to sell the following items. Write your price for each thing.

one-year old soccer ball	$ _____	2018 World Cup T-shirt	$ _____
five-year old wool sweater	$ _____	K-pop posters	$ _____
Harry Potter book series	$ _____	handmade eco-bag	$ _____

After listening, compare your price with the price heard from the text.

듣기 선행 단계에서는 나열된 목록이나 짧은 한 단락 정도 길이의 읽기 자료를 읽거나 듣기 자료 내용을 예측하여 대본의 일부를 완성하는 읽기나 쓰기 활동을 사용하기도 한다. 예시 3-5는 간단한 자료를 읽고 선험 지식을 보강하는 활동들이다. 활동 1과 같이 학습자가 자신의 배경지식을 바탕으로 해당 국가를 추측해봄으로써 선험 지식을 활성화시키고 친숙하지 않은 공휴일이 있다면 배경지식을 보강하고 특히 공휴일의 영어 표현을 익힐 수 있는 기회를 제공할 수도 있다. 아울러 학습자가 자신의 국가의 공휴일과 연계해봄으로써 듣기에 대한 학습 동기와 흥미도를 증진시킬 수도 있다.

한편 활동 2와 같이 듣기 대본의 빈칸을 추측하여 채우는 경우 듣지 않고도 대본을 완성할 수 있도록 제작되어서는 안 된다. 듣기의 필요성이 없어지고 학습 동기도 낮아지기 때문이다. 듣기 선행 단계는 듣기 단계의 준비 단계이므로 듣기 자료에 대한 정보를 너무 많이 제공하여 듣기에 대한 흥미를 잃거나 들을 필요가 없도록 구성하지 않는 것이 중요하다.

학습 목적과 학습자의 읽기 능력에 따라 듣기 선행 활동에서 읽기 자료의 활용여부 및 자료의 난이도 조정을 결정하는 것이 바람직하다. 예를 들어서 학문적 목적으

로 듣기를 학습하는 고급 단계인 경우 활동 3과 같이 강의를 듣기 전에 언급될 용어에 대한 정의를 읽어본다면 내용적 선험 지식이 보강되어 강의 이해에 도움이 될 것이다. 그러나 일상생활의 의사소통을 위해 영어를 학습하는 것이라면, 또한 읽기 능력이 우수한 학습자가 아니라면 활동 1이나 활동 2와 같은 유형과 난이도 수준의 읽기 자료가 더 유용할 것이다.

<예시 3-5> 듣기 선행 과제: 읽기 자료 활용 활동

1. Read a list of holidays of a country and guess the country. Is there a holiday you are not familiar with? Do you have similar holidays in your country?

New Year's Day   Birthday of Martin Luther King, Jr.   Washington's Birthday
Memorial Day   Independence Day   Labor Day   Columbus Day
Veterans Day   Thanksgiving Day   Christmas Day

2. Read the conversation, and try to guess the missing words. Then listen and check your answers.

Julie: What do you like to do in your _____ time?
Mike: I like to relax and _____.
Julie: What kind of music do you like?
Mike: I like _____.
Julie: Oh, who's your _____?
Mike: I like _____.

3. The lecturer will talk about *classical conditioning*. Read the following information on conditioning.

Classical conditioning was first identified by Ivan Pavlov in the salivation reflex of dogs. Salivation is an unconditioned response to food, which is an unconditioned stimulus. Pavlov showed that dogs could be conditioned over time to salivate merely to the sound of a bell (a conditioned stimulus), if the bell was rung at the same time that food was presented on a series of occasions. When this happens, learning is said to have occurred because salivation has been conditioned to a new stimulus (the bell) that did not cause it at first.

(출처: 활동 3, *Academic Listening Encounters*, Espeseth, 1999, p. 9)

듣기 선행 단계에서 교사는 듣기 자료 주제에 대해 간략히 설명을 하거나 자신의 개인적인 경험이나 의견을 제시하여 학습자들이 관련된 선험 지식을 활성화할 수 있도록 도와줄 수도 있다. 이 때 너무 많은 정보를 제공하지 않도록 미리 내용을 계획하는 것이 필요하다.

Helgesen과 Brown(2007)은 상향식과 하향식 과제가 균형 있게 포함되도록 듣기 선행 단계 활동을 고안할 것을 제안하고 있다. 학습자가 자신의 선험 지식을 활용하여 듣기 내용에 대한 예측을 해보며 또한 필요한 언어 형태를 익힐 기회를 제공하여 듣기 준비를 도와주는 것이 바람직하다고 본다. 예를 들어서 예시 3-6과 같이 학습자들이 부엌에서 사용하는 도구들에 관하여 들을 때 도구 사진과 영어 단어를 제시하여 언어 형태를 처리하는 상향식 과정에 집중하는 기회를 제공하는 것과 더불어 각 도구의 기능을 학습자 스스로 완성함으로써 자신이 가지고 있는 내용적 선험 지식을 사용하는 하향식 과정도 유도할 수 있다. 아울러 "spatula"와 같이 학습자에게 친숙하지 않은 도구와 이름을 학습하여 형식적 선험 지식을 보강할 수 있도록 하는 것도 바람직하다.

〈예시 3-6〉 상향식 및 하향식 듣기 선행 과제

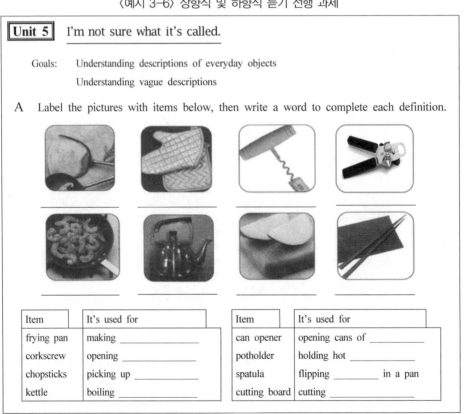

(출처: *Listen In Book 3*, Nunan, 2003, p. 28)

듣기 선행 단계 활동들은 내용 및 형식적 선험 지식의 활성화와 보강에 중점을 두고 듣기를 도와주는 데 목표를 두는 것과 더불어, 앞서 언급한 바와 같이 학습 동기를 유발하고 흥미도를 증진시키는 것이 바람직하다. 또한 듣기의 목적이 무엇인지 파악할 기회를 제공하고 듣기 단계에서 필요한 듣기 기술과 전략을 선택하는 데에도 도움이 되어야 한다. 연역적 지도 접근법에서는 예시 2-2와 같이 듣기에 필요한 기술과 전략을 학습하는 기회도 제공한다.

듣기 선행 단계와 듣기 단계는 연속으로 진행되어야 한다(Underwood, 1989). 왜냐하면 듣기에 대한 준비를 한 후 듣기를 안 한다면 듣기 선행 단계는 무의미해지기 때문이다. 듣기 선행 단계 과제의 유용성은 다양한 학습 환경적 요인에 따라 결정되므로 특정 유형의 과제가 학습 상황과 무관하게 유용할 수는 없다. 따라서 선행 단계의 세부 목적, 듣기 자료의 난이도 및 유형, 영어 능숙도, 연령 및 흥미 등의 학습자 특성, 시간적 및 공간적 또는 학습 시설을 고려해서 선행 단계를 계획하고 활동을 선택해야 한다. 듣기 학습의 준비 단계이므로 복잡하지 않고 간단히 할 수 있는 활동으로 구성하는 것이 바람직하다.

3.1.2 듣기 단계 지도

1) 듣기 단계 지도의 기본 원리

과거에는 듣기 활동으로 청해 문제 풀이를 주로 사용하였는데, 이는 앞서 2.1.1절에서 언급한 바와 같이 듣기 지도보다는 평가에 더 가까운 활동이며(Lynch & Mendelsohn, 2010; Underwood, 1989), 실생활에서의 듣기와 괴리가 큰 활동이다. 80년대 이후에는 의사소통 접근법의 영향으로 듣기 목적에 적합한 듣기 기술과 전략을 적용하여 메시지를 이해할 수 있도록 지도하는 것이 강조되고 있다. 이에 듣기 중 단계는 듣기 자료를 처리하는 단계로서 집중해서 듣기 자료를 잘 듣고 메시지를 이해할 수 있도록 도와주는 데 목표를 두며 듣기 기술이나 전략을 실제 적용해보는 기회를 제공하는 단계로 인식되고 있다.

to guide students through the listening process and to help them improve their understanding and use of listening skills and strategies (Richards, 2015, p. 395)

듣기 단계의 핵심은 듣기 기술 향상(skill development)이다. 이는 들은 자료의 이해도보다 더 중요한데 왜냐하면 학습하는 기술의 사용 능력을 길러서 후속 듣기에도 적용하고 이런 선순환 과정을 통해 듣기 능력이 점진적으로 향상되어 가는 것이기 때문이다.

듣기 단계에서 교사는 다음과 같은 역할을 해야 한다고 Underwood(1989)는 보고 있다. 도움이 필요한 학습자에게 도움을 주고, 듣기 활동의 성공적인 수행을 위해 학습자끼리 서로 도움을 줄 기회를 주며, 듣기 이해의 평가가 아닌 지도에 초점을 맞추고, 학습이 더 필요한 부분을 학습자들이 파악하여 기록하는 것이 필요하다. 또한 개별 활동뿐만 아니라 짝 또는 모둠 활동도 활용하고, 듣기 학습의 흥미도를 고려하여 수업을 계획하며, 듣기 활동 후 피드백을 바로 제공해야 한다.

- being available to give help whenever it is needed, but not inflicting help on those who do not need it.
- encouraging the students to help each other, so that the emphasis is on the successful completion of the task(s) rather than on who got it right or wrong.
- not treating the activities as tests to be marked and scored.
- encouraging the students to alter their answers if they wish to, perhaps after listening for a second time.
- encouraging students to jot down odd words, ideas and thoughts as they are doing their listening work.
- suggesting that the .students use dictionaries when it would prove helpful.
- including lots of pair- and groupwork.
- making listening work enjoyable.
- leaving out part of the work rather than rushing.
- giving immediate feedback. (pp. 26-28)

듣기 단계 활동은 다음 사항들을 고려하여 고안하는 것이 바람직하다. 듣기 과제는 기본적으로 학습자가 듣기 자료를 이해할 수 있도록 안내하는 역할을 해야 한다. 또한 듣기 선행 단계 활동을 통해 활성화된 선험 지식, 예측된 내용과 언어 형태, 선택한 기술과 전략을 사용함으로써 두 단계가 서로 연계되는 것이 바람직하다 (Underwood, 1989). 특히 듣기 단계의 목적인 특정 듣기 기술과 전략을 실제 듣기 자료 처리 과정에 적용하여 습득할 수 있도록 도와주는 과제를 활용해야 한다.

A while-listening task
- should help learners find their way through the listening text.
- should build upon the expectations raised by pre-listening activities.
- should help learners use the target listening skills or strategies for eliciting messages from the oral text.
- should be interesting in terms of topics and activities.
- can be done by most learners.
- cannot be done by learners' prior knowledge without listening.
- should not be too difficult or complicated.
- should not require much reading or writing skills.
- should not be cognitively loaded.
- should lead learners to demonstrate their comprehension.

듣기 단계의 핵심 목적인 듣기 기술과 전략을 활용하여 듣기를 할 수 있도록 과제를 고안하는 것이 중요하다. 2.4.1절 표 2-5와 표 2-6에서 논의하였듯이 듣기 자료 유형별로 자료 이해를 위해 필요한 적절한 기술이 있으므로(Field, 2008; Richards, 2015), 듣기 자료 장르적 특성에 따라 과제를 개발하거나 선택하는 것이 필요하다. 예를 들어서 일상생활 대화가 듣기 자료라면 주제, 화자간 관계, 대화 목적, 세부 정보 파악하기가 핵심 기술이므로 이에 적합한 과제를 고안해야 하고 공항 안내 방송이라면 특정 세부 정보 듣기, 이야기 듣기라면 줄거리, 주인공, 시간적 및 공간적 배경, 사건 순서 파악하기, 학문적 목적 강의라면 주제, 세부 정보 및 핵심 내용의 구조 파악하기를 위한 과제를 제작하는 것이 바람직하다.

한편 과제의 흥미도(interest), 난이도(level of difficulty), 복잡성(level of complication) 도 고려해야 한다(Underwood, 1989). 듣기 활동이 얼마나 흥미로운가는 듣기 자료의 주제와 내용에 따라 달라지므로 자료가 학습자에게 흥미로운 주제인가를 알아보는 것이 필요하다. 영어 학습에서는 문화적 요인을 고려하여 영미권 문화나 일상생활 등과 관련된 자료를 사용하는 경우가 많은데 학습자의 연령, 관심사 등을 고려해서 이러한 자료 선택이 이루어져야 한다. 예를 들어서 미국 뉴욕의 지하철 지도가 주어지고 길을 찾는 대화를 듣기 자료로 사용한다면 학습자에 따라서는 영어권 문화에 대한 정보를 접할 수 있어서 유용할 수도 있지만 평생 한 번도 실제 생활에서 접할 가능성이 없는 자료라면 실생활과의 연계성이 부족하여 흥미도가 떨어지고 학습 동기를 상실할 수 있기 때문이다. 이럴 경우 학습자가 실제 살고 있는 지역에 관한 자료를 활용하는 것이 더 바람직할 것이다. 아울러 듣기 활동은 과제 자체가 흥미로운 것이 바람직하다. 예를 들어서 청해 문제 풀기보다는 그림 완성하기, 기사 오류 찾기 등이 더 흥미로운 활동이 될 수 있다. 특히 게임 형식의 활동은 학습자의 흥미도와 활동 참여도를 높일 수 있는 활동 유형이다 (Underwood, 1989).

들기 단계 활동의 난이도는 대부분 학습자가 수행할 수 있는 정도가 바람직하다. 한편 듣지 않고도 선험 지식으로 수행 가능한 과제는 듣기 과제로 바람직하지 않으며, 듣기 학습이므로 듣기 자체를 방해하는 활동은 타당하지 않다. 듣는 자료 이해도에 따라 과제 수행 성공 여부가 결정되는 활동이 바람직하다. 만일 난이도가 학습자 수준에 비해 높은 편이라면 2.3.5절에서 언급한 바와 같이 그림과 같은 보조 자료를 제공하거나 선행 활동을 통해 필요한 내용적 및 언어적 정보를 미리 제시하여 난이도를 낮추는 것이 좋다. 듣기 단계 활동은 기본적으로 난이도가 높지 않아야 하지만 고급 단계 학습자들에게는 학습 동기를 높이기 위해 도전할만한 수준의 난이도가 바람직하다(Underwood, 1989).

들기 단계 과제는 앞서 언급한 바와 같이 쉽고 간단한 활동을 사용하여 학습자들이 듣기에 집중할 수 있도록 하는 것이 타당하다. 활동의 목적이 청해 정도를 측정하는 평가가 아니고 듣기 기술과 전략을 사용하여 내용을 이해하는 것이므로 복잡한 응답이나 긴 문자 언어 응답을 요구하는 활동은 지양한다. 읽기와 쓰기와 같이 문자 언어 능력이 많이 요구되는 활동은 적절하지 않다. 응답을 하느라 듣기에 집중을 못 할 수 있기 때문이다(Richards, 2015). 듣기 단계는 앞서 강조한 것처럼 실제로 청각 기관을 통해 듣기 자료를 듣는 것이 가장 중요하므로 이를 방해하는 요인들을 통제하는 것이 바람직하다.

들기 단계는 구두 언어 자료 듣기가 가장 중요한 단계이지만 모든 단어를 다 들어야 하는 과제를 사용해야 하는 것은 아니다. 만일 하나 이상의 과제를 사용한다면 좀 더 복잡한 듣기 과정이나 응답을 요구하는 과제로 점진적으로 난이도가 올라가게 구성하는 것이 바람직하다(Helgesen & Brown, 2007). 예를 들어서 3.1.2절 2)의 예시

3-8과 같이 첫 번째 과제에서는 해당하는 그림을 선택하게 하고 두 번째 과제에서는 세부 정보를 찾아 빈칸에 쓰게 하는 과제를 사용하는 것이다. 기본적으로 듣기 단계 활동은 복잡하지 않으면서도 학습자가 듣기 자료를 잘 이해할 수 있도록 안내해주는 역할을 해야 한다(Underwood, 1989). 복잡한 추론적 이해가 필요한 과제라면 듣기 후행 단계에서 사용하는 것이 바람직하다. 또한 듣기 과제가 요구하는 인지적 능력도 검토하여 과제를 고안하는 것이 필요하다. 숫자적 계산이 요구되는 과제와 같이 인지적 부담이 큰 활동은 듣기 과정을 방해할 수 있으므로 적절하지 않다. 그림이나 항목 재배열하기와 같은 활동에서도 인지적 부담을 고려하여 그림이나 항목의 수를 여섯 개 정도로 제한하는 것이 바람직하다.

듣기는 학습자의 인지적 과정이므로 어떻게 진행되는지, 자료를 얼마나 이해했는지, 어떤 기술과 전략을 사용했는지 외부적으로 관찰하기 어렵다. 이에 듣기 단계 과제를 제작할 때 듣기 자료의 이해도를 파악할 수 있는 학습자의 행동 유형을 고려하여 계획해야 한다(Brown & Lee, 2015). Lund(1990)가 제안한 아홉 가지의 듣기 행동 유형에 "배열하기(ordering)"와 "수정하기(correcting)"를 추가하여 나열하면 다음과 같다.

- doing: the listener responds physically to a command
- choosing: the listener selects from alternatives such as pictures, objects, and texts
- ordering: the listener arranges pictures, objects or short texts in order
- transferring: the listener draws a picture of what is heard
- answering: the listener answers questions about the message
- correcting: the listener recognizes wrong information and corrects it
- condensing: the listener outlines or takes notes on a lecture
- extending: the listener provides an ending to a story heard
- duplicating: the listener translates the message into the native language or repeats it verbatim
- modeling: the listener orders a meal, for example, after listening to a model order
- conversing: the listener engages in a conversation that indicates appropriate processing of information

행동으로 반응하기, 그림 선택하기, 들은 내용을 그림으로 전이하기 등은 신체적으로나 그림과 시각 자료를 활용하여 응답하는 것으로서 초급 단계나 연령이 낮은 학습자에게 유용한 행동 유형이다. 그러나 요구되는 비언어적 행동이나 듣기 자료의 난이도에 따라 고급 단계나 연령이 높은 학습자들에게도 사용 가능하다. 한편 들은 내용을 축약하거나 확장하기 또는 시연하기나 대화로 구현하기 유형은 말하기 또는 쓰기 능력을 요구하므로 학습자 변인과 과제 난이도를 고려해서 활용하는 것이 타당하다. 어떤 행동 유형을 선택하여 과제를 고안하든지 학습자의 듣기 과정을 도와주고 아울러 학습자 스스로 자신의 듣기 이해도를 점검할 수 있는 유형을 선택하는 것이 필요하다. 또한 학습자의 다중 지능(multiple intelligence)에 따라 효과적인 학습이나 행동 패턴이 다를 수 있으므로 이점을 고려하여 과제를 구성하는 것도 바람직하다. 예를 들어서 운동학적 지능(kinesthetic intelligence)이 발달한 학습자들에게는 듣고 행동하기나 그리기, 논리적 지능(logical intelligence)이 발달한 학습자에게는 순서 배열하기, 틀린 정보 고치기나 요약하기, 대인 관계 지능(interpersonal intelligence)이 발달한 학습자들에게는 대화 나누기 활동이 효과적일 것이다.

들기 단계는 하향식 과정 중심에서 상향식 과정 중심으로 전개되는 것이 바람직하다. 즉 하향식의 전반적 이해(global listening)를 도와주는 과제를 먼저 사용한다. 이는 학습자로 하여금 자신의 선험 지식을 활용하도록 하는 하향식 과정의 기회를 제공함과 동시에 전반적 이해를 통해 파악한 듣기 자료의 주제 이해를 바탕으로 상향식의 세부적인 이해(local listening)를 도와주기 위한 것이다. Field(2008)는 확장적 듣기(extensive listening)에서 집중적 듣기(intensive listening)로 전개되는 학습 구성을 중요시한다. 예시 3-7과 같이 백화점 쇼핑을 간 두 친구의 대화를 듣고 어떤 물건을 사려고 하는지 대화의 주제를 첫 번째 활동에서 파악한 후 두 번째 활동에서 구체적으로 물건이 필요한 이유를 간단히 쓰도록 하는 과제로 구성하는 것이다. 3.1.2절 2)의 예시 3-8의 두 활동도 모두 이와 같이 구성되어 있다.

들기 단계 활동은 목표 듣기 기술이나 전략에 따라 고안할 수도 있고 듣기 자료에 따라 고안할 수도 있다. 만일 후자라면 선택한 듣기 자료를 이해하기 위해 필요한 듣기 기술과 전략을 파악하여 학습자가 활용 연습을 할 기회를 제공하는 것이 바람직하다. 특히 듣기 자료의 장르적 특성에 따라 필요한 듣기 기술과 전략이 달라질 수 있기 때문이다(2.4.1절 표 2-5와 표 2-6 참조). 일방향 듣기 과제를 개발한다면 먼저 장르 유형, 주제, 내용적 및 언어적 난이도 등을 고려하여 듣기 자료를 선택한

Listening Task Look at the department store below. Listen to the short conversations between the two friends who go shopping.

1. *First Listening*

What do Mark, Pat, Cindy and Ann need to buy? Mark them on the store picture.

2. *Second Listening*

Why do they need to buy them? Write the reason below.

Mark	Pat	Cindy	Ann

(출처: *Impact Listening 1*, Kisslinger, 2001, p. 14)

후 들으면서 노트를 하여 학습자가 파악해야 할 중요한 정보를 정리하고 이러한 듣기 이해를 도와줄 수 있는 하향식 및 상향식 과제를 고안한다.

- Select an oral text with a consideration of text types, topics, and difficulty levels of contents and language.
- Listen to the text and take notes, marking the key information.
- Choose appropriate task types for a top-down task of global listening and a bottom-up task of detailed listening.

예를 들어서 음식점에서 종업원과 손님 사이에 음식을 주문하는 대화가 듣기 자료 라면 손님이 주문한 음식이 가장 중요한 정보가 될 것이다. 이 때 하향식 과제로 음식점 유형 파악하기와 상향식 과제로 손님이 주문한 음식 파악하기 활동을 고안하는 것이다. 학습자가 어떤 유형의 행위를 수행해야 하는가는 학습자의 언어적 능숙도에 따라 결정하는 것이 바람직하다. 듣기 자료 자체도 학습자 수준에 따라 달라져야 하지만 2.3.5절에서 언급한 바와 같이 언어를 사용한 응답이 요구될수록 어려워지므로, 활동에서 요구되는 응답 유형도 학습자의 능숙도 수준에 따라 결정되어야 한다. 예를 들어서, 초급 단계에서는 그림 선택하기, 중급 단계에서는 주어진 메뉴에서 음식 선택하기, 고급 단계에서는 메뉴를 보고 주문한 음식 쓰기 활동을 사용한다면 응답의 난이도를 학습자 수준에 따라 조절할 수 있을 것이다.

듣기 중 단계에서 활용 가능한 과제 유형은 다음과 같다(McDonough et al., 2013; Richards, 2015; Underwood, 1989).

- mark or check off items in pictures
- match pictures to things described
- select pictures
- put pictures in order
- choose a storyline picture set
- complete pictures
- draw a picture
- follow directions on a map
- carry out an action
- sequence a series of events
- complete a grid, timetable or chart of information
- make a model or arrange items in patterns
- label a picture or diagram
- identify key words
- pick out particular facts
- use a list
- spot mistakes
- answer true-false or multiple-choice questions
- complete blanks in an incomplete text (listening cloze)
- fill gaps with missing words

- construct a coherent set of notes

- summarize a text

- predict the cause or consequence

- infer opinions across a whole text

- predict what comes next (preceded by a pause)

- respond to an utterance

- do jigsaw listening (information gap)

- take a dictation

이 활동들은 듣기 자료와 응답 행동 유형 등에 따라 난이도를 조정하여 학습자 수준, 연령 등을 고려하여 활용하는 것이 바람직하다.

2) 듣기 단계 지도 방안

듣기 단계 과제 중 전반적 이해하기 과제로 가장 많이 사용되는 활동은 듣기 자료 주제와 관련된 그림 찾기, 질문 답하기 등이다. 예시 3-8의 활동 1A와 같이 대화 주제 나 상황과 관련된 그림 찾기는 듣기 자료의 전반적 이해를 유도한다. 그림으로 선지가 제시되어 듣기에만 집중할 수 있도록 도와준다. 이는 언어로 제시된 정보를 비언어 즉 그림으로 전이하는 정보전이 활동(information transfer)이다. 그림을 사용할 때는 내용이 명확하게 학습자에게 전달되는 그림을 사용해야 한다. 주제 찾기 과제는 듣기 자료에 제시된 정보의 명시성에 따라 좀 더 추론적 능력이 필요한 활동이 될 수도 있다. 한편 두 번째 활동인 1B는 들은 인사말을 빈칸에 써넣는 활동으로 좀 더 세부적 이해 및 언어 형태에 집중한 상향식 과정을 유도하는데, 인사말로 들은 표현을 써봄으 로써 표현을 익히고 추후 다른 듣기 상황에서도 활용할 수 있는 언어적 선험 지식으로 저장할 수 있다. 문자 언어로 써야 하는 정보의 양에 따라 난이도를 조정할 수 있다.

활동 2A 역시 화자가 설명하는 휴가용 렌트 하우스 설명을 들으면서 어느 방을 설명하는지 그림에서 순서대로 찾는 전반적 이해를 도와주는 하향식 듣기 과제인 반면에 두 번째 활동 2B는 각 방에 대한 설명 중 맞는 것을 찾는 세부 정보 파악하기 과제이다. 두 활동 모두 그림에서 찾거나 두 개 선지 중 선택하는 과제로 '선택하기' 유형의 응답을 요구하는데 선지 자체가 짧아서 과제의 난이도나 복잡성이 낮으므로 초중급 단계 과제로 활용 가능하다.

〈예시 3-8〉 듣기 단계 과제: 주제 및 세부 정보 파악하기

1A. Look at the pictures. Where are they? Listen. Number the pictures 1, 2, 3, 4.

☐　　　　　☐　　　　　☐　　　　　☐

1B. Listen again. What do they say? Write the greetings.

1	2	3	4
A:_____!	A:_____! I'm home.	A:_____.	A:_____!
B: Oh, hi!	B: Hi! _____?	B: _____.	B: Hey. _____?

2A. A real estate agent is showing a tourist a beach house. Listen. What room is the real estate agent talking about? Number the pictures.

2B. Listen again. Check the correct comment.

1	2	3	4
☐ This is a very small room.	☐ It's nice and sunny.	☐ This room is very small.	☐ This room is wonderful.
☐ This is a pretty big room.	☐ It's a little dark.	☐ This room is nice and big.	☐ This room is great.

(출처: *Impact Listening 1*, Kisslinger, 2001, pp. 8, 12)

그림에 표시하는 정보전이 활동은 예시 3-9활동과 같이 세부 정보 파악하기 기술을 적용해보는 연습으로 구성할 수 있다. 이는 고등학교 1학년 영어 교과서(이완기 등, 2009) 활동을 응용한 것이다. 산악 공원에서의 안내문을 듣고 준수해야 하는 규칙에 위배되는 행동을 그림에서 찾는 것이다. 지켜야 하는 규칙 찾기를 진위 진술문이나 선다형 문제 등으로 구성할 수도 있는데 이 경우 문자 언어를 처리해야 하는 읽기 능력이 요구되므로 난이도가 높아진다. 따라서 초급 단계나 어린이 학습자에게는 그림을 통해 세부 정보 파악하기를 학습하는 것이 더 바람직하다.

〈예시 3-9〉 듣기 단계 과제: 세부 정보 그림에서 찾기

Look at the picture. Listen and check what is against the rules mentioned in the announcement.

(출처: *High School English*, 이완기 등, 2010, p. 159)

선택적 듣기 활동은 세부 정보 찾기 유형인데, 듣기 자료에서 해당 정보만 집중적으로 듣는 활동이다. 앞서 2.2.3절에서 논의한 바와 같이 실생활에서 선택적 듣기를 많이 하는 상황은 기차역, 버스 터미널, 공항 및 관광지 안내 방송 또는 병원 예약 등을 들을 때이다. 그 예는 예시 3-10과 같다. 안내판, 일정표, 메모 등 특정 양식을 완성하는 활동으로 고안되며, 이러한 양식은 활동 1과 2가 보여주듯이 집중해서 들어야 하는 특정 정보를 학습자가 듣기 전에 미리 파악할 수 있도록 도와준다.

1. Mary is visiting Paris now. She wants to know when the places below are open. Listen to the conversations and write the opening and closing hours of each place.

Eiffel Tower	Museum of Louvre	Museum of Orsay	Notre-Dame Cathedral
Mon to Fri _____	Mon to Fri _____	Mon to Fri _____	Mon to Fri _____
Sat _____	Sat _____	Sat _____	Sat _____
Sun _____	Sun _____	Sun _____	Sun _____

2. Listen to the announcement about flights in Incheon International Airport and complete the table below.

Time	Flight	Destination	Airline	Gate	Status
15:00		San Francisco		33	On Time
15:10	OZ200		Asiana Airlines		Delay 15:55
	UA1544	New York	United Airlines	110	

3. People are calling a doctor's office to make an appointment. Listen to their conversations with the receptionist and complete the appointment cards below.

1. Name _____	2. Name _____	3. Name _____
Date _____ Day _____	Date _____ Day _____	Date _____ Day _____
Time _____	Time _____	Time _____

듣기 단계에서 들으면서 표에 표시하기 활동은 예시 3-11의 활동 1과 같다. 듣기 자료는 여행했던 나라에 대한 세 명의 인터뷰인데, 이 자료에서 핵심 정보는 여행한 나라, 여행 중 했던 일이나 경험이다. 이에 첫 번째 활동은 화자별로 방문했던 나라를 표에 표시하는 전반적 이해 과제이다. 표 완성하기 과제는 다양한 주제에 사용 가능 하며 완성해야 하거나 선택해야 하는 칸 수가 대화 자료와 일치할수록 또는 듣는 순서대로 항목이 표에 배열되고 표에 써넣는 문자 언어량이 적을수록 난이도가 낮아 진다(Underwood, 1989).

〈예시 3-11〉 듣기 단계 과제: 표에 표시하기 및 관련 있는 내용 연결하기

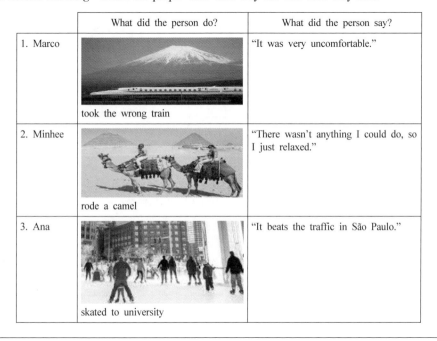

Listening/Global Interviews: **Have you ever been abroad?**

1. *First Listening* Where has each person visited? Check (√) the countries.

	Australia	Brazil	Canada	Chile	China	England	Japan	Korea	Egypt
1. Marco									
2. Minhee									
3. Ana									

2. *Second Listening* Match the people with what they did and what they said.

	What did the person do?	What did the person say?
1. Marco	took the wrong train	"It was very uncomfortable."
2. Minhee	rode a camel	"There wasn't anything I could do, so I just relaxed."
3. Ana	skated to university	"It beats the traffic in São Paulo."

(출처: *ICON 1*, Freeman, Graves & Lee, 2005, p. 63)

활동 2는 화자별로 여행 중 있었던 일과 그 때 화자가 한 말을 서로 연결하는 과제이다. 연결해야 하는 정보를 읽어야 하므로 읽기 능력을 요구하지만 주어진 문자 언어 정보가 길지 않고 복잡하지도 않아서 과제의 복잡성은 높지 않다. 학습자의 언어적 수준이나 연령에 따라 연결해야 하는 언어적 정보의 양을 수정하여 난이도를 조정하는 것이 바람직하다.

차트나 카드 완성하기도 듣기 단계 활동으로 많이 사용된다. 이는 특히 의사소통

중심 교수법의 영향으로 실생활과 연결된 진본적 자료를 활용한 활동이기 때문이다. 예를 들어서 예시 3-12와 같이 비자 신청서 작성에 관한 대화를 들으면서 비자 신청서를 완성하는 것이다. 듣기 자료와 양식에 따라 달라지지만, 일반적으로 청소년 이상의 연령층에 적합한 활동이다.

<예시 3-12> 듣기 단계 과제: 양식 완성하기

Look at the visa application form below. Listen and fill in the form for Ryan Lee.

Australian Government
Department of Immigration
and Citizenship

VISA APPLICATION

1. Nationality	6. Purpose of visit
2. Last name (as in passport)	7. Category and type of visa
3. First and middle name (as in passport)	8. Number of entries Single only ☐ Double entry ☐ Multiple entry ☐

4. Date of birth (dd/mm/yy)	5. Sex M ☐ F ☐	9. Date of entry	10. Date of departure

11. Passport No Place of issue	Date of issue (dd/mm/yy) Valid until (dd/mm/yy)

12. Type of passport   diplomatic ☐   official ☐   tourist ☐   other ☐ please specify _____

13. Itinerary (place of visit)

14. Who will pay for your trip?

이야기를 듣고 그림 순서를 찾아 배열하기 과제의 예시는 3-13과 같다. 여섯 개의 장면을 배열하는 것인데, 과제의 난이도와 복잡성 측면에서 앞서 언급한 바와 같이 여섯 개 정도의 그림이나 항목 배열이 적합하다(Underwood, 1989). 듣기 선행 활동으로 그림 순서를 예측해본다면 듣기 단계 과제의 난이도를 낮추는 데 도움이 될 것이다. 만일 듣기 이전에 그림 순서를 찾을 수 있다면 자료를 들을 필요가 없는 활동이므로 수정이 필요하다.

<예시 3-13> 듣기 단계 과제: 그림 배열하기

(출처: *New Access Listening*, Howe & McArthur, 1984, p. 19)

들은 자료 요약하기 과제는 '축약하기' 유형의 응답을 요구하는 활동인데, 예시 3-14 활동 1과 같이 뉴스의 핵심 요약을 한 문장으로 주고 올바른 요약 문장을 선택하게 한다면 직접 요약을 작성하지 않아도 되므로 활동의 난이도를 낮출 수 있고 언어 능력이 부족한 초중급 단계 학습자에게도 활용 가능한 과제가 될 것이다. 뉴스를 청취하는 경우 뉴스의 주제와 세부 정보가 청자가 기억할 가장 중요한 정보인데 활동 1~2와 같이 전반적 이해를 위한 활동에서는 요약 문장을 선택하게 하고 사건이 일어난 순서를 그림으로 배열하며 활동 3과 같이 세부적 이해를 위한 활동에서는 주어진 문장에서 맞는 정보를 선택하게 구성할 수 있을 것이다. 이 세 가지 활동 모두 다 문자 언어 응답을 직접 쓰는 것을 요구하지 않기 때문에 뉴스 자료가 언어적으로 난이도가 높더라도 학습자가 뉴스 내용을 이해하는 데 도움을 줄 수 있을 것이다.

1. Listen to the story. Then check (√) the best summary.

It's about a woman who lost her earring while she was fishing.

It's about a man who found his wife's earring in a fish.

It's about a man who lost his earring in a fish.

2. Listen again. Number the pictures in the order the events happened.

3. Listen to the story again. Then circle the correct information.

   a. Waldemar Andersen went fishing last <u>Wednesday / weekend</u>.
   b. He went fishing <u>near / in</u> Bergen.
   c. Bergen is in <u>Sweden / Norway</u>.
   d. Andersen found the earring in the <u>mouth / stomach</u> of a fish.
   e. He <u>knew / didn't know</u> that he was fishing from the same place where his wife had lost the earring.

(출처: *Good News, Bad News*, Barnard, 1998, pp. 8-9)

　　듣고 신체적으로 응답하기 과제는 TPR(Total Physical Response) 유형으로서 초등학생이나 초급 단계 학습자에게 또는 운동학적 지능이 발달한 학습자에게 유용한 활동이다. 이때 "Simon says"라는 표현을 들을 때만 행동하는 "Simon says" 게임과 같이 과제를 게임 유형으로 응용하여 사용한다면 학습 참여도와 흥미도를 높일 수 있을 것이다. 또한 명령문의 언어적 복잡성을 조정한다면 아주 쉬운 명령문에서 좀 더 복잡한 명령문까지 사용 가능하므로 학습자의 연령과 언어 능숙도 수준에 따라 난이도를 조정하여 활용할 수 있다. 또한 문장이 아닌 담화 단위 듣기에도 활용 가능하다. 예를 들어서 들으면서 요리하기나 물건 만들기 등이 이에 해당한다. 이는 특히 절차적 정보를 듣는 학습이 필요한 학습자에게 유용하다.

틀린 정보 찾아 고치기 활동은 '수정하기' 유형의 응답을 요구하는 과제로서 세부 정보 파악하기 듣기 기술을 학습하기 위해 많이 사용되는 과제 유형이다. 듣기 자료와 주어지는 문자 언어 정보의 양 등에 따라 난이도와 과제의 복잡성을 조정할 수 있다. 예를 들어서 예시 3-15의 활동들과 같이 그림, 메모, 다이어리, 예약 카드나 뉴스 기사에서 틀린 정보 찾아 고치기는 요구되는 응답 유형에 따라 여러 능숙도 수준과 연령의 학습자에게 활용이 가능하다.

듣고 그림에서 틀린 부분을 찾는 활동 1은 비언어적 응답을 요구하므로 듣기 자료와 그림 내용에 따라 초급 단계와 어린이를 대상으로 활용 가능하다. 메모, 다이어리, 예약 카드를 사용하여 일정이나 예약이나 약속 내용을 듣고 틀린 정보를 찾는 활동 2~4는 실생활과 연계된 과제가 된다. 뉴스를 듣고 기사에서 잘못된 정보를 찾아 고치는 활동 5는 읽기 및 쓰기 능력을 요구할 뿐만 아니라 실생활에서 뉴스를 청취하는 연령층을 고려한다면 좀 더 높은 수준의 학습자와 고연령의 학습자에게 적합한 활동이다. 난이도 조절이 필요하다면 뉴스나 기사의 내용과 양 및 언어적 수준을 낮게 조절할 수 있을 것이다.

선다형 듣기 이해 문제가 듣기 단계 과제로 활용되는 경우도 많다. 특히 언어 능숙도 시험 등 많은 평가에서 이런 유형의 질문이 사용되기 때문이기도 하다. 그러나 듣기 단계에서는 듣기 자료가 긴 경우 듣기를 마치고 이해 문제에 답하는 활동을 추천하지는 않는다. 왜냐하면 들은 정보에 대한 기억이 필요하여 듣기 능력 향상보다 정보 기억력을 측정하는 활동이 될 수 있기 때문이다. 이를 해결하기 위해 듣기 자료를 중간 중간 끊으면서 듣고 질문에 답할 수 있도록 과제를 구성하거나(Underwood, 1989), 들으면서 학습자가 메모를 할 수 있도록 할 수 있다. 듣기 단계의 선다형이나 진위 질문 답하기 과제를 구성할 때 질문과 선지, 진술문은 사실적 정보 파악을 유도하는 것이 바람직하다. 추론적 이해를 요구하거나 의견을 묻는 질문은 듣기 단계에서는 바람직하지 않으며 이런 질문은 듣기 후행 단계에서 사용하는 것이 타당하다. 또한 질문과 선지는 많은 정보를 포함하지 않도록 간결하게 작성하는 것이 필요하다. 들으면서 문자 언어 정보를 처리하는 것이 쉽지 않기 때문이다(Underwood, 1989).

1. Listen and find which part of the picture is wrong.

2. Listen to the conversations and correct the wrong information in the diary.

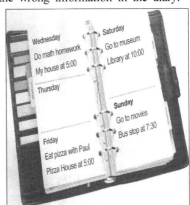

3. Listen to the conversations and correct the wrong information in the memos.

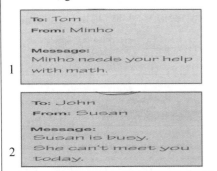

4. Listen and correct the wrong information in the card.

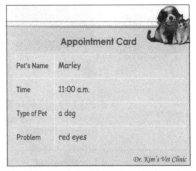

5. Listen to this news report about the Taiwanese earthquake on February 6th 2018. Then correct the mistakes in Sentences 1-5 and write out the correct sentences in full.

1 A magnitude-6.4 earthquake shook northeastern Taiwan, Hualien, on Feb. 6th, Tuesday night.
2 Four people died, 85 more went missing, and at least 243 were injured.
3 Hualien, with a population of 1 million, is a well-known tour city.
4 The only news coming out of Hualien at the moment is by telephone.
5 A building collapsed and five more buildings including a hospital and a hotel were also damaged.

(출처: 활동 1, *High School English*, 정길정 등, 2009, p. 188; 활동 2~3, *Middle School English 3*, 김성곤 등, 2011, pp. 86, 41)

추론 능력이 필요한 듣기 단계 과제는 과제의 인지적 부담으로 듣기 과제에 사용하기에 적절하지 않을 수도 있다. 하지만 듣기 자료나 요구되는 응답 유형이 그림이나 간단한 선지 선택이라면 듣기 단계에서도 활용할 수 있다. 특히 문자 언어 사용량을 통제한다면 과제의 난이도를 낮출 수 있다. 예를 들어서 예시 3-16의 활동 1과같이 대화를 듣고 두 화자가 동일한 의견을 가지고 있는지의 여부만 파악한다면 듣기 단계에서도 사용 가능할 것이다. 좀 더 우수한 언어 능력을 가지고 있거나 연령이높은 학습자를 대상으로는 대화나 설명을 듣고 화자의 감정 및 사건의 원인이나 결과 추론하기 등의 활동도 활용 가능하다(2.3.2절 예시 2-8 참조). 예를 들어서 예시3-16의 활동 2와 같이 4명의 화자가 자신의 성격을 설명하면 학습자는 혈액형을 추론하고 그 이유를 화자의 설명에서 찾아서 쓰는 활동을 통해 추론하는 듣기 기술을적용해보는 기회를 제공하는 것이다.

〈예시 3-16〉 듣기 단계 과제: 추론하기

---

1. Listen to two friends' conversations talking about new electronic products. Do they agree or disagree? Check (√) the answer.

	Agree	Disagree		Agree	Disagree
1.	☐	☐	4.	☐	☐
2.	☐	☐	5.	☐	☐
3.	☐	☐	6.	☐	☐

---

2. Listen. If the information on page 42 is true, what do you think the blood types of the four people below are? What helped you guess? Write two or three things about each person.

1. *Charles* Blood type ☐

2. *Jenny* Blood type ☐

3. *Valeria* Blood type ☐

4. *Daniel* Blood type ☐

(출처: 활동 2, *Active Listening: Expanding*, Helgesen et al., 1997, p. 43)

예측하기 활동은 듣기 선행 단계에서 많이 사용하는 과제인데, 듣기 단계에서도 듣고 예측하기 과제가 활용된다. 예를 들어서 대화를 듣고 이어질 상황을 예측하기, 이야기를 듣고 결말 예측하기, 이야기 중간까지 듣고 다음 부분 예측하기, 화자의 말을 듣고 청자의 응답 예측하기, 노래의 앞부분을 듣고 뒷부분 가사 예측하기 등이다. 예를 들어서 예시 3-17과 같이 대화를 듣고 이어질 상황을 예측하여 그림에서 선택하는 활동이다. 추론하기는 인지적 능력이 필요한 활동이지만 그림에서 예측한 내용을 선택한다면 과제의 난이도를 낮추어 듣기 단계에서 활용할 수 있다.

〈예시 3-17〉 듣기 단계 과제: 예측하기 과제

Listen to a conversation and choose what will happen after it.

(출처: *High School English*, 배두본, 채준기, 전병만, 김영태, 한상호, 1997, p. 103)

한편 예측하기 과제는 학습자의 연령, 흥미 분야, 언어적 능숙도에 따라 다양한 자료에 사용 가능하다. 듣기 단계에서의 추론 활동으로 초등학생들을 대상으로 사용된다면 간단히 이야기의 결말 추론하기나 동요 앞부분 듣고 다음 부분 추론하기가 적합한 과제가 될 것이다. 좀 더 높은 단계 학습자나 연령이 높은 학습자에게는 좀 더 수준이 높은 추론을 요구하는 활동으로 고안할 수 있을 것이다. 이 때 중요한 것은 다양한 예측 내용을 수용하는 것이다(Underwood, 1989). 한 가지만의 예측이 정답으로 주어져서는 안 된다. 또한 예측하기는 인지적 능력을 요구하므로 복잡한 추론이 요구되는 과제라면 듣기 후행 단계에서 사용하는 것이 바람직하다.

짝과 대화하기와 같이 양방향 듣기 과제도 듣기 단계에서 사용 가능하지만 일반적으로 듣기 수업에서는 일방향으로 타인의 대화를 제3자로 듣는 활동이 많이 이루어진다. 이 경우 학습자가 실제 발화할 기회는 없는데, 예시 3-18과 같이 적절한 응답 선택하기 활동이 이를 보완하기 위해 사용되기도 한다(2.3.3절 예시 2-9 참조).

〈예시 3-18〉 듣기 단계 과제: 적절한 응답 찾기

Listen to questions about sports and check (√) the best response.

1a. ☐ Yes, about three times a week.   3a. ☐ Basketball and football.
 b. ☐ Where do you play?   b. ☐ I can't play it very well.

2a. ☐ Actually, I like a pool.   4a. ☐ I like tennis.
 b. ☐ There's one near my house.   b. ☐ No, on the street.

(출처: *Basic Tactics for Listening*, Richards, 1996, p. 15)

학문적 목적의 듣기 학습에서는 예시 3-19 활동과 같이 강의 요약이나 개요 완성하기, 또는 노트하기 활동이 듣기 단계 과제로 많이 사용된다. 왜냐하면 이는 학문적 목적 듣기에서 가장 필요한 듣기 기술이기 때문이다. 이때 듣는 자료의 길이, 양, 주제 친숙도, 언어적 복잡성에 따라 과제의 난이도가 달라지지만 또한 개요 작성을 어떻게 하는가에 따라서도 과제의 난이도와 복잡성이 달라진다. 활동 2~3과 같이 듣기 선행 활동에서 요약, 개요, 노트의 일부를 먼저 읽어봄으로써 무엇에 집중해서 들어야 하는지 미리 계획할 수 있도록 도와준다면 듣기 과제의 난이도를 낮출 수 있다. 활동 3의 지시문과 같이 듣기 과제를 마친 후 듣기 후행 단계에서 짝의 응답과 비교해봄으로써 내용 이해 점검을 도와주거나 이해하지 못했던 부분을 파악할 수 있도록 하는 것도 유용하다. 이때 지시문에 진술된 것처럼 정답의 개념이 아닌 다양한 응답이 가능하다는 것을 학습자에게 숙지시키는 것이 필요하다.

〈예시 3-19〉 듣기 단계 과제: 학문적 목적의 듣기 활동

---

1. Listen to Part One of the lecture and complete its summary.

STRESS AND THE IMMUNE SYSTEM, Part One

There is a lot of evidence to support the idea that our minds can affect our
_____. Many of the health problems that people suffer, such as headaches,
_____, and _____, may be related to psychosomatic disorders－that is, they
may be caused by the _____.

The new field of psychoneuroimmunology (PNT) studies the way in which our minds
can affect our _____. In a healthy person, the immune system protects the body

---

against _____ . Animal and human research has shown that stress — especially uncontrollable stress — can hurt the immune system.

Robert Ader did an important study with rats in which he learned, quite by accident, that the rats' _____ could be conditioned to _____ . This was an exciting discovery for science: if the immune system can be taught to _____ , that probably means that it can also learn to _____ .

2. Look at the following incomplete outline of Part One of the lecture. It shows the main points and supporting points you will hear. Read over the outline and try to guess what kind of information you will need in order to complete it.

RISK FACTORS IN CARDIOVASCULAR DISEASE, Part One

Ⅰ. CVD = heart attacks, strokes, peripheral vascular disease

   A. ♥ attack = _____

   B. _____ = _____

   C. PVD   = _____

Ⅱ. Unalterable risk factors

   A. Gender: Before age 50, ♀ _____

   B. Age: older = _____

   C. _____

   D. _____

Now listen to Part One of the lecture and complete the outline.

3. The following are incomplete student notes for Part Two of the lecture. Read them and try to predict what information you will need to listen for.

Developmental tasks of young adulthood (Pt. 2)

2nd-task – traditionally leads to _____

   *called "crisis of _____ "

   If child develops _____ identity in adolescence → able to

   _____ in young _____ .

    - person must be able to compromise, _____ , _____ .

    - if successful → _____

    - if not succ. → _____

    - success depends on _____

   Alternative to marriage today: staying single longer

    have freedom _____

    skepticism _____

    → wait until _____ → much lower _____

If young adults succeed at these 2 tasks → _____

Now listen to Part Two of the lecture. Complete the student notes as you listen. Remember to use symbols and abbreviations as much as possible.

Compare notes with a partner. They do not have to be exactly the same.

(출처: *Academic Listening Encounters*, Espeseth, 1999, pp. 12, 28-29, 57)

듣기 단계에서 어떤 과제를 사용하든지 앞 절에서 언급한 바와 같이 교사는 과제 수행 성공도를 바로 점검하고 피드백을 제공하는 것이 바람직하다(Underwood, 1989). 이 단계에서 중요한 것은 학습자가 듣기 목적과 자료에 맞게 듣기 기술과 전략을 선택하여 사용하고 있는지 스스로 파악하는 것이다. 구두 언어의 한시적 특성으로 인해 듣기 과정은 일반적으로 무의식적으로 진행되어 학습자가 자신의 듣기 과정을 인지하는 것은 쉽지 않다. 그러나 듣기 기술과 전략의 학습을 통해 듣기 능력을 향상시키기 위해 학습자는 메타인지 전략을 사용하여 자신의 듣기 과정의 인지를 도모하고 자동화되지 못한 기술과 전략을 사용하는 연습을 도모할 필요가 있다. 듣기 단계는 이러한 연습을 하는 단계가 되어야 한다.

3.1.3 듣기 후행 단계 지도

1) 듣기 후행 단계 지도의 기본 원리

듣기 후행 단계는 듣기 이후의 모든 활동을 다 포함한 단계로서 듣기 자료의 주제, 언어적 특성이나 듣기 기술 및 전략과 관련된 다양한 활동이 사용된다(Helgesen & Brown, 2007; McDonough et al., 2013). 간단히 듣기 정도를 점검하는 청해 문제 풀이 활동이 사용되기도 하는데, 기본적으로 듣기 자료를 들은 후의 활동이기 때문에 좀 더 추론적 이해나 복잡한 응답 유형을 요구하는 활동 또는 말하기, 읽기, 쓰기 기능과 통합되는 활동이 많이 사용된다. 진단적 접근법(diagnostic approach)을 Field(2008)가 강조하듯이 듣기 중 단계에서 직면했던 문제들에 대한 후속 활동이 이루어지기도 한다. 특정 발음을 잘 이해하지 못해 듣기에 어려움이 있었다면 이를 다시 들으면서 발음 인식도를 높이는 집중적인 활동을 한다. 듣기 후행 단계 활동은 듣기 선행이나 듣기 중 단계 활동과 연계된 과제로 구성되는 경우가 많다. 하지만 독립된 활동으로 고안되기도 하고 활동 내용이나 유형에 따라서는 듣기 자료와의 연계성이 떨어지기도 한다(Underwood, 1989).

듣기 후행 단계의 목적은 다음과 같다(McDonough et al., 2013; Richards, 2015; Underwood, 1989).

- to check the learners' listening comprehension and their completeness of the while-listening task
- to reflect on why some learners have failed to understand or missed parts of the message and have an intensive practice on specific language forms or listening skills or strategies
- to work on the context or implied information of the listening text or the attitude and manner of the speakers
- to evaluate or react to the information presented in the text
- to expand on the topic or language of the listening text and transfer things learned to another context (Underwood, 1989, pp. 74-78)

앞서 언급한 바와 같이 듣기 후행 단계의 가장 중요한 목적은 듣기 자료 이해도에 대한 점검이다. 얼마나 이해했는가 평가하는 것이 아니라 이해도를 알아보고 문제가 있었던 부분을 점검하여 필요한 경우 이를 해결하기 위한 후속 활동을 진행하기 위해서이다. 그래서 두 번째 목적은 듣기 과정에서 직면했던 문제에 대한 추가 학습에 초점이 맞추어진다. 특히 듣기에 문제가 되었던 언어 형식에 초점이 맞추어지는 상향식 활동으로 주로 구성된다. 또한 듣기 기술이나 전략적인 측면에서 부족한 점이 있었다면 이에 대한 추가적 연습을 제공하기도 한다. 앞서 언급한 바와 같이 듣기 후행 단계는 듣기 자료에 대한 추론적 이해를 하는 기회도 제공한다. 듣기 단계에서 들은 내용을 바탕으로 또는 필요하면 다시 들으면서 발화 상황, 화자의 태도, 의도 및 감정, 화자 간의 관계 등을 추론해보는 것이다. 앞서 1.3.1절에서 듣기 이해의 네 번째 수준으로 언급했던 들은 내용에 대한 평가도 후행 단계의 목적이 된다. 한편 듣기 후행 단계는 선험 지식 이론과 연계되어 들은 내용이 장기 기억에 남아 선험 지식을 확장시키고 후속 듣기에서 활용 가능하도록 하는 데에도 목적을 둔다. 이 역시 후행 단계의 핵심 목적 중 하나이다. 들은 내용을 바탕으로 토론이나 역할극을 한다면 청각 기관을 통해 들은 언어 형식을 다시 사용하고 들은 내용의 주제에 대해 말해봄으로써 내용이나 언어적인 측면에서 들은 내용을 더 잘 기억할 수 있고 강화시킬 수 있다.

듣기 후행 단계 과제들은 일반적으로 듣기 단계 활동보다 복잡하고 시간을 좀 더 필요로 하는 활동으로 구성된다. 앞서 언급한 바와 같이 듣기 후행 단계 활동은 대부분 듣기 선행이나 듣기 중 활동과 연계되지만 후행 단계 활동 자체로서도 명확한 목적을 가지고 있어야 한다. 또한 흥미롭고 내적 동기가 생길 수 있는 과제이어어야 한다. 왜냐하면 듣기 선행 및 듣기 중 단계에서 이미 두 번 이상 활동을 한 이후이기 때문에 활동 자체가 흥미롭지 않다면 학습자들이 학습 흥미를 쉽게 잃을 것이며 학습 동기를 유지하기 힘들기 때문이다(Underwood, 1989).

- can be longer than while-listening activities
- should have a purpose in itself
- should be intrinsically motivating or interesting (Underwood, 1989, pp. 78-80)

듣기 후행 단계 과제들은 다음과 같은 성향을 가진다. 화자의 태도나 의도 파악하기 등 학습자의 추론적 해석과 이해를 요구하는 활동이나 들은 내용을 바탕으로 결정을 하거나 문제를 해결하는 활동이다. 대화를 포함한 들은 자료를 바탕으로 역할극하기나 들은 내용을 요약하여 쓰기와 같이 말하기와 쓰기와 연계되는 활동들로 구성되기도 한다. 어떤 성향의 활동으로 구성된다고 하더라도 듣기 단계에 비해서는 좀 더 복잡한 과정의 활동이나 듣기 이외의 언어 기능과 연계된 활동이 사용된다(Underwood, 1989).

- interpreting
- problem-solving or decision-making
- role-play
- written work

듣기 후행 단계에서 사용할 수 있는 활동을 목적별로 정리하면 다음과 같다. 이는 Underwood(1989), McDonough 등(2013), Richards(2015)와 ESL 교재 및 초중고 영어 교과서에 제시된 활동들에 기초한 것이다.

- to check the learners' listening comprehension and their completeness
  of the while-listening task

- answer comprehension questions (e.g., true-false, multiple-choice, or short-answer questions)
- fill in the blank for key, specific or inferred information
- write or complete a summary with notes made while listening
- make or complete a content map or outline of the text
- complete a table, chart, grid, graph, diagram, map or picture
- rank the items or information given in the text
- put an order of the given sentences or pictures

- to reflect on why some learners have failed to understand or missed parts of the message and have an intensive practice on specific language forms or listening skills or strategies
  - work on segmental or suprasegmental features causing listening problems
  - learn the unknown words or words related to the topic
  - guess the meaning of unknown vocabulary in context
  - learn discourse markers used in the text
  - learn grammatical structures used in the text
  - work on the target listening skills or strategies

- to work on the context or implied information of the listening text or the attitude and manner of the speakers
  - answer inferential questions or draw inferences
  - recognize implied information
  - draw a conclusion
  - infer the context or situation of the text (e.g., place, time)
  - infer the speaker's purpose, point of view or opinion in the text
  - infer the speaker's attitudes, mood, or manner in the text
  - infer the relationships between the speakers

- to evaluate or react to the information presented in the text
  - determine how probable an inference from the text is
  - determine whether the speaker's point of view or opinion is acceptable

- to expand on the topic or language of the listening text and transfer things learned to another context
  - discuss or debate the topic of the text
  - do a role play
  - write about the topic of the text
  - link the content of the text with the listener's experiences
  - extend a list
  - sequence or grade items
  - extend notes into written responses
  - solve a problem with the information from the text
  - make a decision with the information from the text

듣기 후행 단계 과제들은 듣기 학습 목적, 듣기 자료 주제와 유형, 듣기 중 단계까지의 활동, 학습자 변인, 수업 환경 등 여러 측면을 고려해서 선택되어야 한다.

- how much language work is needed in relation to the text
- whether there will be time to do much post-listening work at the end of the listening class
- whether the post-listening work should consist of speaking, reading or writing
- whether the post-listening stage is seen as an opportunity for pair/group work or whether it is intended that students should work alone
- whether it is necessary to provide post-listening activities which can be done outside the classroom
- how motivating the chosen activity will be and whether it can be made more motivating
- whether the lack of momentum at the end of the while-listening stage would make post-listening an anti-climax and, therefore, not motivating (Underwood, 1989, p. 80)
- whether the purpose of learning listening or the type and topic of the listening text suggests specific types of post-listening work
- whether learner variables suggest certain types of post-listening work

듣기 후행 단계는 전체적인 듣기 학습의 한 단계이며 듣기 학습의 목적, 듣기 자료, 학습자 변인 등에 따라 적합한 활동이 있을 수 있기 때문에 이에 대한 검토를 바탕으로 활동이 선택되어야 한다. 예를 들어서 실생활 의사소통을 위한 학습과 학문적 목적 학습, 초등학생과 고등학생 대상 활동, 물건 사기 대화와 뉴스 듣기는 서로 다른 듣기 기술, 전략, 언어 형태, 선험 지식을 필요로 할 수 있기 때문에 이러한 변인들을 고려해야 한다. 아울러 듣기 후행 단계에 배정된 시간이 있는지 또는 있다면 배정된 시간은 얼마나 되는지와 같은 시간 요인도 검토해야 한다. 듣기 중 활동에서 자연스 럽게 이어지는 듣기 후행 활동이 있는지 파악하고 더불어 듣기 중 활동 다음에 듣기 후행 활동이 필요 없는 것은 아닌지에 대한 검토도 필요하다. 듣기 후행 단계에서 학습자들이 언어 형태에 대해 얼마나 학습이 필요한지, 또는 말하기, 읽기, 쓰기와 얼마나 통합되는 것이 타당한지에 대한 결정도 후행 활동을 선택할 때 요구된다. 활동이 흥미롭고 내적 동기를 부여할 수 있는지, 활동은 개별, 짝, 모둠 활동 중 어떤 유형으로 이루어져야 하는지, 교실 밖에서의 활동은 필요한지도 검토하여 듣기 후행 활동을 선택하는 것이 바람직하다.

2) 듣기 후행 단계 지도방안

청해 문제에 답하기는 가장 많이 사용되는 후행 활동 유형으로 듣기 후행 단계의 목적 중 하나인 듣기 자료 이해 점검을 위한 것이다. 전반적인 주제나 간단한 세부 정보에 대한 사실적 이해를 요구하는 질문은 듣기 이해의 길잡이 역할을 해줄 수 있기 때문에 듣기 단계에서도 사용되는데, 후행 단계에서는 사실적 이해뿐만 아니라 좀 더 난이도가 높은 질문이 주어지거나 단답식 질문과 같이 답을 문자 언어로 쓰는 유형 의 질문들이 사용된다. 앞서 1.3.1절에서 언급한 이해의 다섯 단계 수준에서 첫 두 단계 수준에 관한 질문은 듣기 단계에서 많이 사용되는 반면에 세 번째 단계 수준인 추론적 이해는 듣기 후행 단계에서 많이 사용된다. 청해 질문에 답하기는 학습자 개별 활동으로 많이 이루어지지만, 질문의 난이도와 요구되는 응답 유형에 따라서는 짝이 나 소집단 활동 또는 전체 학급 활동 유형으로도 이루어질 수 있다.

듣기 후행 단계에서는 듣기 단계보다 좀 더 다양한 유형의 질문이 사용된다. 진위형, 연결형, 선택형, 선다형 등과 같은 폐쇄형 질문과 답을 좀 더 자유롭게 기술할 수 있는 단답형, 서술형 등의 개방형 질문으로 구성한다. 듣기 단계 청해 질문과 마찬가지로 듣기 후행 단계에서 사용되는 질문도 평가가 아닌 듣기 지도의 일부로서 이해도를 점검 하고 필요한 후속 활동을 결정하는 데 필요한 정보를 제공하는 역할을 하는 것이 중요하

다. 예시 3-20의 활동 1B와 듣기 자료에 들은 내용을 표시하는 선택형 질문, 활동 2A
1)의 1~4번과 같은 선다형 질문, 활동 1C와 활동 2A 1)의 5~8번과 같은 진위형 질문,
활동 2B Task 2와 같은 서술형 질문을 사용한다. 일반적으로 듣기 단계에 비해 좀 더
개방형 질문이나 문자 언어로 답을 적어야 하는 질문 유형을 듣기 후행 단계에서 많이
사용한다. 필요에 따라서는 자료를 다시 들을 수도 있고 과제 구성에 따라서는 활동
1B와 1C와 같이 듣기 단계에서 노트한 내용을 사용하여 답할 수도 있다. 또한 활동
2A 1)의 5~8번과 같이 진위형 질문에서 사실이 아닐 경우 그 이유를 쓰게 하여 고등사
고능력이나 자세한 세부 정보 이해를 요구하는 질문으로 구성할 수도 있다.

〈예시 3-20〉 듣기 후행 과제: 듣기 이해 질문 답하기

1A. Listen to the Northwest Airlines Ad

Take Notes

DIRECTIONS: You are going to hear the radio advertisement for Northwest Airlines.
Take notes on a separate sheet of paper as you listen. Write down main ideas, details,
or any words that will help you discuss the ad.

1B. Listen Again to the Northwest Airlines Ad

Check What You Hear

DIRECTIONS: Rewind the tape and listen again to the ad for Northwest Airlines.
Following are sentences from the tape in the order that you will hear them. There are
also some sentences that are not on the tape. Listen carefully, and when you hear one
of the sentences, put a check (√) beside it.

1. ____ Before you book a flight for Asia.
2. ____ Is this the most comfortable way to get there?
...

1C. Check Your Understanding

True or False

DIRECTIONS: Decide whether the following seven phrases used to complete the
sentence are true or false according to the information you have heard in the ad for
Northwest Airlines. Mark T (for true) or F (for false) for each phrase.

*According to the advertisement, there are advantages for getting to Asia on Northwest
Airlines from the United States if you*

1. ____ live in New York City.
2. ____ live in Los Angeles.
3. ____ live in Miami.
4. ____ enjoy classical music.
5. ____ need more space for sleeping.

---

2. POSTLISTENING

A. *The Comprehension Check*

1) Recognizing Information and Checking Accuracy

For questions 1-4 you will hear multiple-choice questions about the information presented in the talk. Listen to each question and decide whether (a), (b), (c), or (d) is the best answer to the question.

___ 1. (a) in 1769   ___ 4. (a) when he was 51 years old
     (b) in 1821   (b) just before he defeated England
     (c) in France   (c) after his military campaign into Russia
     (d) on Corsica   (d) several years after he became a general
...

For questions 5-8 you will hear statements about the life of Napoleon. If the statement is true, put a T on the line next to the number of the statement. If the statement is false, put an F on the line, and explain why the statement is false.

    5. _____   6. _____   7. _____   8. _____

2) Using and Expanding on the Information in the Talk

a. *Recapping the Information From Your Notes.* Use your notes to recap the information you learned about the life of Napoleon. Present the information to the class or to one of your classmates.

b. *Expanding on the Information in the Talk.* Discuss with a classmate why you agree (or do not agree) with the following statements:

1. Napoleon was a great man.
2. It would be impossible today for a person like Napoleon to become powerful enough to conquer and rule so many countries.
3. The only way a country can be safe is to have a powerful military to protect itself.
...

B. *The Listening Expansion*

Task 1. *Completing a Map*

Look at the map on the following page. It is a picture of the various European kingdoms and empires that existed in Napoleon's time. You are going to fill in the information that is not already on the map. Listen and fill in the missing information.

Task 2. *Answering Questions About the Completed Map*

Now the map is complete. Here are some questions about the map of Napoleonic Europe. When you hear a question, look at the map to find the answer to the question you hear. Listen for the words "north," "south," "east," or "west." Write the answer to the question on the appropriate blank line.

1. _____
...

(출처: 활동 1, *On the Air: Listening to Radio Talk*, Sadow & Sather, 1998, pp. 56-57; 활동 2, *Intermediate Listening Comprehension: Understanding and Recalling Spoken English*, Dunkel & Lim, 2006, pp. 4-6)

청해 질문을 예시 3-20 활동 2와 같이 구두로 제시할 것인지 아니면 1번과 같이 문자 언어로 제시할 것인지의 결정이 필요하며 아울러 개방형인 경우 모국어로 답을 쓰는 것을 허용할 것인지도 결정해야 한다. 왜냐하면 듣기 이해에만 초점이 맞추어진다면 자료를 이해했음에도 불구하고 질문을 이해하지 못하거나 영어 쓰기 능력 부족으로 답을 하지 못하는 경우가 발생할 수 있기 때문이다. 질문도 학습 상황에 따라서는 모국어로 제시할 수도 있다. 이에 모국어 사용 여부는 학습자의 언어 능력에 따라 결정하는 것이 바람직하다.

언어 형태적 측면에서 듣기 문제 해결을 위한 보강 활동은 예시 3-21의 활동들과 같이 음운, 축약형, 담화 표지어 등을 듣는 연습을 하고 듣기 자료를 다시 들어보는 활동으로 구성할 수 있다. 이는 듣기 자료 이해에 영향을 주는 구두 언어적 특성에 대한 학습으로 예시 2-2 활동 4의 축약형 및 연음 듣기, 예시 2-4 활동 1의 강세 음절 듣기, 예시 2-6 활동 1~4의 음운, 억양, 3인칭 단수 동사 －s 발음, 숫자 듣기도 모두 언어 형태 문제 보강을 위한 활동들이다.

〈예시 3-21〉 듣기 후행 과제: 듣기 문제 해결을 위한 보강 활동

---

1. ***Fifteen versus Fifty***

> Some numbers sound very alike, and this can make you misunderstand what the speaker means to say. Let's practice the pronunciation of the numbers that end in '-teen' and '-ty.'

exercise 1 Listen to a sentence with a number and choose the sentence heard.
  (a) It takes fifteen minutes to get there.
  (b) It takes fifty minutes to get there.

exercise 2 Listen to the numbers and circle the number heard.

1.  3.

2.

---

exercise 3 Listen to the listening text again and circle the picture described in the text.

1.   2.

      Susan (60)   Susan (16)   30 cm   13 cm

2. *Can versus Can't*

> To hear the difference between *can* and *can't*, you must listen to the differences in vowel quality and in sentence stress.
>
> examples:
>
> 1. You can *búy* a cheap house these days. (Pronounce: *kin* buy)
> 2. You *cán't búy* a cheap house these days. (Pronounce: can't buy)

exercise 7 Now listen and repeat the following five pairs of sentences. Then mark the stressed words.

AFFIRMATIVE	NEGATIVE
1. I can find my checkbook.	1. I can't find my checkbook.
2. Banks can charge 20% interest.	2. Banks can't charge 20% interest.
3. You can get cash.	3. You can't get cash.

exercise 8 Listen to these sentences. Tell whether they are affirmative or negative. Circle *can* or *can't*.

1. *can*   *can't*   4. *can*   *can't*
2. *can*   *can't*   5. *can*   *can't*
3. *can*   *can't*   6. *can*   *can't*

3. Listening for Chronological Order

Stories present a sequence of events in time order. Note the following expressions that indicate time or sequence. They will help you follow the speaker's story line or train of thought.

Time and Sequence Words

after	*long ago*	*soon*	*by*	*first*	*last*	*until*
before	*next*	*then*	*during*	*later*	*finally*	*while*

Listen to the story again and write down the expressions indicating time or sequence.

4. Listening: Interests and Hobbies

After You Listen   Verbs Followed By Nouns, Gerunds, or Infinitives

After some verbs (such as *enjoy*), use a noun or a gerund (a word that ends in - *ing*).
Examples: I enjoy sports. (noun)
           I enjoy exercising. (gerund)

After other verbs (such as *like*), use a noun, a gerund, or an infinitive (*to* + *verb*).

Examples: I like sports.
          I like exercising.
          I like to exercise.

Talk with your classmates, teacher, people at your school, and people in your community. Ask them the question "What do you do in your free time?" Complete the chart below with their answers (Note: When a classmate asks *you* this question, answer with the verb *enjoy* or *like*.)

Person's Name	Interests/Activities

5. Listening: Expressing Agreement and Disagreement

After You Listen   Agreeing Using *Too*, *Either*, and *Neither*

Work with a partner. Have a conversation where people agree. Use *too*, *either*, or *neither*. First, make short conversations following these examples.

Examples: I always watch public television.
          I do too.
          I never watch public television.
          I don't either. (Neither do I.)

1. I always listen to the radio news.
2. I love Crunchies cereal.

   ...

Have a conversation like one of the ones that you practiced, but use your own ideas. Your teacher may want you to present it to the class or put it on tape. After you finish, write your conversations.

6. What do the speakers say in the conversations when they cannot agree on the time in making an appointment or suggest another time? Which of the following expressions do you think you heard?

   1. Could we make it a different day?   4. I'm afraid I have a class at that time.
   2. Could we make it in the afternoon?   5. How's that same day at 4 pm?
   3. I'm sorry, but I can't make it that day. 6. How about 3 pm?

Create a conversation with a partner using the expressions above for the following situation. Use the patient's calendar and the dentist's appointment book.

A: the dentist's receptionist
B: a patient, wants to make an appointment

Patient		Patient	
Mon 15	class 10am-3pm	Thur 18	class 1pm-4pm club 4pm
Tues 16	class 11am-2pm lesson 3pm	Fri 19	
Wed 17	class 9am-12pm	Sat 20	movie 1pm

Dentist					
Mon 15		**Tues 16**		**Wed 17**	
10:00-11:00	Ann Adams	10:00-11:00	Roger Cohen	10:00-11:00	Tom Obama
11:00-12:00	Julia Brown	11:00-12:00		11:00-12:00	Ryan Bush
14:00-15:00		14:00-15:00	Diane Suzuki	14:00-15:00	
15:00-16:00	Mike Jackson	15:00-16:00		15:00-16:00	
16:00-17:00		16:00-17:00	Yuri Abe	16:00-17:00	Alan Lee
Thur 18		**Fri 19**		**Sat 20**	
10:00-11:00		10:00-11:00	Jane Coombe	10:00-11:00	Georgia Green
11:00-12:00	Daniel Choi	11:00-12:00	Paul Silva	11:00-12:00	Henry Brashow
14:00-15:00	Bill Smith	14:00-15:00	Cathy Doughty	14:00-15:00	
15:00-16:00	Gerry Cooper	15:00-16:00	Bill Trump		
16:00-17:00		16:00-17:00			

(출처: 활동 2, *Interactions Two: A Listening/Speaking Skills Book*, Tanka & Baker, 1996, pp. 39-40; 활동 3, *Mosaic One: A Listening/Speaking Skills Book*, Ferrer-Hanreddy & Whalley, 1996, pp. 80-81; 활동 4~6, *Tapestry Listening & Speaking 2*, McVey Gill & Hartmann, 2000, pp. 49-50, 168, 125-127)

예시 3-21 활동 1은 중학교 2학년 교과서 듣기 자료를 바탕으로 개발된 활동으로 듣기 자료에 포함된 영어 숫자에서 잘 못 듣는 경우가 많은 "-teen"과 "-ty" 음절로 끝나는 숫자만 식별하는 연습과 듣기 자료를 다시 들으면서 숫자를 식별하여 세부 정보를 파악하는 연습을 하는 활동으로 구성되어 있다. 이와 유사하게 조동사 'can'의 긍정, 축약형 부정 표현은 발음상 쉽게 식별이 되지 않아서 긍정적 정보를 부정적 정보로 또는 반대로 이해하는 문제가 발생하는데, 활동 2와 같이 'can'의 긍정, 축약형 부정 표현을 식별하는 집중적인 연습을 듣기 후행 단계에서 한다면 다음에 들었을 때는 좀 더 잘 식별할 수 있도록 도와줄 수 있을 것이다.

듣기 자료가 이야기나 뉴스 등일 때 일이 일어난 시간 순서를 찾는 듣기 단계 활동을 많이 하는데, 이는 청자가 파악해야 하는 핵심 정보이기 때문이다. 듣기 후행 단계에서는 활동 3과 같이 일어난 일을 시간 순서대로 말할 때 흔히 사용되는 시간 관련 표현을 익히고 듣기 자료를 다시 들으면서 이 표현들만 적어본다면 추후 유사한 듣기 자료를 들을 때 도움이 되는 언어적 선험 지식이 될 수 있을 것이다.

활동 4는 문법 구조 학습 활동으로 "Interests and Hobbies"라는 제목의 듣기 자료에서 들은 "like, enjoy" 동사 다음에 오는 품사에 대한 학습이다. 연역적으로 학습한 후 실제 표현을 사용하여 질문하고 답하는 활동을 함으로써 규칙을 배우는 데에서 끝나지 않고 실제 언어 사용으로 이어지도록 구성되어 있다. 활동 5 역시 동의 여부를 표현할 때 많이 사용하는 영어 구두 언어 표현 "too, either, neither"를 듣기 후행 단계에서 학습하면서 대화를 나누어보는 활동이다. 화자 간의 동의와 관련된 내용에 대한 대화를 들었을 때 이런 후행 활동을 통해 들은 언어 형태를 학습함으로써 형식적 선험 지식을 보강하면 동일 표현을 다음에 들을 때 도움이 될 것이다.

활동 6은 듣기 단계에서 병원 예약 대화를 듣고 후행 단계에서 예약 일정을 변경할 때 사용하는 표현을 학습하고 이를 실제 역할극을 통해 사용해봄으로써 듣기 자료에서 들은 언어 표현의 학습을 강화시켜 유사한 상황에 대한 듣기를 할 때 사용할 수 있도록 구성된 활동이다. 예시 3-10의 선택적 듣기 활동 3과 같은 듣기 단계 활동 이후 예시 3-21의 활동 6과 같은 후속 활동을 할 수 있을 것이다.

듣기 후행 단계의 추론적 이해 활동은 예시 3-22와 같다. 활동 1은 물건 사기 대화에서 구매하고자 하는 물건의 값을 쓰는 듣기 단계 활동 다음에 다시 한번 들으면서 고객의 물건 구매 여부를 추론하는 활동이다. 두 명의 화자 중 고객의 의중을 파악하는 추론 활동이다. 활동 2 역시 물건 사기 대화인데 상점 점원이 제시한 가격이 적절한지를 대화 속 화자의 발화에서 판단하는 추론 활동이다. 활동 3은 인터뷰 내용을 들은 후 듣기 후행 단계에서 면접자의 태도에 대해 추론해보는 활동이다. 구두 언어의 형태뿐만 아니라 화자의 말투나 톤과 같은 비언어적 행위가 전달하는 정보에 대해 생각해볼 기회를 제공한다. 언어 능숙도와 연령대가 높은 학습자에게 적합한 활동이다. 이러한 활동은 듣기 자료가 진본 자료일 때 더 타당하다(Underwood, 1989). 왜냐하면 학습용으로 녹음된 자료들은 화자가 실제 상황에 발화한 것이 아니어서 화자의 태도가 자연스럽게 드러나지 않을 수 있기 때문이다.

활동 4는 듣기 자료에서 암시된 정보인지 아닌지를 판단한 후 정보에 대한 자신의 의견을 차트에 써넣는 것이다. Underwood(1989)는 이러한 활동은 들은 내용의 기억에 지나치게 의존하지 않게 고안하는 것이 바람직하다고 본다. 따라서 필요한 경우 듣기 중에 노트를 참고로 하거나 다시 듣는 기회를 제공하는 것이 좋다.

들은 정보 평가하기는 추론적 이해를 바탕으로 학습자가 정보에 대한 판단을 해야 하므로 과제의 난이도와 복잡성 측면에서 듣기 후행 단계에 적합한 활동이다. 또한 일반적으로 언어 능숙도 및 연령이 높은 학습자에게 유용한 활동이다. 예시 3-23의 활동 1C, 2C, 3B는 모두 들은 정보의 진위 판단이나 학습자의 의견을 요구하는 활동이다.

1. Listen again. Did the person buy the item? Check (√) *Yes* or *No*.

	Yes	No		Yes	No
1.	☐	☐	4.	☐	☐
2.	☐	☐	5.	☐	☐
3.	☐	☐	6.	☐	☐

2. Listen to people talking about the prices of things in stores. What do they think about the price of each item? Check (√) the answer.

	Reasonable	Expensive		Reasonable	Expensive
1.	☐	☐	4.	☐	☐
2.	☐	☐	5.	☐	☐
3.	☐	☐	6.	☐	☐

3. What about the interviewer, David Freeman?

  1. How does he get his guest to talk?

  Does he ask a lot of questions?

  Does he talk a lot himself?

  Does he talk about himself too much?

  In your opinion, does he talk too much? too little? too quickly?

  2. Which of these adjectives would you use to describe him?

amusing	bossy	interesting		precise	warm
boring	friendly	interested in people		stimulating	well informed

4. Now complete the following table. If you don't remember, listen again to this first part of the students' discussion. Afterwards report to the class.

Does Chris state/imply any of the following reasons for including a diagram of a food-cycle in a brochure?	yes	no	And what do you think? (short notes)
a People may get interested in the problem of pollution when they see how nicely balanced nature is when you leave it alone.	☐	☐	
b Visual material always attracts people's attention.	☐	☐	
c People will realize that this is the way nature works in their own area and will therefore identify with it, in other words, see it as something belonging to them.	☐	☐	
d It's necessary to point out to people that there is a balance in nature before you can explain to them how not to destroy it or how to restore it.	☐	☐	

(출처: 활동 1~2, *Basic Tactics for Listening*, Richards, 1996, pp. 22-23; 활동 3, *The David Freeman Show Student's Book*, Byrne, 1985, p. 17; 활동 4, *Quartet Student's Book 2*, Grellet, Maley & Welsing, 1983, p. 68)

1. In my culture

A. Think about beliefs in your culture.

B. Now listen. Write the missing words in the circles. Then finish the sentences with beliefs you know. If you don't know a belief, cross out the sentence.

	True?
1. To have [_____], you should _____.	yes no
2. Don't _____, or you'll have [_____].	yes no
3. In my culture, _____ is a [_____].	yes no
...	

C. Do you think the beliefs are true? Circle "yes" or "no."

2. Are you still carrying her?

This is a very old story from Japan. It's about two monks (holy men). Years ago, monks weren't allowed any contact with women.

A. Listen. Where should the woman be in each picture? Write this symbol ♀ in the correct place.

B. What does this story mean? What is the moral? Check (√) your answer.

☐ Remember the past. It tells us how to live.
☐ Forget the past. It's over. Think about the present.
☐ The past, the present, and the future are all the same.

C. Now work with a partner. Do you agree with the moral of the story? Why or why not? Compare your answers.

3. Most people know the earth is round. However, some say it's flat.

A. Listen. A "flat earther" is trying to prove the earth is flat. Try the experiments he suggests. Circle your answers.

1. The earth moves.   yes no
   Did you get the same result?
   Do you believe him?
   ...

B. Now work with a partner. Do you think the flat earther really believes the earth is flat?   ☐ yes ☐ no

Why? _____

(출처: *Active Listening: Expanding*, Helgesen et al., 1997, p. 26, 37, 62)

활동 1에서는 듣기 선행 단계 활동 1A에서 학습자가 자신의 문화에서 사람들이 믿는 것이 무엇인지 먼저 생각하여 내용적 선험 지식을 활성화한 후 듣기 단계 활동 1B에서 들은 내용을 빈칸에 써넣고 듣기 후행 단계 활동 1C에서 이 내용이 사실인지 판단하는 활동이다. 내용 파악을 먼저 한 후 한 단계 더 나아가 내용에 대한 진위 여부를 평가하는 것이다. 이와 유사하게 활동 2A는 세부 정보를 그림을 통해 찾고 2B에서는 주제를 파악하며 2C에서는 들은 내용에 동의하는지 짝과 함께 이야기하며 서로의 의견을 비교하는 것이다. 활동 3 역시 실험 정보를 듣고 절차를 이해하여 실험을 해보는 듣기 단계 활동 3A 다음에 정보의 진위를 판단하는 추론 활동인 3B에서 짝과 함께 의견을 서로 이야기하는 활동으로 이어진다. 들은 정보를 학습자가 믿는지 또한 그 이유가 무엇인지 밝혀야 하므로 고등사고능력을 필요로 한다.

듣기 후행 단계에서는 말하기, 읽기 및 쓰기 활동이 많이 사용되는데, 그 예는 예시 3-24와 같다. 예시 3-18의 듣기 단계 활동인 적절한 응답을 찾기 다음에 후행 활동으로 3-24의 활동 1과 같이 운동에 관해 학급 동료들과 말해보는 활동을 하면 들었던 언어 표현을 다시 사용하여 자신의 주변 사람들과 대화를 해봄으로써 좀 더 실생활 의사소통과 연계된 활동을 할 수 있을 것이다. 세 명의 여행 경험에 대한 예시 3-11의 활동과 같이 듣기 자료가 여행 경험에 대한 것이라면 이를 확대해서 예시 3-24의 활동 2와 같이 짝과 여행 계획을 짜보는 말하기 활동을 할 수 있을 것이다.

〈예시 3-24〉 듣기 후행 과제: 말하기, 읽기 및 쓰기와 통합된 활동

---

1. Talk to your classmates about sports. Find someone in the class who does the activities below. Write a different classmate's name for each sport.

   Begin:

   Can you ...?

do karate _____	play tennis _____	play basketball _____
swim _____	play golf _____	play baseball _____
ski _____	play soccer _____	other _____

---

2. **Make your own travel plan**

   Choose one of the countries Pat traveled around with your partner and design a vacation plan using the information about things she did there.

---

3. **Healthy Food**

   Suggest three more to the list of healthy food heard in the text.

---

4. Job Choices

A. Think about your ideal job. What job would you really like to have? What would it be like? Fill in the chart below.

Questions	My Ideal Job	My Partner's Ideal Job
What is the job?		
Where is the job?		
What do you do each day?		
When do you work?		
How much money do you make?		
Who do you work with?		
What do you wear to work?		
Why is this the ideal job?		

B. Now find out about your partner. Fill in your chart.

C. Talk about these jobs. What is most important in choosing a job?

D. Do a role play for a job interview. You will be interviewed by your partner, as a job interviewer for your ideal job. When you finish the interview, switch the roles and conduct another interview as an interviewer for your partner's ideal job.

---

5. Write a short article with notes taken while listening to an interview with a Hollywood move star.

---

6. Complete a summary of the story heard.

> A man had a dog, Minki. One day, the man went hunting. He left Minki behind.
> --
> --
> --

---

7. Listening: Talking About Notices

After You Listen   **Writing a Notice**   Write one or two notices for your class bulletin board or for a class "newspaper." These can be serious or funny. Do you want to sell or buy something? Do you need to find a roommate? Do you want to take or give lessons? Put it in your notice!

(출처: 활동 1, *Basic Tactics for Listening*, Richards, 1996, p. 56; 활동 4, *Impact Listening 1*, Kisslinger, 2001, p. 57; 활동 7, *Tapestry Listening & Speaking 2*, McVey Gill & Hartmann, 2000, p. 125)

듣기 선행 단계 과제 예시 3-2 활동에서 취업 면접 자료를 들은 후에는 예시 3-24의 활동 4와 같이 자신이 원하는 직업에 대해 적어보고 짝과 함께 묻고 답하는 활동을 한다면 듣기 자료 주제를 좀 더 개인 삶과 연결하여 의미 있게 만들 수 있으며 아울러 읽기, 쓰기, 말하기를 다 통합한 활동을 할 수 있을 것이다. 또한 취업 면접 역할극을 해봄으로써 취업 면접에서 사용하는 표현들을 다시 한번 학습할 기회를 가질 수도 있다. 이러한 역할극을 할 때는 학습자의 역할과 상황을 정확히 제시하는 것이 필요하다.

예시 3-24의 활동 5~7은 모두 듣기 후행 단계 쓰기 활동이다. 들은 내용을 바탕으로 기사 쓰기, 요약하기, 공지나 안내판 작성하기인데 듣기 자료의 주제와 언어 형태를 활용한 활동이어서 듣기 자료 정보들이 내용적 및 형식적 선험 지식과 연계되어 장기 기억에 남을 수 있도록 도와줄 수 있다.

직소 듣기 활동은 듣기 단계 활동으로 사용 가능하지만 과제의 복잡성으로 인해서 듣기 단계와 듣기 후행 단계에 나누어져서 진행되는 경우가 많다. Underwood(1989)도 듣기 후행 활동으로 제안하고 있다. 직소 듣기 활동은 다음과 같은 준비와 절차로 이루어진다.

- The teacher selects a text which can be divided into five parts being incomplete in some way so that the students need to seek details from each other and provide accurate information from their own listening. (Underwood, 1989, p. 87)
- The teacher prepares an audio file for each part and check the equipment needed.
- The teacher checks the space needed for each group.
- The students are grouped into five.
- Each group listens to a part provided by the teacher. While listening, the students take notes.
- The students are regrouped into five.
- Each group shares what each member heard and finds the content of the whole text.

직소 듣기 활동의 유용성을 위해서는 적절하게 분리될 수 있는 자료, 자료의 일부만 들어서는 전체 내용 파악이 어려운 자료를 선택하는 것이 중요하다. Underwood(1989)는 이야기, 미스터리나 범죄 사건의 증인들 이야기를 직소 듣기 자료로 제안하고 있다. 또한 학습자들이 두 번 모둠 형성을 해야 하는데 모둠별로 활동할 수 있는 공간이 필요하다. 여러 교실이 필요한 것은 아니지만 교실 안에서 모둠별로 듣고 토론할 때 서로 정보가 공유되지 않고 방해되지 않을 정도의 공간이 확보되어야 한다.

직소 듣기는 학습자간 공유하고 있지 않은 정보를 서로 공유하기 위해 의사소통을 해야 하므로 자연스럽게 듣기와 말하기가 연계되고 들으면서 핵심 내용을 적고 이를 다시 모둠 구성원들과 공유할 때 읽는다면 쓰기와 읽기도 통합될 수 있다. 쉬운 이야기 자료를 선택한다면 초급 단계와 어린 학습자들을 대상으로도 사용 가능할 것이다.

학문적 목적의 듣기 학습의 듣기 후행 단계에서는 예시 3-25의 활동 1과 같이 요약한 강의 내용을 짝과 비교해봄으로써 강의 내용을 얼마나 이해했는지를 점검하고 요약에 적절한 표현을 학습할 수 있는 기회를 제공할 수 있다. 예시 3-19의 활동 3 두 번째 과제와 같이 강의 요약하기, 개요 완성하기, 노트하기 활동과 같은 듣기 단계 과제와 연계하여 사용 가능하다.

〈예시 3-25〉 듣기 후행 과제: 학문적 목적의 듣기 과제

1. Compare summaries with a partner. Do you have similar answers? You do not have to have exactly the same words because summaries are in your *own* words.

2. Sharing your cultural perspective

> **A** n issue becomes more interesting if you share your own cultural perspectives on it and hear the perspective of people from other cultures.

Discuss the following questions based on the lecture heard with one or two classmates.

a. For centuries, Western medicine has treated the body and paid almost no attention to the mind. As Professor Cash stated, health-care professionals are now starting to understand that the mind plays a powerful role in the health of the body. How does traditional medical practice in your culture view the connection between the mind and the body?

b. How does this view affect the way doctors and other health-care givers treat patients?

3. Comparing information from different sources

> **W** hether you are reading or listening, one way to deepen your understanding of a topic is to compare information from different sources.

1▶ Read the following advice from the same medical pamphlet on stress.

> HOW TO DEAL WITH STRESS
>
> ___ Become part of a support system: Let your friends or co-workers help you when you are under too much stress, and try to help them, too.
>
> ___ Think positively: Don't worry about things that may not happen. If you do, your mind will send negative signals to your body.
>
> ___ Anticipate stressful situations: If you know that you will be in a stressful situation, plan what you will do and say.
>
> ___ Take care of your health: Exercise regularly, eat well, get enough sleep.
>
> ___ Make time for yourself: Every day, take some time－even if it's just a few minutes－to be alone, to relax, to do something just for yourself.

2▶ Which of the suggestions does Nancy follow? Write *N* next to these. Which ones does Sam or the LAPD follow? Write *S* next to these. Then compare answers with a partner. Discuss any differences.

4. Creating a chart.

> **M**aking a chart of the main points of a lecture or conversation is a good way to review the material, and it will also help you to remember the information.

As a class, recall what Bruce, Julie, Ann, and the others said about the various stages of life. Summarize the good points, changes, and challenges that they mentioned. Enter them next to the appropriate ages in the accompanying box.

Childhood	*no worries,*
Teens	
20s	
30s	*feel settled,*
40s	
50s	
Late adulthood	

(출처: *Academic Listening Encounters*, Espeseth, 1999, pp. 12, 14, 7, 51)

한편 활동 2~4는 연역적 지도 접근법에 기초하여 활동의 목적을 간략히 소개하고 이를 적용하는 듣기 후행 활동이다. 활동 2는 학습자의 문화적 배경을 바탕으로 듣기 자료 주제에 대해 토론하기, 활동 3은 들은 내용과 제시된 진술문 연결한 후 짝과 답을 비교하기, 활동 4는 들은 내용의 핵심 내용을 요약하여 차트 완성하기이다. 이는 모두 말하기, 읽기, 쓰기 기능과 통합된 활동들이며 들은 내용을 정리하거나 새로운 상황에 적용함으로써 더 깊이 있는 이해를 도와주고 또한 선험 지식에 저장하도록 도와준다. 학문적 듣기에서는 들은 자료의 언어적 정보를 장기 기억에 저장하는 것도 중요하기 때문에 듣기 자료에서 들었던 친숙하지 않은 표현이나 담화 표지어 등에 대한 학습도 듣기 후행 활동으로 사용된다.

듣기 후행 단계 활동은 앞서 언급한 바와 같이 듣기 선행과 듣기 중 활동과 연계되는 경우가 많은데, 각 단계는 다음과 같은 목적과 특성을 가지고 연결되는 것이 바람직하다.

pre-listening work: leading to a desire to listen

while-listening work: something interesting to listen to and a purpose for listening post-listening work: having some purpose in itself and being motivating (Underwood, 1989, p. 93)

후행 단계는 듣기 수업에서 가장 많은 시간이 배정되어야 한다. 왜냐하면 학습하는 듣기 기술과 전략 및 내용과 언어적 측면의 새로운 지식이 듣기 능력 함양으로 이어지고 다른 듣기 상황에 활용되기 위해서는 듣기 후행 단계에서 언어적 정보 및 듣기 기술과 전략에 대한 집중적 학습과 듣기 자료의 주제에 대한 말하기와 쓰기 등의 활동을 통해 학습자의 선험 지식으로 장기 기억에 저장할 수 있도록 도와주어야 학습의 효율성이 높아지기 때문이다.

3.2 듣기 전략 지도

3.2.1 전략 지도의 기본 원리

듣기 학습의 핵심 내용은 듣기 기술과 전략이다. 1장, 2장 및 3.1절에 제시한 다양한 활동은 특정 듣기 기술과 전략과 연계된 과제이다. 예를 들어서 예시 1-1의 활동 2, 예시 2-1의 활동 2, 예시 2-7의 활동 2와 3, 예시 3-8의 활동 1A와 2A 등은 주제 파악하기 기술을 함양하기 위한 활동이다. 예시 1-1의 활동 1A, 예시 2-4의 활동 2와 3, 예시 2-5, 예시 2-6의 활동 9, 예시 3-8의 활동 1B와 2B, 예시 3-9, 예시 3-10 등은 세부 정보 파악하기 기술을 함양하기 위한 활동이다. 이러한 활동들은 듣기 전략과도 연계가 되지만 명시적으로 제시되어 있지 않고 학습자가 귀납적으로 학습해야 하는 활동들이다. 반면에 예시 2-2는 듣기 자료 내용을 미리 예측하기, 시각 자료 활용하기, 추론하기, 들으면서 노트하기, 연음과 축약형 식별하기를 위한 전략을 명시적으로 제시하여 학습자가 연역적으로 학습할 수 있도록 구성되어 있다. ESL 교재는 전략 학습을 듣기 선행이나 후행 단계에서 명시적으로 제시하는 경우들이 있는데 우리나라 영어 교과서에는 이런 활동들이 부재하다.

듣기 전략은 인지 심리학의 발달로 듣기 학습의 핵심 내용이 되고 있다. Field(2008)는 전략 지도를 듣기 학습에 다음과 같이 통합할 수 있다고 제안하고 있다. 듣기 자료를 듣는 과정에서 내린 결정들이 전략에 대한 지식과 연계되는지 검토해보도록 지도한다. 학습자가 사용하는 듣기 전략에 대한 인식도를 높이고 전략의 유용성 및 잠재적 단점을 이해하도록 지도한다. 특정 전략을 구체적으로 적용해보는 활동을 수업 내용에 포함시키고 직면한 듣기 문제를 해결하기 위한 전략이었는지 또한 효과가 있었는지 검토하도록 한다.

- Draw upon knowledge of strategy use to interpret the decisions made by learners about the recorded material they hear.
- Raise learner awareness of listening strategies: both their potential value and possible dangers.
- Include specific instruction that aims to increase strategy use and to ensure that learners match their strategies more effectively to the problems they seek to resolve. (pp. 287-288)

또한 Field(2008)는 명시적 듣기 전략 지도의 특징을 다음과 같이 제시하고 있다. 전략을 개별적으로 소개하고 학습자에게 명시적으로 설명을 제시하며 전략 사용의 시범을 보이고 전략 적용을 위해 고안된 과제에서 학습자가 실제로 전략을 사용한 후 평가해보도록 지도하는 것이다.

- Strategies are introduced individually.
- Strategies are explained explicitly to learners and even sometimes named.
- Strategies are modelled for learners to emulate.
- Strategies are practised in controlled tasks.
- Learners evaluate their own use of the strategies in less-focused listening tasks.

전략 지도를 할 때 앞서 1.3.3절에 표 1-1에 제시한 전략들의 지도가 필요한데, 어떤 전략의 지도가 필요한지는 학습자의 욕구와 언어적 능숙도 및 듣기 능력에 따라 달라지며 아울러 듣기 자료의 내용 이해를 위해 필요한 전략에 따라서도 달라진다. 한편 듣기 전략에 관한 기존 연구들은 성공적인 청자가 사용하는 전략들을 제시했는데, Rost(2002)는 이러한 전략들의 지도가 필요하다고 보고 있다. 앞서 1.3.3절에서 언급한 성공적인 청자가 사용하는 6개의 전략, 즉 예측하기, 추론하기, 모니터링하기, 명료화하기, 반응하기 및 평가하기 전략을 학습해야 한다고 본다. 대부분 메타인지 전략인데, 전략을 제시만 해서는 안 되며 학습자들 스스로 전략을 인지하고 사용하는 연습을 해야 한다. Rost(2002)는 또한 다음과 같이 듣기 전략이 지도 가능한 상황이 언제인지를 제시하고 있다(p. 157).

Teaching principle: Conditions for a listening strategy to be 'teachable'

1. The learner recognises a need to address 'confusion' or to compensate for incomplete information.
2. There is a recognisable point in the discourse in which a strategy (an alternate way of processing language or interacting) can be used.
3. The alternate way has a probable payoff in knowledge or affect that the learner seeks (e.g. to understand more of the listening extract).
4. The alternate way of processing can be practised again in an immediate context.
5. The new use of the alternate produces the demonstrable effect (on interaction, understanding, or learning).

전략이란 문제가 있을 때 이를 해결하기 위해 또는 어떤 과업을 효율적으로 수행하기 위해 적용하는 책략이므로 학습자들이 듣기 과정에서 직면하는 문제를 인지하고 이를 해결하고자 하는 필요성을 느낄 때 전략 지도가 가능하다. 또한 전략을 사용하여 듣기 자료를 대안적인 방법으로 처리할 수 있을 때, 대안적 방법이 언어적 및 내용적 지식의 부족을 보충해주면서 듣기의 효율성을 높여줄 수 있거나 즉시 적용해볼 수 있을 때, 또한 적용 효과가 명시적으로 드러날 수 있을 때 전략 지도가 가능하다.

Rost(2002)는 전략 지도가 가능한 조건을 제시하고 있지만, 학습 상황에 따라서는 교사의 판단으로 전략 지도를 학습 내용에 포함시키는 것도 필요하다. 듣기 이전 단계에서 듣기를 도와주기 위해, 듣기 이후 단계에서 전략에 대한 집중적 연습과 전략을 적용하여 다시 들어봄으로써 그 효과를 확인하고 추후 학습자들이 사용할 수 있도록 지도하는 것이다. 이럴 경우 학습자에게 필요한 전략, 듣기 자료를 더 잘 이해하기 위해 필요한 전략을 미리 파악하는 것이 중요하며 또한 전략 적용 연습을 할 때 듣기 자료의 어느 부분을 사용할 것인지 보조 자료를 제공할 것인지도 결정을 해야 한다. 보조 자료를 활용하는 경우 전략 적용을 위해 주제나 언어적으로 좀 쉬운 자료를 활용할 수도 있지만, 전략이란 듣기 문제의 한계를 넘기 위한 책략이므로 학습자 수준보다

약간 더 높은 어려운 자료를 사용하여 전략 적용 연습을 하는 것도 유용하다.

전략 지도에서 중요한 것은 학습자가 전략을 인지하고 그 유용성을 이해하며 이를 적용해보는 것이다. 이미 사용하고 있는 전략을 인식하지 못하는 경우도 많으므로 좀 더 의식적으로 전략에 대해 생각해볼 기회를 제공하고 아울러 어떤 전략이 자신한테 효과적인지 평가하여 필요한 상황에 적용할 수 있도록 도와주는 것이 필요하다.

3.2.2 메타인지 전략 지도

메타인지 전략은 학습자가 능동적으로 자신의 듣기 과정을 계획하고 이해도를 점검하며 전체 과정을 평가하는 전략으로서, 앞서 언급한 바와 같이 성공적인 청자가 자주 사용하는 전략이다. Vandergrift(1996)도 언어 능숙도가 높은 학습자들은 메타인지 전략을 많이 사용한다는 연구 결과를 보여주면서 지도의 필요성을 역설했다 (Rost, 2002, p. 237).

메타인지 전략은 표 1-1이나 표 3-1과 같이 계획하기, 모니터링하기, 평가하기 전략을 포함한다. 이 전략들은 일반적으로 각각 듣기 이전, 듣기 중, 듣기 이후 단계에 적용된다. 각 세부 전략은 표 3-1의 교사 역할 부분에 제시한 방법으로 지도할 수 있다. 이는 Vandergrift(1997)가 제안한 방법들로서 일부 예시는 귀납적 방법이고 일부 예시는 연역적 방법이다.

〈표 3-1〉 메타인지 전략과 지도 방안 (Flowerdew & Miller, 2005, pp. 73-74)

Strategy	Focus on the Learner	Focus on the Teacher
Planning		
· Advanced organization	Decide what the objectives of a specific listening task are. Why is it important to attend to this message?	Write a topic on the board (e.g., Train Announcements) and ask learners why it would be important to listen to this type of announcement.
· Directed attention	Learners must pay attention to the main points in a listening task to get a general understanding of what is said.	In setting up a listening task, ask learners what type of information they would expect to hear. "You are listening to the news. What would you hear at the beginning of the news?"

· Selective attention	Learners pay attention to details in the listening task.	Before listeners listen a second time to a recording, set specific types of information for them to listen for. "Listen again to the tape and find out what type of relationships the speakers have."
· Self-management	Learners must manage their own motivation for a listening task.	Before setting up a listening task, the teacher chats with the students in the L2 so that they get their mind frame around listening to L2.
Monitoring		
· Comprehension monitoring	Checking one's understanding.	The teacher sets up a task that requires listeners to understand one part of the task at a time. They monitor in stages so that the final part is easily understood.
· Auditory monitoring	Learners make decisions as to whether something sounds "right" or not.	The teacher asks learners to use the L1 to determine their perception of spoken text. For example, the teacher asks learners to listen to a tape and decide how the characters feel; then students check with one another in their L1.
· Double-check monitoring	Checking one's monitoring across the task.	At the end of a task, the teacher asks learners to review their previous knowledge about the speakers and make any changes to their perception of what the message is about.
Evaluation		
· Performance evaluation	Learners judge how well they perform a task.	The teacher can use a variety of techniques to get students to judge their individual performance. For instance, "Raise your hand if you think that you understood 100%, 75%, 50%."
· Problem identification	Learners decide what problems still exist preventing them from completing the task successfully.	After completing a listening task, the teacher asks students to identify any part of the text that was difficult to comprehend.

계획하기 전략들은 듣기 선행 단계 활동들에 포함되는 경우가 많은데, 듣기 선행 단계에서 들은 자료의 주제를 제시하고 이 자료를 듣는 것의 중요성과 예상되는 정보를 생각해보게 함으로써 듣기 과정을 미리 계획하고 집중해서 들을 정보를 먼저

인지하는 전략을 기르도록 유도하는 것이다. 중요 정보에 집중하는 계획을 하는 전략은 예시 3-26 활동과 같이 연역적 지도 접근법에 기초하여 명시적으로 지도할 수 있다. 중요 정보는 화자가 강조를 하거나 반복해서 말하는 경우가 많다는 것을 숙지한 후 이에 초점을 맞추어 실제 자료를 듣고 중요 정보를 찾는 연습을 하는 것이다.

모니터링 전략은 들으면서 학습자가 자신의 이해 정도를 점검하고 듣기 문제를 야기하는 요인을 인지하기 위한 전략이다. 듣기 과정은 짧은 시간에 무의식적으로 진행되기 때문에 이 과정을 모니터링하는 것은 듣기를 방해할 수 있다. 이에 교사는 예시 3-26과 같이 듣기 자료를 나누어 단계별로 학습자가 듣고 이해도를 점검하여 자신의 듣기 과정을 모니터링해볼 수 있도록 유도하는 것이 바람직하다. 또한 Vandergrift(1997)가 제안한 바와 같이 학습자들이 모국어로 자신이 이해한 내용을 검토하는 방법을 활용하여 자신의 듣기 과정을 지속적으로 모니터링하는 전략을 적용해보는 연습을 할 수도 있을 것이다.

〈예시 3-26〉 메타인지 전략 과제: 중요 정보 집중 계획하기

When you listen to a teacher's lecture, pay special attention whenever the teacher emphasizes or repeats points. These are probably the main ideas or important details.

Apply the Strategy　In the following lecture, you will hear a teacher talk about how to learn English more quickly. Listen once to each section. Pay special attention if the teacher emphasizes or repeats a point. After you listen to the section, stop and answer the question about it. Then listen to the next section.

Section 1　Who is the best teacher, according to the speaker?

_____ 1. a strict teacher who gives a lot of homework and does all of the talking.

_____ 2. a friendly teacher who lets the students talk a lot.

_____ 3. you, the learner

Section 2　The teacher gives a lot of examples of where to practice English outside of class. What examples does she give? Listen once and check (√) the answers.

_____ 1. supermarket　　　_____ 4. bus stop

_____ 2. movie theater　　　_____ 5. library

_____ 3. hospital　　　_____ 6. school

(출처: *Tapestry Listening & Speaking 2*, McVey Gill & Hartmann, 2000, pp. 8-9)

평가하기 전략은 듣기를 마친 후 활동 수행도나 청해 문제 정답률을 확인하는 방법으로 학습자들이 자신의 듣기 과제 수행을 평가해보는 것이다. 한편 듣기 과정에서

직면했던 문제들이 있었다면 이를 인식하고 해결하여 듣기 능력을 향상시키려는 노력이 필요하므로, 듣기를 마친 후 학습자들에게 자신의 듣기 과정을 되돌아보고 듣기를 어렵게 했던 요인을 파악해보는 시간을 줌으로써(Helgesen & Brown, 2007) 듣기 문제점을 파악하는 전략을 학습할 수 있도록 지도하는 것도 중요하다.

Goh와 Yusnita(2006)는 다음과 같이 듣기 수업에 메타인지 전략 학습을 듣기 단계별로 적용하는 방안을 제시하고 있다.

Step 1   Pre-listening activity
         In pairs, students predict the possible words and phrases that they might hear. They write down their predictions. They may write some words in their first language.
Step 2   First listen
         As they are listening to the text, students underline or circle those words or phrases (including first-language equivalents) that they have predicted correctly. They also write down new information they hear.
Step 3   Pair process-based discussion
         In pairs, students compare what they have understood so far and explain how they arrived at the understanding. They identify the parts that caused confusion and disagreement and make a note of the parts of the text that will require special attention in the second listen. (Richards, 2008, p. 13)

듣기 선행 단계에서는 예측하기 전략을 사용하여 들을 것으로 예측되는 단어를 적은 후, 듣기 단계에서 예측이 맞았던 단어에 표시하고 예측하지 못했던 정보를 적으면서 모니터링 전략을 사용하며, 듣기 후행 단계에서 짝과 함께 이해한 내용을 비교해봄으로써 평가 전략을 적용해본다. 듣기 자료에서 들은 내용을 예측하기로부터 시작해서 듣기 중, 듣기 이후에까지 동일한 내용에 대한 모니터링 전략 및 평가 전략을 적용해보는 것이다.

3.2.3 인지 전략 지도

인지 전략은 학습자가 듣기 자료를 인지적으로 처리하면서 사용하는 모든 전략을 지칭한다. 이에 듣기 단계에 집중적으로 사용되는 전략이다. 표 3-2와 같이, 추론을 위해 화자의 말투, 톤, 억양 등 음성적 단서에 집중하는 전략, 모르는 단어를 들을 때 맥락적 정보를 활용하여 그 의미를 추론하는 전략, 시각적 자료나 화자의 준언어적 단서를 활용하여 내용을 이해하는 전략, 자신의 경험, 세상적 지식 등 내용적 선험 지식을 활용하여 듣기 자료를 이해하는 전략이 포함된다. 예시 2-2의 활동 3과 같이 추론의 의미를 명시적으로 제시하고 이를 적용해보는 연습 활동이나 활동 2와 같이 듣기 자료와 함께 제시되는 시각 자료나 화자의 얼굴 표정 등 준언어적 단서가 있을 때 이를 활용하여 내용 이해를 도모하는 연습을 할 수 있다. 예시 3-1에서 3-6까지의 듣기 선행 단계 활동들과 같이 학습자가 자신의 선험 지식을 활성화시키는 전략을 사용하여 내용을 좀 더 잘 이해할 수 있도록 유도하는 귀납적 지도 방법을 사용할 수도 있다.

⟨표 3-2⟩ 인지 전략과 지도 방안 (Flowerdew & Miller, 2005, pp. 75-78)

Strategy	Focus on the Learner	Focus on the Teacher
Inferencing		
· Linguistic inferencing	Guessing the meaning of unknown words by linking them to known words.	Before a listening task, the teacher writes some difficult vocabulary on the board so as to draw attention to these words. The teacher then plays the tape and asks students to listen for the new vocabulary and try to guess the meaning from their understanding of the whole text.
· Voice inferencing	Guessing by means of the tone of voice.	The teacher focuses the learners' attention not on what is said but on how it is said.
· Paralinguistic or kinesic inferencing	Guessing the meaning of unknown words by referring to paralinguistic clues.	The teacher discusses with the learners how certain features of the speakers' actions in the video can help them guess the meaning of the message.
· Extralinguistic inferencing	Guessing based on other clues, such as what is required in the task.	The teacher informs the learners that they will listen to a long stretch of speech. The teacher then writes some questions on the board to direct the learners' attention.

· Inferencing between parts	Making use of certain words in the text that may not be related to the task to get more information about the task.	The teacher points out that the information at the beginning of the text will help the learners understand the later sections of the text.
Elaboration		
· Personal elaboration	Learners use prior personal experience to comprehend the task.	At the beginning of a lesson, the teacher asks learners to talk about any experiences they have had that relate to the topic.
· World elaboration	Learners use their world knowledge to comprehend the task.	At the beginning of a lesson, the teacher activates the learners' schemata on certain topics by asking general questions about a topic.
· Academic elaboration	Learners use knowledge gained during their formal learning experiences.	During a beginning task, the teacher can ask learners if they have encountered similar experiences in other disciplines, such as knowledge of countries in their geography lessons.
· Questioning elaboration	Learners question themselves about what they do know, and what they do not know about a topic.	The teacher sets up brainstorming sessions before, during, or after a listening task for learners to question themselves about what they know about the situation.
· Creative elaboration	Learners try to adapt what they hear to make the story more interesting to themselves.	The teacher has learners brainstorm different endings of a story and then listen for the real ending.
· Imagery	Learners use mental imagery to create a picture of what is happening.	The teacher asks learners to keep their eyes closed while listening to a story and try to picture what is happening.
Summarization	Learners make a mental or written summary of what they hear.	The teacher asks the learners to give an oral summary to each other, or to write one sentence to summarize what they have listened to.
Translation	Learners translate from the first language verbatim what they hear in the second language.	The teacher asks learners to talk with each other in the L1 and try to translate what they have listened to. Or, if the teacher is bilingual, the learners can translate what they heard for the teacher

		to check.
Transfer	Learners use knowledge about their first language to facilitate listening to the second language.	The teacher could draw student's attention to words in the L2 that are similar to words in the L1.
Repetition	Learners repeat words they listen to so that they become familiar with the sounds.	The teacher sets up a shadow listening task. In the task, the learners look at the text while listening to a story. While listening, they read the text quietly to themselves.
Resourcing	Learners use any resources to aid them in their understanding (e.g., dictionaries, diagrams, notes, peers).	When appropriate, the teacher focuses the learners' attention on artifacts that will help them understand the task. For instance, "Look at the diagram before you listen to the story."
Grouping	Learners group words together based on common attributes.	The teacher activates the learners' schemata on certain areas so that they are aware that the information they hear will have something in common with their previous knowledge.
Note-taking	Learners write notes as they follow some spoken text.	The teacher assists the learners in making notes that will help them comprehend the message. These notes can be in skeleton form or free form.
Deduction/ Induction	Learners apply rules they have learned or have developed themselves to follow a text.	The teacher either explains the rules of a particular part of speech or has learners guess what the rules are by listening to a text.
Substitution	Learners substitute words they know to fill in gaps in their listening to see if their overall comprehension makes sense.	The teacher asks students to give a variety of words or expressions to compensate for certain parts of the text they listen to. For instance, "the man said 'Could you close the door?' What else could he have said?"

예시 3-27의 활동 1은 화자의 톤으로 화자의 성격 특성을 파악하도록 유도하는 연역적 전략 학습이다. 또한 활동 2는 강세를 받는 단어를 파악해서 화자가 강조하는 정보를 파악하는 전략을, 활동 3은 어휘 형태, 즉 접두어, 접미어를 인지하여 단어의

품사를 파악하고 단어의 의미를 추론하는 전략을 연역적 접근법으로 학습하는 활동이다.

〈예시 3-27〉인지 전략 과제: 음성 및 언어 형태 단서 활용하기

---

1. **Using Public Transportation; Asking for and Understanding Directions**

Be aware of tone of voice. Tone of voice refers to how a voice sounds, not just the words a person uses. Understanding tone of voice can help you better understand what people mean. For instance, the tone of a message may be friendly even if the words are not friendly. It's helpful to listen to people's tone of voice because sometimes their voices tell more than their words.

Apply the Strategy
Susan has two conversations on her way to her friend's house, with two different bus drivers. Listen to Conversations 1 and 2. One of the drivers is friendly, and one is unfriendly. Which driver is friendly?

_____ the driver in Conversation 1

_____ the driver in Conversation 2

---

2. Listen especially for stressed words when people speak. In English, people stress (emphasize) the important words in a sentence. If you understand the stressed words, you can usually understand the important information.

How do you know which words are stressed? They are *higher* (the voice goes up), *louder*, and *clearer* than the other words. Listen for the "mountains" in speech—not the "valleys." The meaning of a sentence can change if the stress changes.

Examples: I *LIKED* Anna (but I don't like her now).

I liked *ANNA* (but I didn't like her brother).

I liked Anna (but other people didn't).

Apply the Strategy
A. Listen for important words in these sentences and repeat each sentence:

1. It was a TERRIBLE day.
2. WE'LL take those.
3. I was SUPPOSED to catch shoplifters.

...

---

3. **The Plastic of the Future?**

Notice and understand parts of words as a way to determine meaning. If you understand *parts* of words—prefixes (at the beginning of words), roots (the main parts), and suffixes (at the end), you can guess the meanings of words more easily. To do this, divide words into parts and analyze each part.

Examples: prefixes: re- (= back; again)   dis- (= away; apart)

roots: bio (= life)   cycl- (= circle)

suffix: -able (= with ability; possible to)

If you analyze the parts of the word *renewable*, for example, you can guess that it means "can become new again." From its parts, you can guess that the word *biodegradable* means "can become part of the earth."

Apply the Strategy	Complete the sentences. Choose from these words:
	breathable drinkable changeable livable disposable recyclable
	1. We need to clean up the water so that it will be _____.
	2. The air pollution is so bad that sometimes the air isn't _____.
	...

(출처: *Tapestry Listening & Speaking 2*, McVey Gill & Hartmann, 2000, pp. 33, 55, 204)

듣기 인지 전략 학습을 위해 듣기 활동과 함께 듣기 전략이 페이지 하단에 학습 팁으로 간략하게 교과서에 제시되는 경우가 있는데 그 예는 예시 3-28과 같다. 이는 ESL 교재들과는 달리 전략을 소개하고 적용해보는 활동으로 구성되어 있지 않고 단순히 듣기 전략을 소개하고 있다. 1번에 소개된 전략은 앞서 제시한 예시 3-26의 전략이나 예시 3-27 활동 2와 같이 핵심 내용을 파악하기 위한 전략인데 이는 들으면서 반복되거나 강세를 받는 핵심 단어를 파악하면 주제를 파악할 수 있다는 인지 전략에 대한 정보를 제공하고 있다.

〈예시 3-28〉 인지 전략 과제: 음성 및 언어 형태 단서 활용하기

1. **Finding the Main Idea**
The main idea is the topic of a conversation and what the speaker most wants to say. It is related to key words that are often repeated or stressed. Connect other information to the key words to find the main idea.
2. **Noticing Signal Words**
While listening to a speech, paying attention to signal words or transitions can help you organize the details and understand the speaker's idea better. These words usually indicate the order or the cause and effect of an issue. The expressions include: "First of all," "Next," and "Finally."
3. **Listening to Examples**
Speakers provide examples to support their main idea, so it makes it easier for you to grasp points if you pay attention to them. Examples may follow these expressions: "For example," "For instance," and "As an example."
4. **Taking Notes**
Taking notes while listening can be very helpful. Notes allow you to remember or recall what you heard later on. Just write down key words or critical ideas. Do not try to include everything in your notes.

| 5. **Preparing for a New Topic** |
| When the speaker wants to bring up a new topic, the person may use phrases like, "By the way," "Actually," "So," or "Anyway." When you hear these expressions, you can expect that the speaker might bring up a new subject. |
| 6. **Listening for Contrasts** |
| Speakers use certain expressions, such as, "however," "on the other hand," and "on the contrary," to inform you that contradicting information will follow. After these expressions, a new idea that is in conflict with the last one is usually introduced. |

(출처: 활동 1~4, *High School English I*, 이찬승, 김혜영, 윤진호, 이주연, 김지현, 김현경, 2013a, pp. 95, 121, 147, 197; 활동 5~6, *High School English II*, 이찬승, 김혜영, 윤진호, 이주연, 김지현, 김현경, 2013b, pp. 119, 145)

예시 3-28의 2, 3, 5, 6번에 소개된 전략은 모두 담화 표지어 파악을 통해 정보 구성, 예시나 반대되는 정보를 파악하는 인지 전략을 소개하고 있다. 4번은 노트 전략을 간략히 소개하고 있는데, 예시 2-2의 활동 5와 같이 노트하기 전략을 명시적으로 지도하는 것도 유용할 것이다.

들으면서 내용을 상상하거나 시각적으로 형상화해서 이해하는 전략, 들으면서 내용을 요약하거나 모국어로 번역하는 전략, 특정 표현을 따라 말하면서 듣는 전략, 노트나 사전을 활용하는 전략, 들은 표현과 유사한 표현을 떠올리면서 듣는 전략도 인지 전략들이다(표 3-2 참조). 또한 예시 3-13이나 3-14의 듣기 자료인 이야기나 뉴스를 들을 때 시각적으로 상상하면서 듣는다면 이야기나 사건의 순서를 찾기가 쉬워질 수 있으므로 들으면서 시각화하는 전략 사용을 듣기 선행 단계에서 연역적으로 학습한 후 듣기를 진행하여 학습 효과를 높이는 것도 유용할 것이다. 모국어로 번역하기 전략을 응용하여 뉴스 자료를 들을 때 모국어로 동일한 내용에 대한 뉴스를 먼저 듣고 영어로 뉴스를 들으면서 핵심 단어를 적어본다면 모국어를 활용하는 전략을 기를 수 있을 것이다.

3.2.4 사회 정의적 전략 지도

사회 정의적 전략은 교사에게 도움 요청하기, 협동하기, 긴장감 낮추기, 자신감 높이기 및 듣기 학습에 대해 느끼는 감정적 반응 기록하기 전략을 포함한다. 이러한 전략은 표 3-3에 제시된 방법을 활용하여 지도할 수 있다.

〈표 3-3〉 사회 정의적 전략과 지도 방안 (Flowerdew & Miller, 2005, pp. 78-79)

Strategy	Focus on the Learner	Focus on the Teacher
Questioning for clarification	Learners find out more about the text by asking questions.	The teacher gets learners to ask questions related to the task before, during, or after their listening to a text.
Cooperation	Learners work together to pool their comprehension.	The teacher asks learners to work in pairs or groups to discuss what they heard and find out from each other what they understand about the text.
Lowering anxiety	Learners try to relax before listening to the message.	The teacher has the learners close their eyes for one minute before beginning the listening task and asks them to think of something that makes them feel happy.
Self-encouragement	Learners develop a positive attitude toward the task and believe that it is possible for them to understand what they will hear.	The teacher asks the learners to set themselves a personal standard for the listening task. For example, "If you only understand 20% of the text, that's OK."
Taking emotional temperature	Learners realize that sometimes they will not feel happy about listening in a second language.	The teacher asks learners to keep a journal about how they feel during their listening tasks. These journals can be private, so that no one else will read them, or they may be open for the teacher and/or learners to read and comment on.

듣기 학습을 시작하기 전에 학습자들이 학습에 대한 두려움을 낮추고 다 이해하지 못하더라도 자신감을 잃지 않도록 하는 것이 중요하다는 것을 인지시키는 것이 필요하다. 이러한 정의적 전략은 특별한 연습 없이도 쉽게 적용할 수 있는 전략인데 중요한 것은 학습자 스스로 이 전략의 유용성을 인지하고 활용하는 것이다. 한편 협동하기와 같은 사회적 전략은 듣기 활동을 개별이 아닌 짝이나 집단 활동으로 구성함으로써 활용하도록 유도할 수 있다. 예시 2-2의 활동 5, 예시 3-19의 활동 3, 예시 3-23의 활동 2C, 예시 3-25의 활동 1과 3에서 짝과 함께 응답을 비교하면서 학습자가 자신이 이해하지 못하거나 잘못 이해한 부분을 파악하여 서로를 도와줄 수 있도록 지도함으로써 협동 학습 전략을 익힐 수 있을 것이다.

제4장
학교 급별 듣기 교육

우리나라 초등학교 및 중고등학교 영어 교육은 국가 교육과정에서 제시하는 성취 기준(achievement standard) 및 교수 학습 방법을 따르게 되어 있다. 교과서 역시 교육 과정에 기초하여 집필된다. 본 절에서는 최근 개정된 교육과정의 학교 급별 듣기의 성취 기준과 교수 학습 방법을 살펴보고 이를 바탕으로 한 지도 방안을 제시한다.

4.1 초등학교 영어 듣기 교육과정 및 지도

4.1.1 초등학교 영어 듣기 성취 기준 및 교수 · 학습 방법

초등학교 영어 교육은 3학년부터 시작되는데, 교육과정은 3~4학년과 5~6학년을 하나의 학년 군으로 묶어서 성취 기준을 학년 군별로 제시하고 있다. 3~4학년군은 처음 영어를 배우기 시작하므로 영어 듣기 능력의 기초가 되는 영어의 소리, 강세, 리듬, 억양을 식별하는 능력을 기르고 낱말, 어구 또는 문장 정도 길이의 구두 언어, 인사와 같은 친숙한 표현 및 한 두 문장의 지시나 설명을 듣고 이해하는 능력을 함양 하는 데 목표를 둔다. 또한 주변의 사람과 사물이나 일상생활 속 친숙한 주제에 관한 간단한 말이나 대화를 듣고 인물, 장소, 시간, 크기, 색깔 등의 세부 정보를 파악할 수 있는 능력의 함양에 목표를 두고 있다. 듣기 자료의 길이는 1~2문장이나 1~2번 주고 받는 대화 수준이다. 5~6학년군의 성취 기준은 그림과 도표에 대한 세부 정보를 파악하기뿐만 아니라 중심 내용 즉 줄거리, 목적 및 일의 순서를 파악하는 능력을 함양하는 것을 포함하고 있다(교육부, 2015a). 3~4학년 군에 비해 듣기 자료가 약간 더 길어지고 주제 통제가 완화된다.

3~4학년 듣기 성취 기준

- 알파벳과 낱말의 소리를 듣고 식별할 수 있다.
- 낱말, 어구, 문장을 듣고 강세, 리듬, 억양을 식별할 수 있다.
- 기초적인 낱말, 어구, 문장을 듣고 의미를 이해할 수 있다.
- 쉽고 친숙한 표현을 듣고 의미를 이해할 수 있다.
- 한두 문장의 쉽고 간단한 지시나 설명을 듣고 이해할 수 있다.
- 주변의 사물과 사람에 관한 쉽고 간단한 말이나 대화를 듣고 세부 정보를 파악할 수 있다.
- 주변의 사물과 사람에 관한 쉽고 간단한 말이나 대화를 듣고 모습, 크기, 색깔 등의 세부 정보를 파악할 수 있다.
- 일상생활 속의 친숙한 주제에 관한 쉽고 간단한 말이나 대화를 듣고 세부정보를 파악할 수 있다.

5~6학년 듣기 성취 기준

- 두세 개의 연속된 지시나 설명을 듣고 이해할 수 있다.
- 일상생활 속의 친숙한 주제에 관한 간단한 말이나 대화를 듣고 세부 정보를 파악할 수 있다.
- 그림이나 도표에 대한 쉽고 간단한 말이나 대화를 듣고 세부 정보를 파악할 수 있다.
- 대상을 비교하는 쉽고 간단한 말이나 대화를 듣고 세부 정보를 파악할 수 있다.
- 쉽고 간단한 말이나 대화를 듣고 줄거리를 파악할 수 있다.
- 쉽고 간단한 말이나 대화를 듣고 목적을 파악할 수 있다.
- 쉽고 간단한 말이나 대화를 듣고 일의 순서를 파악할 수 있다.

교육과정에 제시된 초등학교 영어 듣기의 교수 학습 방법과 유의 사항은 다음과 같다. 3~4학년군은 교실이나 주변에서 쉽게 접하는 사물을 활용하여 이미 인지적으로 친숙한 표현을 영어로 학습하는 것을 강조하고 있으며 그림이나 행동을 활용하여 말하기, 읽기 및 쓰기 능력에 의존하지 않고 듣기 학습을 하는 것을 지향하고 있다. 또한 초등학생들의 특징을 고려하여 대화뿐만 아니라 노래와 챈트를 통한 학습도 강조하고 있다. 5~6학년군도 실물, 그림 및 행동을 활용한 듣기 학습을 지향한다. 한편 3~4학년 군과는 달리 선험 지식 이론을 바탕으로 한 듣기 전, 듣기 중, 듣기 후의 듣기 단계별 학습과 성취 기준에 포함된 간단한 추론적 이해 능력의 함양을 위한 지도를 강조하고 있다(교육부, 2015a).

3~4학년 듣기 교수 학습 방법

- 알파벳 소리를 지도할 때에는 친숙한 낱말 및 다양한 듣기 자료를 통해 알파벳의 소리를 자연스럽게 식별할 수 있도록 지도한다.
- 노래, 챈트, 대화 등의 듣기 자료를 통해 영어의 다양한 강세, 리듬, 억양을 자연스럽게 익힐 수 있도록 지도한다.
- 실물, 그림, 동작 등을 활용하여 낱말, 어구, 문장의 의미를 추측하거나 파악하게 한다. 특히 학습 초기에는 교실 및 주변에서 쉽게 접하는 사물의 이름, 가족 호칭, 인사말 등의 낱말, 어구, 문장을 이해할 수 있도록 지도한다.
- 쉽고 친숙한 표현을 상황과 함께 제시하여 이해를 돕고, 필요한 경우 다양한 멀티미디어 자료를 활용하여 자연스럽고 흥미로운 학습이 이루어지게 한다.
- 교실 내의 여러 가지 실물을 이용하여 다양한 지시나 설명을 하고, 학습자가 듣고 이해한 것을 얼굴 표정, 자세, 동작 등을 이용하여 표현할 수 있도록 지도한다.
- 영어 학습에 대한 흥미와 자신감을 부여할 수 있도록 듣고 행동으로 반응하기, 듣고 지시대로 행동하기 등 듣고 이해한 정도를 여러 가지 과업 수행으로 나타낼 수 있도록 지도한다.

5~6학년 듣기 교수 학습 방법

- 대화가 일어나는 상황, 전후 관계, 배경지식 등을 활용하여 의미를 파악하도록 지도하고 듣기 전 활동, 듣기 중 활동, 듣기 후 활동으로 나누어 단계별로 지도한다.
- 연속된 두세 개의 지시나 설명을 들은 뒤 순서에 맞게 동작으로 나타내고 실물, 그림, 인형 등을 이용하여 이해한 것을 표현하게 지도한다.
- 영어 학습에 대한 흥미와 자신감을 가질 수 있도록 듣고 행동으로 반응하기, 듣고 지시대로 행동하기 등 듣고 이해한 정도를 다양한 과업 수행하기로 나타내도록 지도

한다.

- 간단한 말이나 대화를 듣고 내용을 이해하는 데 도움이 되는 인물, 행동, 장소, 시간, 감정 등 세부 정보를 파악하도록 지도한다.
- 비교 표현이 사용된 말이나 대화를 듣고 알맞은 그림에 표시하기, 그림 그리기, 번호쓰기, 순서 정하기 등의 다양한 활동을 통해 비교하는 표현을 익힐 수 있도록 지도한다.
- 말이나 대화를 듣고 상황을 파악한 뒤, 주요 낱말 및 배경지식 등을 활용하여 그림이나 도표에 담긴 세부 정보를 파악하도록 지도한다.
- 대상을 비교하는 표현이 담긴 말이나 대화를 듣고 알맞은 그림 찾기, 틀린 부분 표시하기, 그림을 그리거나 번호 표시하기 등의 다양한 방법으로 지도한다.
- 말이나 대화를 듣고 겉으로 드러나는 세부 정보, 줄거리, 목적, 일이 일어난 순서 파악하기 및 내용에 나오지 않는 장소나 인물을 추측하기 등으로 발전시킬 수 있도록 지도한다.

초등 영어는 영어 학습을 시작하는 시기이므로 학생들이 듣기에 대한 흥미와 자신감을 잃지 않고 학습을 지속적으로 이어가는 정의적 측면이 아주 중요하다. 이에 듣기 지도는 음성 언어 식별, 세부 정보 파악 및 추론의 인지적 측면의 학습뿐만 아니라 학습 동기 및 자신감을 잃지 않도록 지도하는 정의적 측면을 특히 강조한다. 또한 학생들의 영어 능숙도 및 연령대를 고려하여 듣고 행동하기, 그림에 표시하기 등 듣고 이해한 내용을 비언어적으로 보여주는 응답 형태를 지향한다.

4.1.2 초등학교 영어 듣기 지도 방안

초등학교 3학년에서 6학년 학생들을 대상으로 많이 사용되는 활동은 다음과 같은 그림 보면서 듣기, 듣고 행동하기, 듣고 표시하기, 듣고 선택하기 등이다. 학생들의 영어 수준과 인지적 및 정의적 측면을 고려하여 몸짓, 행동, 그림, 숫자 등 비언어적 응답을 요구하는 활동을 주로 활용한다.

- look and listen; look, listen, and say
- listen and do (e.g., TPR, listen and act)
- listen and point; listen and check; listen and choose
- listen and mark; listen and match

- listen and color; listen and draw
- listen and order
- listen and play (e.g., play a game)
- listen and repeat
- listen, read and connect
- listen and write
- chant
- sing

보고 듣기는 먼저 그림을 보면서 들을 내용에 대한 예측과 준비를 할 수 있고 시각적 단서가 듣는 내용에 대한 이해를 도와줄 수 있어서 영어 능력이 부족한 초등학생들에게 적절한 활동이다. 듣고 카드나 사물 가리키기, 듣고 그림 카드 선택하기, 듣고 색칠하기, 듣고 그림 카드 순서 맞게 배열하기 모두 비언어적 응답을 요구하므로 학습 부담을 줄일 수 있어서 초등학생들에게 난이도 측면에서 유용한 활동이며 게임 형식으로 활동을 구성할 수도 있어서 학생들의 학습 참여도 및 흥미도를 높일 수 있는 좋은 활동이다.

듣고 행동하기는 전신반응기법(TPR)을 사용하여 명령문을 듣고 행동하기 유형으로 많이 활용된다. 간단한 문장을 듣고 이해하는 학습을 하는 데 유용한 방법인데, 다양한 동사를 사용해서 교실 수업에서 쉽게 사용할 수 있으며 3.1.2절에서 언급한 "Simon says"와 같은 게임 형식으로도 응용해서 활용할 수 있다. 듣고 행동하기는 또한 듣고 표에 표시하기, 그림 그리기, 카드 선택하기, 카드 배열하기 등 여러 다른 유형의 비언어적 행위로 옮겨지는 정보전이 활동으로도 활용이 가능하다. 예를 들어서 예시 4-1과같이 간단한 문장이나 대화를 듣고 이해한 세부 정보를 표에 동그라미나 체크 표시하는 활동이다. 듣기 자료에 따라서는 표를 그림으로 대체해서 그림에 표시하도록 구성할 수도 있다. 아울러 5~6학년에서 이러한 활동을 사용한다면 듣기 선행단계에서 표에 제시된 그림을 보면서 어떤 운동에 대한 대화인지를 먼저 추측해보면서 학생들이 운동에 대해 알고 있는 배경지식을 상기시키고 영어로 해당 운동에 대해 아는 단어가 있다면 생각해보게 함으로써 듣기 단계를 준비하도록 도와줄 수 있을 것이다. 듣기 후행 단계에서는 짝과 함께 또는 소집단으로 대화에서 언급된 운동 중 좋아하는 운동을 말해보고 운동을 같이 할 약속을 해보는 말하기 활동으로 함으로써 대화에서 들은 표현을 사용해보는 기회를 제공할 수 있을 것이다.

〈예시 4-1〉 초등학교 영어 듣기 활동: 듣고 표시하기

Listen and Check 대화를 듣고 인호, 수미, Tom이 친구와 함께 하기로 한 운동에 ○표 하세요.

　　들고 게임하기는 초등 영어에서 다양한 형태로 활용된다. 영어 낱말을 듣고 일치하는 카드를 빨리 찾기와 같이 아주 간단한 게임부터 문장이나 대화 나누기 수준의 정보차 (information gap) 메우기 게임이나 빙고 게임 등 다양한 유형으로 여러 의사소통 기능과 언어 형태 듣기 학습과 세부 정보 이해하기 학습에 사용할 수 있다. 예시 4-2는 초등학교 5학년 교과서 활동을 응용한 짝이나 모둠 활동용 집 완성하기 게임인데, 듣고 가구나 전자 제품 물건 카드를 집에 올바르게 배치하는 팀이 이기는 게임이다. 활동 1과 같이 듣기 이전 단계에서 그림과 카드를 보고 집과 가구를 표현하는 영어 단어를 생각해 보거나 배경지식을 떠올려봄으로써 게임을 이해하고 듣기 준비를 한 후 게임을 진행하고 게임 이후에는 듣기 자료에서 학습한 표현을 가지고 팀별로 가구나 전자 제품을 원하는 대로 다시 배치하는 대화를 나눔으로써 집과 관련된 영어 단어와 단원에서 학습해야 하는 목표 언어 표현을 사용해보는 활동을 통해 학습 효과를 높일 수

있다. 5~6학년 성취 기준은 간단히 추론하기도 포함이 되므로 이 활동을 응용하여 특정 방에 배치된 가구만 말한 후 어느 방인지 파악하게 한다면 추론하기 학습을 위해서도 사용할 수 있다. 이러한 듣기 활동은 해당 단원에서 학습해야 하는 듣기 성취 기준, 의사소통 기능 및 언어 형태에 따라 응용해서 다양한 목적을 위해 활용할 수 있을 것이다.

〈예시 4-2〉 초등학교 교과서 듣기 활동: 듣고 게임하기

Listen and Play   집 완성하기 게임

1. 집 그림과 가구와 전자 제품 카드 세트를 모둠별로 하나씩 가지세요. 집 그림에는 어떤 방들이 있나요? 가구와 전자 제품 카드에는 무엇이 그려져 있나요? 어느 방에 있는 물건들일까요? 추측해보세요.

2. 선생님의 말을 잘 듣고 어느 방에 무엇이 있는지 카드를 적절하게 집 그림 위에 배치하세요. 모든 물건을 정확하게 배치한 팀이 이깁니다.

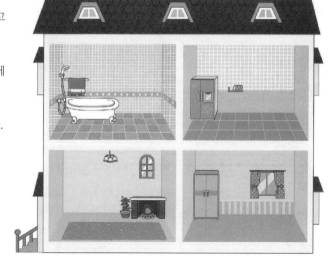

3. 집 그림을 가지고 팀별로 다음 표현을 사용하여 물건을 놓고 싶은 방에 재배치해보세요.

   There is ...
   There are ...

(참조: *Elementary School English 5*, 함순애 등, 2015a, 부록 p. 29)

듣고 따라 말하기도 초등 영어 듣기 지도에 많이 사용되는 활동인데, 단어, 어구, 문장 등 언어 단위 길이를 학생들 수준에 맞게 선택하여 난이도를 조절할 수 있다.

이미 모국어로 아는 표현을 듣고 따라하는 활동으로 구성하여 영어로 새로운 의미를 학습해야 하는 인지적 부담을 줄이는 것이 좋다. 챈트와 노래 듣고 따라 부르기 활동도 일종의 듣고 따라 말하기로 볼 수 있는데, 영어 리듬, 강세, 억양을 익히고 식별할 수 있도록 도와줄 수 있는 유용한 활동이다. 예시 4-3 활동 1과 2와 같이 학년이 올라가면서 내용에 맞게 동작을 하면서 부르거나 게임으로 응용한다면 내용 이해 능력도 함께 향상시킬 수 있을 것이다. 이는 노래와 챈트를 활용한 영어 학습 교재에 제시된 악보(Graham & Procter, 1998, p. 12)를 활용한 활동이다.

〈예시 4-3〉 초등학교 영어 듣기 활동: 동작과 함께 노래 따라 부르기

초등 영어 듣기 활동도 예시 4-4와 예시 4-5와 같이 간단히 읽고 쓰는 난이도가 높지 않은 문자 언어 능력이 요구된다면 읽기 및 쓰기와 통합된 활동으로 구성할 수 있을 것이다. 2015 개정 교육과정을 바탕으로 출판된 초등 영어 교과서는 기존 2009 개정 교육과정 교과서에 비해 문자 언어와 통합된 듣기 활동이 더 많은 편이다.

〈예시 4-4〉 초등학교 교과서 듣기 활동: 듣고 문장과 그림 연결하기

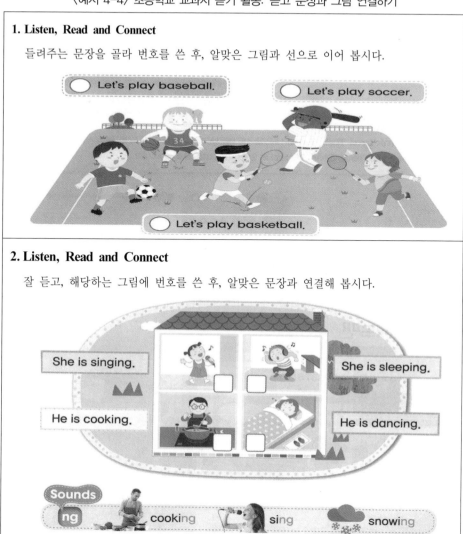

1. Listen, Read and Connect

들려주는 문장을 골라 번호를 쓴 후, 알맞은 그림과 선으로 이어 봅시다.

Let's play baseball.

Let's play soccer.

Let's play basketball.

2. Listen, Read and Connect

잘 듣고, 해당하는 그림에 번호를 쓴 후, 알맞은 문장과 연결해 봅시다.

She is singing.

She is sleeping.

He is cooking.

He is dancing.

Sounds
ng   cooking   sing   snowing

(출처: *Elementary School English 4*, 함순애 등, 2018, pp. 22, 105)

예시 4-4의 활동 1~2와 같이 듣고 문장을 찾아 그림과 연결하는 활동을 사용하면 듣기를 읽기와 통합하여 구두 언어와 문자 언어 정보를 연결하는 학습을 할 수 있다. 예시 4-5의 활동 1~2와 같이 듣고 주어진 철자 단서를 바탕으로 해당하는 단어를 쓰거나 듣고 해당하는 단어를 주어진 목록에서 찾아 빈칸에 쓰는 듣기, 읽기 및 쓰기가 통합된 활동도 고안할 수 있다. 예시와 같이 쓰는 공간을 4줄 공책 형태로 주면 영어 알파벳 쓰기를 연습할 기회도 제공할 수 있다. 또한 예시 4-4의 활동 2와 예시

4-5의 활동 1~2의 마지막 부분에 학생들이 들은 발음 중 하나를 선택하여 영어 발음과 철자를 학습하는 후속 활동을 포함시킨다면 초등 영어 듣기 성취 기준 중 하나인 알파벳과 낱말의 소리를 듣고 식별하는 능력의 함양에 도움이 될 것이다.

〈예시 4-5〉 초등학교 교과서 듣기 활동: 듣고 쓰기

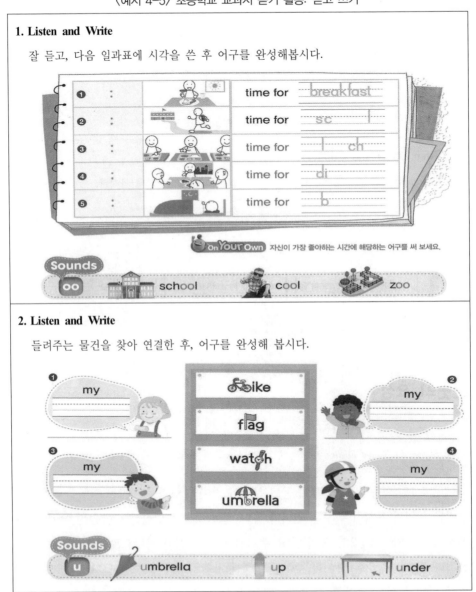

(출처: *Elementary School English 4*, 함순애 등, 2018, pp. 67, 83)

초등 영어 듣기 지도는 교육과정에서 강조하듯이 학생들의 정의적 측면을 고려하여 자신감과 흥미를 잃지 않도록 지도하는 것이 중요하다. 또한 학생들의 연령, 인지적 능력 수준 및 영어 수준에 적절한 활동을 선택해서 지도하는 것도 중요하다.

4.2 중학교 영어 듣기 교육과정 및 지도

4.2.1 중학교 영어 듣기 성취 기준 및 교수 · 학습 방법

중학교 영어 교육과정은 1~3학년을 하나의 학년 군으로 묶어서 성취 기준과 교수학습 방법을 다음과 같이 제시하고 있다. 분절 음소 식별하기나 낱말 단위의 듣기부터 포함되는 초등 영어와 달리 문장 이상의 말이나 대화를 듣는 학습으로 구성되어 좀 더 초분절 음소 식별에 초점이 맞추어져 있다. 영어 원어민이 연결하여 발음하는 소리나 축약하여 발화하는 소리가 우리나라 학생들의 음성 언어 이해에 장애가 되는 주요 요인이기 때문이다. 또한 화자의 심정, 태도 및 의도, 대화 상황, 일이나 사건의 전후를 파악하는 추론적 이해 학습의 비중이 더 크다. 또한 난이도 측면에서 주제가 좀 더 확대되어 일상생활뿐만 아니라 친숙한 일반적 주제에 관한 말 혹은 대화가 듣기 자료가 된다.

중학교 듣기 성취 기준

- 어구나 문장을 듣고, 연음, 축약된 소리를 식별할 수 있다.
- 일상생활 관련 대상이나 친숙한 일반적 주제에 관한 말이나 대화를 듣고 세부 정보를 파악할 수 있다.
- 일상생활이나 친숙한 일반적 주제에 관한 그림, 사진, 또는 도표에 관한 말이나 대화를 듣고 세부 정보를 파악할 수 있다.
- 일상생활이나 친숙한 일반적 주제에 관한 말이나 대화를 듣고 줄거리, 주제, 요지를 파악할 수 있다.
- 일상생활이나 친숙한 일반적 주제에 관한 말이나 대화를 듣고 화자의 심정이나 태도를 추론할 수 있다.
- 일상생활이나 친숙한 일반적 주제에 관한 말이나 대화를 듣고 화자의 의도나 목적을 추론할 수 있다.

- 일상생활이나 친숙한 일반적 주제에 관한 말이나 대화를 듣고 일이나 사건의 순서, 전후 관계를 추론할 수 있다.
- 일상생활이나 친숙한 일반적 주제에 관한 말이나 대화를 듣고 일이나 사건의 원인과 결과를 추론할 수 있다.
- 일상생활이나 친숙한 일반적 주제에 관한 말이나 대화를 듣고 상황 및 화자 간의 관계를 추론할 수 있다. (교육부, 2015b)

중학교 듣기 교수 학습 방법 및 유의 사항

- 영어의 다양한 리듬, 강세, 억양, 어구나 문장의 연음, 축약 등을 인식하도록 지도한다.
- 말이나 대화가 일어나는 상황, 문맥, 배경지식 등을 활용하여 의미를 파악하도록 지도한다.
- 효율적 듣기 활동을 위해 듣기 전, 중, 후 활동으로 나누어 단계별로 지도한다.
- 본격적인 듣기 활동에 앞서 해당 주제에 관한 배경지식 활성화를 위한 듣기 전 활동을 다양한 방법으로 실시함으로써 학습 참여에 대한 동기를 유발한다.
- 본격적인 듣기 활동에서는 세부 정보 찾기, 빈칸 채우기, 잘못된 정보 알아내기, 그림 배열하기 등과 같은 다양한 기법을 통해 학습자들의 적극적인 수업 참여를 유도한다.
- 듣기 후 활동에서는 역할 놀이나 모방하기 등을 통하여 듣기 활동에서 학습한 내용에 대한 이해를 강화한다. (교육부, 2015b)

다양한 듣기 이전, 중, 이후 활동을 활용한 학습을 권장한다. 노래나 챈트를 통한 학습은 포함되지 않지만, 초등 영어와 같이 학습자가 흥미나 학습 동기를 잃지 않도록 지도하는 것을 강조하고 있다.

4.2.2 중학교 영어 듣기 지도 방안

중학교 영어 듣기 지도 방안을 선택하고 개발할 때 다음과 같은 지도의 기본 원리와 유의 사항을 참조한다. 이는 초등 및 고등학교 영어 듣기 지도에도 기본적으로 적용할 수 있는 원리이며 2~3장에서 언급한 듣기 지도의 기본 방향과 지도 방안에 기초한 것이다.

- 듣기 학습에 대한 자신감과 학습 동기를 유지할 수 있도록 듣기 활동의 난이도는

80% 정도 이상 학생들이 성공적으로 수행할 수 있는 수준으로 한다.

- 듣기 학습은 듣기 이전, 중, 이후 활동의 세 단계로 진행하며, 학습자의 영어 능숙도 및 듣기 수준에 따라 활동 유형 및 난이도를 차별화한다. 듣기 선행 단계에서는 배경 정보의 제공 및 유형과 양, 듣기 중 단계에서는 요구되는 응답 유형, 듣기 후행 단계에서는 인지적 부담과 언어 산출량의 조정을 통해 난이도를 조절한다.
- 상향식 및 하향식 듣기가 균형적으로 이루어지도록 활동을 구성하여 학습자가 음성 언어 처리 능력과 선험 지식 활용 능력을 균형 있게 함양할 수 있도록 한다.
- 전반적인 이해에서 세부적인 이해로 활동을 구성하여 전체적인 주제 파악을 통해 배경지식을 활성화시키고 이를 기초로 좀 더 자세한 내용을 이해할 수 있도록 한다.
- 정상 속도로 녹음된 원어민 자료를 활용하여 자연스러운 영어 음성 언어 자료에서의 억양, 강세, 연음, 축약된 소리에 익숙해지고 문자로 학습한 단어의 발음을 익힐 수 있도록 지도한다.
- 듣기 학습 목적과 자료 유형에 따라 적절한 듣기 기술과 전략을 익히고 사용할 수 있도록 활동을 구성한다.
- 실제 생활에서 수행하는 과제로 활동을 고안하여 수업 활동과 실생활 상황에서의 듣기 활동의 차이를 줄인다.
- 듣기의 양을 늘리는 것이 중요하므로 교실 밖에서 학생들이 확장적 듣기(extensive listening)를 할 기회를 제공한다. 스스로 듣기 자료를 선택해서 듣고 자신이 이해한 정도를 자가 평가해보는 기회를 제공하여 자기 주도적 학습을 할 수 있도록 지도한다.
- 듣기 활동은 주로 학생 개별 활동으로 진행되는 경우가 많으나 짝이나 모둠 활동도 고안하여 활동 구성원들과 들은 내용을 공유하고 내용 이해를 위해 서로 도와주는 협동 학습을 할 기회를 제공한다. (최연희 등, 2018b)

중학교 듣기 수업의 듣기 선행 단계 지도에서는 주로 그림을 보고 주제 및 상황 추측하기나 듣기 자료에서 사용될 언어 표현 추측하기 또는 핵심 어휘 살펴보기 등 학생들의 내용적 및 형식적 선험 지식의 활성화와 보강을 위한 활동들이 주로 사용된다.

- look and guess
- watch and think
- look and say

그 예는 중학교 교과서 듣기 선행 단계 활동인 예시 4-6의 활동 1~5와 같다. 주로 그림을 보고 주제 및 상황 추측하기나 듣기 자료에서 사용될 언어 표현 추측하기 또는 핵심 어휘 살펴보기 등 학생들의 내용적 및 형식적 선험 지식의 활성화와 보강을 위한 활동들이 사용된다. 특히 활동 2는 그림 자료뿐만 아니라 CD에 비디오 자료가 제공되어 주어진 상황에서 고양이 Tom의 질문에 학생들이 영어로 답해봄으로써 듣기 자료에 포함될 단원의 학습 목표 의사소통 기능과 표현을 예측해보도록 유도할 뿐만 아니라 만화 동영상 자료를 봄으로써 학습 동기도 높이는 역할을 할 수 있다.

〈예시 4-6〉 중학교 교과서 듣기 선행 활동 예시

4. Look and Guess 만화를 보고, 빈 말풍선에 들어갈 엄마의 말을 추측해 봅시다.

5. Look and Say 그림을 보고 건물 안에 무엇이 있는지 말해 봅시다.

(출처: 활동 1, *Middle School English 3*, 이병민 등, 2013c, p. 159; 활동 2, *Middle School English 1*, 최연희 등, 2018a, p. 85; 활동 3, *Middle School English 2*, 김성곤 등, 2013b, p. 28; 활동 4~5, *Middle School English 1*, 이재영 등, 2018a, pp. 13, 67)

중학교 영어 듣기 단계 활동으로는 다음과 같은 활동 유형이 많이 활용된다. 구두 언어 자료를 듣고 시각적 자료에 응답 표시하기, 주어진 청해 질문에 답하기, 듣고 역할극이나 게임하기 등의 활동이다. 요약하기나 문자 언어로 응답이 요구되는 활동 도 활용되지만 듣기 단계 활동은 앞서 3.1.2절에서 논의한 바와 같이 듣기에 학생들 이 집중할 수 있도록 인지적으로 복잡하거나 문자 언어로의 응답이 요구되는 활동의 사용은 지양하는 것이 바람직하다.

- listen and find; listen and check; listen and choose the right picture with the correct words
- listen and match
- listen and number; listen and order

- listen and draw; listen and complete a picture
- listen and do (e.g., TPR, "Simon says" game); listen and act
- listen and answer the questions
- listen and complete a table or chart with specific words
- listen and say; listen and say the answers
- listen and role play
- listen and correct mistakes or the words
- listen and complete; listen and write; listen and fill in the blanks; listen and summarize
- listen and play (e.g., bingo games, board games)

중학교 교과서의 듣기 활동인 예시 4-7의 활동 1~8과 같이 듣고 그림에서 선택하거나 주어진 그림들 중 선택하기, 들은 순서대로 번호 쓰기, 듣고 그림 그리기나 완성하기, 지도에 장소 이름 써넣기, 듣고 행동하기 등은 듣기 이외의 다른 언어 기능을 요구하지 않으므로 듣기에만 집중할 수 있고 중학교 학습자에게 적절한 난이도 수준의 활동이라서 많이 활용된다. 이러한 활동들은 앞서 4.2.1절에 제시한 성취기준에서 말이나 대화를 듣고 주제 파악하기, 일의 순서 파악하기, 세부 정보 파악하기, 화자나 상황 추론하기 등의 듣기 능력 함양을 위해 사용된다.

〈예시 4-7〉 중학교 교과서 듣기 단계 활동: 그림, 지도 등 시각 자료를 활용한 활동

1. **Listen and Check**　What will the boy do this Sunday?

2. **Listen and Circle**　Which is the girl's cat?

3. Listen and Check What did the girl order?

Lunch Menu
- Spaghetti
- Salads
- Drinks

☐ Meatball spaghetti ☐ Green salad ☐ Apple juice
☐ Seafood spaghetti ☐ Chicken salad ☐ Orange juice

4. Listen and Number Number the picture that matches each dialog.

5. Listen and Match

Match each dialog with the situation in the picture above.
1. ○   2. ○   3. ○   4 ○

6. Listen and Draw   What's the weather like in each city? Draw the weather on the map.

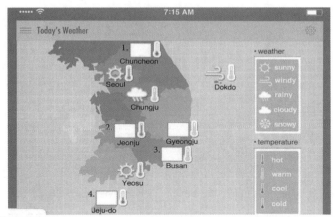

7. Listen and Order   Put the pictures in order.

8. Listen and Write   Find the bank and the museum. Write them on the map.

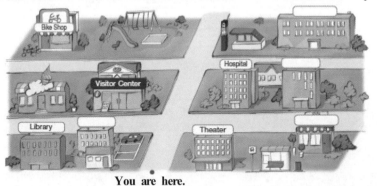

(출처: 활동 1, *Middle School English 3*, 김성곤 등, 2013c, p. 66; 활동 2, *Middle School English 1*, 이병민 등, 2018, p. 45; 활동 3, 8, *Middle School English 1*, 최연희 등, 2018a, pp. 48, 85; 활동 4, 7, *Middle School English 2*, 김성곤 등, 2013b, pp. 28, 156; 활동 5~6, *Middle School English 1*, 윤정미 등, 2018, pp. 44, 78)

듣기 단계 활동은 듣고 표나 그림 완성하기, 듣고 빙고나 보드 게임하기, 듣고 질문에 구두로 답하기, 듣고 빈칸 완성하기, 듣고 요약하기 등과 같이 듣기와 말하기,

읽기 또는 쓰기 기능을 통합하는 활동으로 구성할 수도 있는데, 듣기 과정에 학생들이 집중할 수 있도록 난이도가 높지 않게 고안하는 것이 필요하다. 예시 4-8의 활동 1~3은 읽기와 통합된 듣기 활동으로 들으면서 주어진 문장과 해당 정보들을 연결하는 활동과 들으면서 주어진 자료의 영어 표현에서 틀린 정보를 찾아서 고치거나 들은 내용에 맞게 단어를 선택하는 활동이다. 활동 4~5는 말하기와 통합된 활동으로 활동 4는 듣고 해당 단어를 선택한 후 승차권 발매 절차를 구두로 다시 말해보는 것이며 활동 5는 듣고 질문에 영어로 구두로 답하는 활동이다. 한편 활동 6~7은 빈칸에 정보를 영어로 완성하는 쓰기와 통합된 활동이다. 이 활동들은 중학교 듣기 성취기준의 말이나 대화를 듣고 주제나 세부 정보 파악하기 능력 함양을 위한 것으로서, 특히 활동 2와 4는 그림, 사진, 또는 도표에 관한 말이나 대화를 듣고 세부 정보를 파악하는 능력을 길러주는 활동이다. 듣기 이외에 말하기, 읽기, 쓰기 능력이 요구되므로 듣기에 학생들이 집중하는 것을 방해하지 않도록 난이도가 높지 않게 활동을 고안하는 것이 타당하다. 예를 들어, 영어로 말하거나 읽거나 써야 하는 양을 활동 목적이나 학습자 수준에 맞추어 적절히 조절하는 것이 바람직하다(2.3.5절과 3.1.2절 참조).

〈예시 4-8〉 중학교 교과서 듣기 단계 활동: 말하기, 읽기 및 쓰기와 통합된 활동

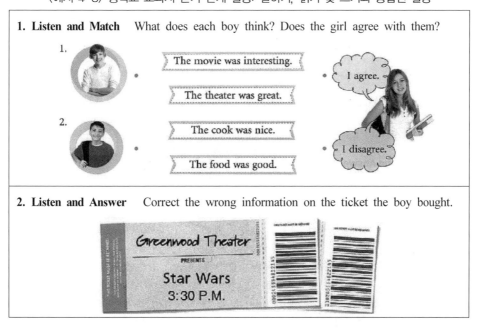

3. Listen and correct the mistakes.

> The girl took a picture for a contest. She thought her picture was good
> enough for the contest. The boy cheered her up.

4. Listen and say.   대화를 듣고 승차권 발매기 사용법을 완성한 후, 말로 표현해 보세요.

First, insert your money.

Second, choose the (time / place) you want to (leave / go to).

Finally, press the (red / blue) button.

5. Listen and say.

여학생이 학교 축제에서
무엇을 할지 말해 봅시다.

6. Listen and complete.   두 사람이 본 표지판을 완성해 봅시다.

7. Listen and fill in the blank.

> The   boy   did   two   things   for   the   girl.   First,   he   showed   her
> _____   to   the   Art   Center.   Second,   he   let   her   use
> _____.

8. Complete the news below.

DAILY NEWS

There was a fire at the _____,
and a firefighter saved a(n) _____ in
the restroom.

9. Complete the information about the moon in the dialogue.

(1) It looks _____
than other full moons.

(2) It is closer to
the _____
than other moons.

(출처: 활동 1, *Middle School English 2*, 김성곤 등, 2013b, p. 77; 활동 2, *Middle School English 3*, 김성곤 등, 2013c, p. 120; 활동 3~4, 7, *Middle School English 3*, 이재영 등, 2013c, pp. 49, 69, 68; 활동 5~6, *Middle School English 1*, 이재영 등, 2018a, pp. 109, 29; 활동 8~9, *Middle School English 1*, 최연희 등, 2018a, pp. 122, 140)

　　빙고나 보드 게임 등과 같이 듣기 중 활동을 게임 형태로 고안할 수도 있는데, 이러한 활동은 학생들의 학습 참여도를 높이는 데 유용하다. 예를 들어서 9가지 음식이나 옷 종류를 가로 세로 3칸 총 9칸 그림 판에 임의적으로 다양하게 배열한 빙고판을 제작하여 학생들에게 나누어준 후 좋아하는 음식을 묻고 답하는 대화를 들으면서 화자가 좋아한다고 한 음식을 찾는 빙고 게임을 고안하여 사용하면 학생들의 듣기 집중력을 높일 수 있을 것이다. 교과서 단원의 의사소통 기능이나 학습자 수준에 따라 빙고 판을 다양하게 제작하여 활용할 수 있으며 또한 그림 대신 문자 언어로 빙고 판을 제작하여 난이도를 높일 수도 있다.

　　듣기 후행 단계에서는 듣기 자료를 다시 들으면서 좀 더 복잡한 과정이 요구되는 듣기 활동이 활용된다(3.1.3절 참조). 듣기 이해도 점검이나 추론적 이해 활동과 같이 듣기와 직접 관련된 활동도 이루어지지만 듣기 자료를 바탕으로 대화 나누기나 역할극 하기와 같이 말하기 활동으로 또는 들은 자료를 요약하기와 같이 쓰기 활동으로 구성되기도 한다.

- listen and find; listen and check
- listen and say
- listen and complete; listen and write; listen and fill in the blanks; listen and summarize
- look and talk; choose and talk; think and talk; role play; make a dialogue; talk and complete

- leave a message; choose and report; complete and present
- work on pronunciation

    듣기 자료를 두 번째 들으면서 좀 더 복잡한 응답이 요구되는 활동을 수행하는 것은 듣기 후행 활동으로 볼 수 있는데, 우리나라 영어 교과서들은 이러한 활동을 듣기 중 활동으로 분류하는 경향이 있다. 예를 들어서 예시 4-9의 활동 1~3과 같이 자료를 다시 들으면서 주어진 문장이나 글을 완성하거나 들은 내용을 바탕으로 추론하여 짝과 함께 대화를 나누거나 또는 주어진 그림에 들은 대로 특정 장소에 가는 길을 표시하는 활동이다. 이 활동들 전에 수행되는 듣기 단계 활동들은 듣고 그림 선택하기와 같이 말하기나 쓰기 능력을 요구하지 않거나 쓰기 능력을 요구해도 표지판 완성할 단어 하나 적어 넣기 등과 같이 써야 하는 영어 표현의 양이 적고 난이도가 낮은 활동이다. 반면 두 번째 듣기, 또는 듣기 후행 활동은 좀 더 추론적 이해를 요구하거나 자료 이해를 바탕으로 말하기나 쓰기 또는 들은 자료를 지도에 표시하기와 같은 비언어적 정보로 전이하는 행위를 요구하여 난이도가 좀 더 높은 활동들이라고 볼 수 있다.

〈예시 4-9〉 중학교 교과서 듣기 후행 활동 예시

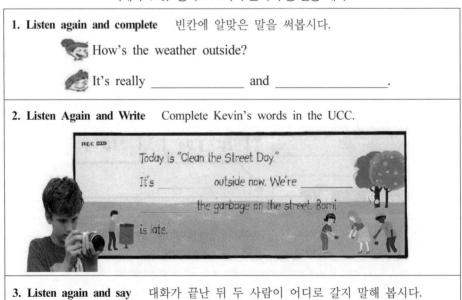

1. **Listen again and complete**   빈칸에 알맞은 말을 써봅시다.

How's the weather outside?

It's really _____ and _____.

2. **Listen Again and Write**   Complete Kevin's words in the UCC.

REC ▭▭▭

Today is "Clean the Street Day."

It's _____ outside now. We're _____

_____ the garbage on the street. Bomi

is late.

3. **Listen again and say**   대화가 끝난 뒤 두 사람이 어디로 갈지 말해 봅시다.

4. Listen again and say

축제 참가 안내를 보며
여학생이 남학생에게
제안하는 활동을
말해 봅시다.

I think you should
_____ .

<table>
<tr><td colspan="2">Be part of Fall Festival!</td></tr>
</table>

Be part of Fall Festival!

1. You can be on stage.
   - sing
   - dance
   - play the guitar
2. You can volunteer at a food booth.
3. You can guide visitors.

   Come to Classroom 302
   at 4 p.m. on Sep. 20.

5. Listen Again and Complete   Draw the way to the Hanok Village.

How to get to the Hanok Village.

(출처: 활동 1, 3~4, *Middle School English 1*, 이재영 등, 2018a, pp. 13, 29, 109; 활동 2, *5 Middle School English 3*, 이병민 등, 2013c, pp. 63, 159)

중학교 교과서 듣기 후행 활동은 듣기보다는 말하기 활동으로 구성되어 있는 경우
가 많다. 중학교 1학년 교과서 활동인 예시 4-10과 같이 말하기 이전에 듣기 활동이
수행되는데 이 활동들은 말하기 선행 활동이라고 볼 수 있는 경우이다. 예시 4-10의
활동은 듣기보다는 말하기 활동 중심으로 구성된 것인데, 말하기 활동 전에 듣기
선행, 듣기 중, 듣기 후행 단계 활동이 먼저 이루어진 후에 이를 바탕으로 말하기
활동을 수행하도록 고안되어 있다. 듣기 선행 단계에서 화자와 발화 내용을 추측해보
고 듣기 단계에서 화자가 누구인지 영어로 주어진 문장에 써 넣은 후 다시 들으면서
대화에서 언급된 소년이 무엇을 하고 있는지 좀 더 세부적인 정보를 그림에서 찾아
보고 마지막으로 들은 자료와 유사한 상황의 친구 사진을 가지고 친구들이 무엇을
하고 있는지 말해 보는 활동으로 이어진다. 이와 같이 중학교 영어 교과서는 듣기
후행 단계가 듣기 단계와 연계되어 전체 듣기 활동에 포함되지 않고 말하기 활동으

로 분리되어 있는 경우가 많다. 이때 말하기 활동은 기본적으로 듣기의 목표 의사소통기능을 구두로 연습해보는 활동으로 고안된다. 이러한 활동을 통해 들은 언어 형태를 실제 구두로 말해봄으로써 듣기뿐만 아니라 말하기에서도 사용할 수 있는 능력을 함양하도록 유도한다.

〈예시 4-10〉 중학교 교과서 듣기 후행 활동: 말하기 및 쓰기 통합 활동

C In Conversation

Guess   What are Minho and the woman talking about?

1. Listen and Write   Who are the speakers?

Minho is Kevin's _____.

The woman is Kevin's _____.

2. Listen Again and Find   Where is Kevin and what is he doing?

D Show and Talk   Show a picture of your friends and talk about it with your group. What are they doing in the picture?

e.g.

This is a picture of my friends at lunchtime. Jinho is dancing. Suji is listening to music. Mina is sleeping.

(출처: *Middle School English 1*, 윤정미 등, 2018, p. 29)

중학교 영어 교과서 활동인 예시 4-11의 활동 1 또한 듣기 자료에서 들은 단원 목표 의사소통기능에 해당하는 표현을 말하기에서 사용하는 활동으로 듣기 후행 단계로 분리되지는 않지만 듣기 후행 단계 활동으로 볼 수 있다. 교과서 듣기 후행 활동은 대부분 이러한 유형으로 구성되어 있다.

〈예시 4-11〉 중학교 교과서 듣기 후행 활동: 말하기 및 발음 학습 활동

1. **Look and Talk**   What will you say to each student?

- close the windows
- lock the door
- clean the floor
- water the plants
- turn off the lights

e.g. A: Hajun, make sure you close the windows.
　　　B: OK, I will.

2. **Practice with your partner.**

e.g. A: My hair is too long. Do you think I should get a haircut?
　　　B: ⌈ Yes, I think you should.
　　　　⌊ No, I don't think so. Your hair looks nice now.

My hair is too long.	get a haircut	Your hair looks nice now.
I have a headache.	see a doctor	Take a rest first.
I'm late for the meeting.	take a taxi	Take the subway.
I've gained some weight.	try to lose weight	You look okay.

Focus on Sounds Listen and practice.
Do you think I should take a taxi?
　　　　　　　　　[∅]

3. 잘 듣고 이어져서 들리는 두 단어에 ⌣ 표시를 한 뒤, 따라 해 봅시다.

   1. It's cold outside.

   2. It's warm and sunny.

---

4. Sounds

A. 밑줄 친 부분에 유의하여 잘 듣고 따라 해 봅시다.	B. 다음을 듣고 괄호 안에서 알맞은 것을 골라 봅시다.
· You <u>can</u> do it!	1. I (can / can't) help you.
· I <u>can't</u> play badminton.	2. She (can / can't) ride a bike.

5. Sounds

A. 진하게 표시한 부분에 유의하면서 잘 듣고 따라 해 봅시다.	B. 다음을 듣고 밑줄 친 부분에서 소리 나지 않는 철자에 동그라미를 쳐 봅시다.
· What did you do la**st** weekend?	
· He **asked** me already.	1. I <u>like them</u> a lot.
	2. I went to a concert <u>last Friday</u>.

(출처: 활동 1, *Middle School English 2*, 김성곤 등, 2013b, p. 29; 활동 2, *Middle School English 3*, 이재영 등, 2013c, p. 48; 활동 3, *Middle School English 1*, 이재영 등, 2018a, p. 13; 활동 4~5, *Middle School English 1*, 최연희 등, 2018a, pp. 32, 68)

활동 2 역시 첫 번째 활동은 의사소통기능의 영어 표현을 사용한 말하기 활동이고 두 번째 활동은 영어 문장 강세 및 연음을 듣고 학습하는 활동으로 구성되어 있다. 활동 3~5는 모두 2015 개정 교육과정을 바탕으로 한 중학교 1학년 교과서의 연음, 축약된 소리를 식별하는 능력을 함양하기 위한 활동이다. 2015 개정 교육과정의 중학교 영어 듣기 학습의 첫 번째 성취 기준이 '어구나 문장을 듣고, 연음, 축약된 소리를 식별할 수 있다'이므로 듣기 후행 활동으로 강세, 억양, 연음, 축약된 소리를 듣고 식별하는 활동들이 교과서에 포함되어 있다.

중학교 영어 듣기 선행, 듣기 중, 듣기 후행 활동은 교육과정의 듣기 성취 기준을 고려하여 구성되어야 하는데, 대부분의 중학교 교과서의 듣기 후행 활동은 말하기 활동으로 구성되어 있고 난이도가 높은 추론적 이해 활동이나 듣기 기술과 전략을 집중적으로 학습하기 위한 활동은 부재하다. 영어 교과서는 듣기뿐만 아니라 언어의 모든 기능과 문법, 어휘 학습이 포함되어 듣기만을 위한 집중 학습 내용을 포함시키는 것이 쉽지는 않지만 거의 모든 활동이 귀납적 활동을 통해 특정 듣기 기술과 전략을 함양하도록 구성되어 있어서 좀 더 연역적 활동이 필요하다.

4.3 고등학교 영어 듣기 교육과정 및 지도

고등학교 영어는 공통 영어와 일반 선택 네 과목, 진로 선택 네 과목 및 전문 교과 I의 여덟 과목으로 구성된다. 일반 선택 과목인 영어 I, 영어 II, 영어 회화에, 진로 선택 과목인 실용 영어, 영어권 문화 및 진로 영어에, 전문 교과 I 선택 과목인 심화 영어 회화 I, 심화 영어 회화 II, 심화 영어 I, 심화 영어 II에 듣기 학습이 포함된다. 본 절에서는 공통 영어를 중심으로 고등학교 듣기 지도에 대해 살펴본다.

4.3.1 고등학교 영어 듣기 성취 기준 및 교수·학습 방법

고등학교 영어 듣기 학습은 중학교와 유사하게 세부 정보와 중심 내용 이해의 균형적인 학습을 강조하지만 성취 기준은 대부분 추론적 이해에 초점이 맞추어져 있다. 주제 측면에서 중학교보다 난이도가 좀 더 높은 자료를 활용한 듣기 학습이 이루어지도록 구성되어 있다. 특히 일반 선택 과목이나 전문 교과 영어 과목들은 주제를 더 확대하여 일반적 주제나 다양한 주제에 관한 듣기 자료를 듣고 이해하는 데에 목표를 두고 있다.

고등학교 영어 듣기 성취 기준

- 친숙한 일반적 주제에 관한 말이나 대화를 듣고 세부 정보를 파악할 수 있다.
- 친숙한 일반적 주제에 관한 말이나 대화를 듣고 주제 및 요지를 파악할 수 있다.
- 친숙한 일반적 주제에 관한 말이나 대화를 듣고 내용의 논리적 관계를 파악할 수 있다.
- 친숙한 일반적 주제에 관한 말이나 대화를 듣고 화자의 의도나 말의 목적을 파악할 수 있다.
- 친숙한 일반적 주제에 관한 말이나 대화를 듣고 화자의 심정이나 태도를 추론할 수 있다. (교육부, 2015a)

고등학교 영어 듣기 교수 학습 방법 및 유의 사항

- 의사소통 중심의 다양한 듣기 활동을 통해 말이나 대화의 세부 정보, 중심 내용, 맥락을 이해하도록 지도한다.

- 효율적 듣기 활동을 위해 듣기 전 활동, 듣기 중 활동, 듣기 후 활동으로 나누어 단계적으로 지도할 수 있다.
- 의사소통 전략을 적절히 활용하여 상황을 이해하고, 자기 주도적 학습이 이루어지도록 지도한다.
- 다양한 시청각 자료 및 웹 기반 동영상 등 정보 통신 기술 도구를 활용하여 학습자들의 관심과 흥미를 높일 수 있도록 한다.
- 과업 중심 학습 활동과 같은 실제적인 듣기 상황을 구성하여 학습자들의 자발적인 참여를 높이도록 한다.
- 실제적인 의사소통능력을 신장할 수 있도록 말하기, 읽기, 쓰기 기능과 연계하여 지도하도록 한다. (교육부, 2015a)

중학교에 비해 좀 더 실생활 의사소통과 과업을 강조하고 또한 자기 주도적 학습의 비중을 높이고자 한다. 초등학교 및 중학교 듣기 학습과 마찬가지로 학생들의 정의적 측면 즉 학습 흥미와 동기의 유발과 지속을 강조한다. 또한 성취 기준 해설은 필요한 정보를 파악하는 문제해결 능력을 향상시키고, 자료를 듣고 요약하여 말하거나 쓰는 활동을 함으로써 듣기와 다른 언어 기능이 통합된 활동을 통해 의사소통 능력을 기르며, 말이나 대화뿐만 아니라 전화 메시지, 연설문 등 좀 더 다양한 구두 언어 자료를 듣고 이해하는 능력을 기르는 것을 강조한다.

4.3.2 고등학교 영어 듣기 지도 방안

고등학교 영어 듣기 지도 방안은 공통 영어와 실용 영어, 영어 I과 영어 II 및 영어 회화의 듣기 학습을 중심으로 고등학교 듣기 지도에 대해 살펴본다. 고등학교 영어 듣기 학습에도 앞서 4.2.2절에 제시한 중학교 영어 듣기 지도 방안의 기본 원리를 적용할 수 있다. 즉 듣기 활동의 난이도 결정 기준, 듣기 단계별 활동 제작, 상향식 및 하향식 듣기의 균형적 학습, 원어민 자료 활동, 듣기 학습 목적과 자료 유형에 따라 목표 듣기 기술과 전략 선택, 실생활에서 수행되는 진본적 과제 활용, 교실 밖 듣기 학습 권장, 모둠 활동 등 협동 학습의 기회를 제공하는 활동 고안 등이 고려되는 것이 바람직하다(2~3장 참조).

고등학교 듣기 수업의 듣기 선행 단계도 중학교 수업과 유사하게 그림을 활용하여 듣기 자료의 주제나 상황을 추측해보는 활동이 많이 사용되지만 내용적 선험 지식의 활성화뿐만 아니라 형식적 선험 지식 특히 언어적 지식을 활성화시키거나 보강하는 활동이 주로 활용되어 언어적 측면에서 난이도가 높아진다.

- look and guess; look and think; look and discuss
- look and match
- look and say
- read and think

고등학교 교과서 활동인 예시 4-12의 활동들은 모두 지시문이 영어로 주어지고 있다. 중학교 듣기 선행 활동에 비해 영어 말하기나 읽기 능력이 더 많이 요구되는 난이도가 더 높은 활동들이 활용되는데, 그림을 보고 상황을 추측하거나 토론하는 활동도 모두 영어로 진행하고 영어 문자 언어로 정보가 주어지기도 하며 영어 표현이나 문장과 그림을 연결해보도록 구성되기도 한다.

〈예시 4-12〉 고등학교 교과서 듣기 선행 활동 예시

1. Guess and Listen   Guess the situation. Then listen and complete the dialog.

1.

A: I really want to go to the Mexican Culture Festival.

B: _____

2.

A: What is that?

B: That is *nongak*. _____

_____

2. Look at the pictures below. What do you think about them? Discuss your ideas about these pictures with your partner.

3. Get Ready   Look at the pictures and think about what you've done recently with your family.

4. View and Think   Look at the pictures and think about different kinds of study habits.

Think-pair-share	Which do you think is the most important for efficient study? And why? Share your answers with your partner.

5. View and Match   Look at the pictures and match each one to the appropriate event.

a. a field trip   **b.** a talent show   **c.** a speech contest   **d.** a school play   **e.** a choir competition

Think-pair-share	Which school event do you like most? And why? Share your answers with your partner.

6. Look and Check.   What would the girl say?

Now listen and check the answer with your partner.

7. Get Ready   Look at the picture and read about the lapel buttonhole. Then think about the origin of another everyday object.

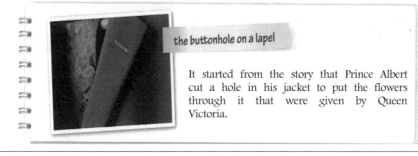

the buttonhole on a lapel

It started from the story that Prince Albert cut a hole in his jacket to put the flowers through it that were given by Queen Victoria.

(출처: 활동 1, *High School English I*, 박준언 등, 2018c, p. 100; 활동 2, *High School Advanced English Conversation II*, 강희봉, 정윤경, 전미영, 유지선, 2012, p. 96; 활동 3, 7, *High School English*, 김성곤 등, 2018a, pp. 12, 162; 활동 4∼5, *High School English I*, 이찬승 등, 2013a, pp. 120, 118; 활동 6, *High School English*, 양현권, 강규한, 백순도, 남택현, 2018a, p. 80)

활동 1과 같이 그림을 보고 단순히 주어진 상황에 대해 추측해보는 개별 활동 유형으로 듣기 선행 활동을 고안하거나 활동 2와 같이 영어로 짝과 함께 토의해보는 활동으로 구성하여 내용적 선험 지식을 활성화하도록 유도할 수 있다. 또한 활동 3∼6과같이 그림 상황과 주어진 영어 표현을 연결해보거나 화자가 발화할 영어 표현을 생각해보는 활동을 활용하여 듣기 이해에 필요한 표현이나 의사소통 기능 등 언어적 측면에서 듣기 활동을 준비하도록 도와줄 수도 있다. 아울러 활동 3과 같이 학생들이 자신의 경험과 연결해서 듣기 자료 주제를 생각해볼 기회를 제공한다면 내용적 선험 지식을 활성화하는 데 유용할 것이다. 내용적 선험 지식이 부족할 때 또한 활동 7과같이 간단한 영어 글로 정보를 제공하여 듣기를 도와줄 수도 있다. 단 3.1.1절에서 언급한 바와 같이 영어 읽기 능력이 요구되므로 학습자의 언어적 능력 수준에 따라 주어지는 문자 정보의 양과 난이도를 결정하는 것이 바람직하다.

고등학교 영어 듣기 단계 활동은 중학교에 비해 그림을 활용한 활동은 많이 활용되지 않는 반면, 진위형이나 선다형 청해 문제 풀이 활동이 가장 많이 사용된다. 또한 주어진 요약문 완성하기, 문자 언어로 주어진 정보 중 틀린 부분 찾아 고치기 등도 자주 활용되는데 이는 영어 쓰기 능력을 요구하고 들은 내용을 종합적으로 요약하여 이해할 수 있는 능력이 요구되는 활동이다.

- listen and find; listen and check; listen and choose the right picture
- listen and match
- listen and number; listen and order
- listen and answer the questions
- listen and correct mistakes or the words
- listen and complete; listen and write; listen and fill in the blanks; listen and complete a summary

고등학교 영어 듣기 단계 활동은 듣기 선행 활동과 유사하게 학생들의 언어적 능력이 중학생보다 좀 더 높다는 가정 아래 예시 4-13의 활동 1~2와 같이 문자 언어로 주어지는 선지나 서술문 등을 읽고 답을 찾는 청해 문제 풀기 유형의 듣기 활동이 가장 많이 활용된다. 이는 특히 학교 시험이나 대학입시 영어 청해 시험의 유형을 반영한 것이라고 볼 수도 있다. 활동 3은 두 사람의 공통점을 사지 선다에서 선택하는 선다형 청해 문제 풀기 활동이고 활동 4 역시 공부 습관을 개선할 수 있는 방법을 주어진 서술문에서 모두 선택하도록 구성된 청해 문제 답하기 유형의 활동이다.

〈예시 4-13〉 고등학교 교과서 듣기 단계 활동: 선다형 및 진위형 문제 풀기 활동

1. Listen to the conversation. What did the boy do wrong?

    a. He didn't clean up his room.
    b. He missed his soccer game.
    c. He forgot about his family's plan.
    d. He made his mom wait for a long time.

2. Listen again. Read the sentences and check T for true or F for false.

(1) Larry spends a lot of time with his friends. ☐T ☐F

(2) Amy is Larry's older sister. ☐T ☐F

(3) Larry promised to be a better family member from now on. ☐T ☐F

3. Listen to the speaker and check [√] the things that are mentioned as the common characteristics of creative people.

Leonardo da Vinci

☐ asking questions
☐ helping people in need
☐ having curiosity
☐ having good concentration

Isaac Newton

4. Listen to the lecture and check [√] the ways to improve study habits mentioned in it.

Ways to Improve Study Habits

☐ Choose a good place to study.
☐ Clear things that may distract you from your desk.
☐ Search the Internet for information.
☐ Make a daily study plan.
☐ List things to study in order of importance.
☐ Set the same amount of time for every subject.
☐ Take breaks regularly.
☐ Start with the most difficult subject first.

(출처: 활동 1~2, *High School English I*, 김성곤 등, 2018b, pp. 12~13; 활동 3~4, *High School English I*, 이찬승 등, 2013a, pp. 147, 121)

그러나 활동 3은 그림으로 인물을 제시하고 선지 번호를 제시하지 않음으로써 좀 더 활동에 대한 흥미를 높일 수 있게 디자인된 장점을 가지고 있다. 활동 4 역시 해당하는 정보를 모두 선택하도록 구성하여 진위형이나 선다형 문항 풀이식 활동보다는 좀 더 흥미롭고 학습자의 활동 참여도를 높일 수 있을 것으로 본다. 활동 3과 4가 보여주듯이 동일한 목적이나 듣기 기술의 함양을 위한 활동이라도 디자인을 달리한다면 학습자의 활동 참여도나 활동의 흥미도를 높일 수 있을 것이다.

고등학교 듣기 단계 활동도 청해 문제 풀이 유형만이 아니라 중학교 교과서 활동과 같이 다양한 시각 자료를 활용하여 고안함으로써 듣기에 좀 더 집중하면서 목표 듣기 기술을 함양하는 데 도움이 될 뿐만 아니라 실생활 듣기에 유사한 활동으로 구성하는 것이 필요하다. 예를 들어서 고등학교 영어 교과서 활동인 예시 4-14 활동 1~2의 그림이나 사진 선지에서 요지, 목적, 화자의 의도나 세부 정보를 파악하는 활동, 활동 3의 화자가 가고자 하는 장소를 길 찾기 인터넷 사이트에서 찾는 활동, 활동 4의 온라인 쇼핑 사이트에서 구매하고자 하는 옷에 관한 정보를 체크하는 활동, 활동 5의 쇼핑몰에서 방문한 가게 순서를 표시하는 활동, 활동 6의 여행 이야기를 듣고 화자가 이용한 교통 수단의 티켓을 순서대로 나열하는 활동이다.

〈예시 4-14〉 고등학교 교과서 듣기 단계 활동: 그림, 지도 등 시각 자료를 활용한 활동

1. Listen and choose what the girl is going to do.

a. 　b. 　c.

2. Listen In

Hyunju and Dan are having a talk during lunch. Listen to the conversation and answer the questions.

1. What is Dan's advice to Hyunju?

a.   b.   c.

3. Listen and choose where the woman is and where she wants to go.

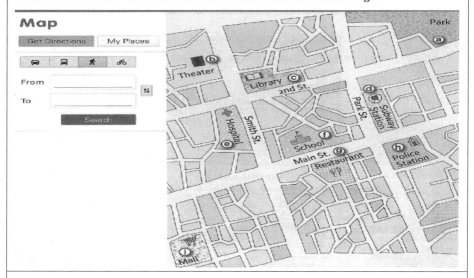

4. Listen and check the button the speakers are going to click.

5. Put the letters of the shops in the order that they are going to visit them.

6. Listen to Sumin's travel story and arrange the tickets in the order she traveled.

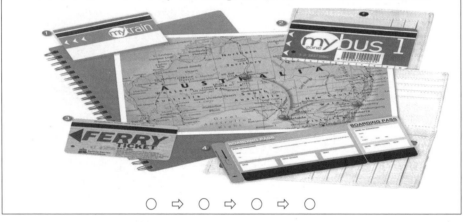

(출처: 활동 1, *High School English*, 양현권 등, 2018a, p. 150; 활동 2, *High School Advanced English Conversation*, 이찬승, 이유경, 전민호, 이승연, 김진홍, 2013c, p. 83; 활동 3~6, *High School Practical English I*, 이찬승, 홍완기, 김지탁, 장은미, 김지현, 김은진 등, 2013f, pp. 68, 40, 69, 72)

특히 활동 3~4는 모두 *High School Practical English I* 교과서 활동으로서 인터넷을 많이 사용하는 현대 사회에서의 실생활 듣기 과제와 유사하게 고안되어 있다. 이러한 활동은 수업에서의 듣기 학습이 실제 영어 사용 환경에서의 구두 언어 정보 이해에 도움이 될 뿐만 아니라 학습자의 흥미를 유발하는 데에도 유용할 것이다.

고등학교 듣기 단계 지도에서도 예시 4-8의 중학교 활동과 같이 듣기 이외의 다른 기능과 통합된 활동이 활용된다. 듣기 자료가 중학교에 비해 내용적 및 언어적으로 난이도가 더 높기 때문에 주어지는 글이나 구두나 문자 언어로 표현해야 하는 언어의 수준이 더 높고 이해하거나 산출해야 하는 양도 더 많은 편이다. 예를 들면 고등학교 교과서 활동인 예시 4-15의 활동 1~3은 들으면서 주어진 자료에서 틀린 부분을 찾거나 해당 특정 정보를 듣고 쓰는 활동이다. 한편 활동 4~8은 들으면서 주어진 자료의 빈칸에 들어갈 영어 단어를 쓰는 활동이다. 들으면서 쓰는 활동은 앞서 3.1.2절 및 4.2.2절에서 논의한 바와 같이 듣기에 집중하는 것을 방해할 수 있으므로 듣기 자료 및 목적과 학습자 수준에 맞추어 쓰기 분량을 조절하는 것이 바람직하다.

〈예시 4-15〉 고등학교 교과서 듣기 단계 활동: 말하기, 읽기 및 쓰기와 통합된 활동

1. Listen and circle the incorrect part on the food order sheet.

ORDER SHEET

DISH / DRINK	HOW TO COOK / SERVE
fried fish	with extra oil
baked potato	not salty
iced tea	with lots of ice

2. Listen and circle the incorrect parts on the questionnaire.

Name Steve

How much have you heard about Korea? ☐ A lot ☑ A little ☐ Nothing

Have you been to any well-known places in Korea? ☑ Yes ☐ No

If yes, please list where you have visited. *Gyeongju, Naejangsan, Jejudo*

Have you tried any Korean foods? ☑ Yes ☐ No

If yes, please list what you have eaten. *bulgogi, bibimbap, pajeon*

3. Listen to the in-flight announcement and complete the flight information.

arrival city (1) _____

flight time (2) _____

flight number 321A

expected arrival time 11:30 a.m. (local time)

weather in (3) _____ arrival city

4. Listen again and complete the dialogue.

Yuna: Do you have an interest in _____ Korean culture?

Leo: Of course, I do.

Leo: What is *yutnori*?

Yuna: It's a kind of traditional _____ game played especially during the Korean New Year holiday.

5. Listen to the conversation and fill in the blanks.

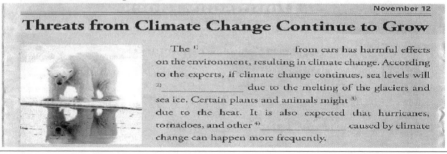

Academic Consulting Record

- **Name:** Inju Chang   • **Grade:** Junior   • **Subject Discussed:** Learning English

Student's Problems

- It's hard for her to 1)_____ whole sentences even though she knows the meaning of each word.
- Just 3)_____ new words is very boring.

Counselor's Comments

- 2)_____ the grammar to have a good foundation of the basics.
- Reading 4)_____ can help you catch the meanings of new words in different contexts.

6. Listen to the news report and fill in the blanks.

November 12

Threats from Climate Change Continue to Grow

The 1)_____ from cars has harmful effects on the environment, resulting in climate change. According to the experts, if climate change continues, sea levels will 2)_____ due to the melting of the glaciers and sea ice. Certain plants and animals might 3)_____ due to the heat. It is also expected that hurricanes, tornadoes, and other 4)_____ caused by climate change can happen more frequently.

7. Listen to the speaker and fill in the blanks.

Recipe for Meat Sauce Spaghetti

1. 1)_____ some spaghetti for 5 minutes.
2. Put some oil in a pan and fry 2)_____ onions and meat.
3. Add tomato sauce and 3)_____ them all together.
4. 4)_____ the sauce with salt.
5. Put the spaghetti on a dish and pour the sauce on it.
6. Add some cheese on the top and 5)_____ the dish at a high temperature.

8. Listen to the audio tour and answer the questions

2. Answer the quiz about stonehenge.

Stonehenge Quiz		
❶ **Who built Stonehenge?**	❷ **Where did the stones come from?**	❸ **How did people move the stones?**
Some believe that it was built by the _____ people of Wessex about _____ years ago.	The big stones, weighing up to about 45 tons, came from _____ km away.	It's unclear, but maybe the stones were moved on _____ .

(출처: 활동 1~3, *High School English*, 양현권 등, 2018a, pp. 80, 82, 151; 활동 4, *High School English I*, 박준언 등, 2018c, p. 101; 활동 5~6, *High School English II*, 이찬승 등, 2013b, pp. 17, 173; 활동 7, *High School English I*, 이찬승 등, 2013a, p. 67; 활동 8, *High School Advanced English*, 김규현, 주혜연, 김지현, 김진홍, 2014, p. 78)

고등학교 듣기 후행 단계는 앞서 언급한 바와 같이 듣기 이해도를 점검하거나 자료를 다시 들으면서 화자의 의도나 상황을 추론해보는 좀 더 복잡한 추론적 이해 활동으로 구성된다. 또한 이해한 내용을 바탕으로 한 말하기 또는 쓰기 활동을 사용하여 들은 내용이나 언어 표현을 다시 구두나 문자 언어로 표현해봄으로써 학습자들이 더 잘 기억할 수 있도록 도와주는 활동도 사용된다. 그 예는 듣고 대화 나누기, 들은 내용을 요약하기, 들은 내용을 바탕으로 글 쓰기 등이다.

- listen and answer the comprehension questions
- listen and talk; listen and act out; role play; make a dialogue; talk and complete
- listen and complete; listen and write; listen and fill in the blanks; listen and summarize
- leave a message; complete and present
- work on pronunciation

고등학교 듣기 후행 단계는 듣기 단계와 유사하게 청해 질문에 답하기 활동이 많이 사용되는데 듣기 단계보다 좀 더 복잡한 세부 정보 이해나 추론적인 이해를 바탕으로 답을 찾는 활동으로 구성된다. 예를 들어서 예시 4-16의 활동 2와 같이 듣기 자료의 목적을 파악하는 하향식 문항에 대한 답을 찾는 활동 1 다음에 다시 들으면서 좀 더 세부적인 정보를 이해했는지를 점검하는 상향식 듣기 과정에 기초한 진위형 문제 풀기가 듣기 후행 단계에서 많이 사용된다.

C Use It

Step 1 Listen to the radio show and answer the
        following questions.

1. What is the purpose of Larry's letter?
   a. to express his thanks to his friends
   b. to request his favorite singer's newest song
   c. to apologize to his family for his behavior
   d. to enter an event held by the radio station

2. Listen again. Read the sentences and check T for true or F for false.

(1) Larry spends a lot of time with his friends.		T F
(2) Amy is Larry's older sister.		T F
(3) Larry promised to be a better family member from now on.		T F

Step 2 Answer the survey and think about you're doing as a family member.

	Never	Rarely	Sometimes	Often	Always
I forget about important family events.	○	○	○	○	○
I spend time with my family.	○	○	○	○	○
I fight with my brothers or sisters.	○	○	○	○	○
I break a lot of family rules.	○	○	○	○	○
I help with household chores.	○	○	○	○	○

Step 3 Look at the pictures and think about how to be a good family member.

Step 4 Talk with your partner about how to be a good family member.

(출처: *High School English*, 김성곤 등, 2018a, pp. 13-14)

　　고등학교 교과서 듣기 활동은 중학교 교과서와 같이 듣기만의 개별 활동이 아니라 듣기와 말하기가 하나의 과제로 구성되어 듣기 활동을 한 후 듣기를 바탕으로 한 말하기 활동이 이루어지도록 구성되어 있는 경우가 많다. 따라서 듣기 후행 활동이 말하기 활동인 경우가 대부분이다. 예를 들어서 예시 4-17과 같이 템플 스테이 프로그램의 광고를 듣고 진위형 질문에 답한 후 다시 듣는 듣기 후행 단계에서는 주어진 일정표를 완성하고 들은 정보를 바탕으로 짝과 대화를 나누는 활동으로 구성되어 듣기와 말하기가 통합되어 지도된다.

Ad: Temple Stay Program

1. Listen to the advertisement. Check [√] T for true or F for false.

                                                (T) (F)

   1. The temple is in the center of the city.   □   □
   2. People can experience Buddhist culture.   □   □
   3. The program will be held all year round.   □   □

2. Listen again. Complete the schedule with the words in the box.

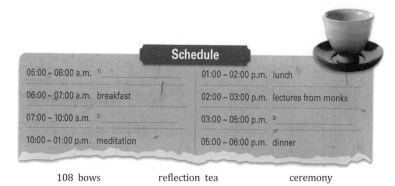

Schedule

Time		Time	
05:00 ~ 06:00 a.m.	1) _____	01:00 ~ 02:00 p.m.	lunch
06:00 ~ 07:00 a.m.	breakfast	02:00 ~ 03:00 p.m.	lectures from monks
07:00 ~ 10:00 a.m.	2) _____	03:00 ~ 05:00 p.m.	3) _____
10:00 ~ 01:00 p.m.	meditation	05:00 ~ 06:00 p.m.	dinner

    108 bows   reflection tea   ceremony

3. Which part of the program are you most interested in? Share your answer with your partner.

(출처: *High School English I*, 이찬승 등, 2013a, p. 174)

고등학교 듣기 후행 단계 말하기 활동은 예시 4-17의 활동 3과 같이 듣기 자료 주제에 대해 대화를 나누거나 논의하는 것뿐만 아니라 자료를 바탕으로 역할극이나 연극을 하는 말하기 활동으로도 고안된다. 예를 들어서 예시 4-18의 활동 1과 같이 학생이 자신의 영어 학습 문제를 학업 지도 교사와 상담하는 내용을 듣고 상담 일지를 완성한 후(예시 4-15의 활동 5 참조) 다른 영어 학습 문제를 가지고 상담을 하는 역할극 하기 또는 활동 2와 같이 관광 안내 센터에서 안내원과 여행자의 대화를 듣고 순서를 맞춘 후 안내원과 여행자의 역할극을 하는 활동이다. 이러한 활동들은 들은 내용을 한 번 더 생각해보게 함으로써 선험적 지식으로 저장될 수 있도록 도와주고 아울러 듣기 자료에서 들은 구두 언어 표현들을 실제 말할 때 사용해봄으로써 구두 언어 표현 학습을 도와주는 역할도 한다.

1. Listen and Speak

a. Listen to the conversation and fill in the blanks.

b. Pretend you are an academic advisor. Give some advice to your partner on how to learn effectively.

-Name:
-Subject:
-Problem:

-Solution:

How can I learn English more effectively?

Review what you've learned before.

2. Listen and Act Out

1. Look and place the pictures in order.

A - ☐ - ☐ - ☐

A.

Welcome! Is this your first visit to this city?

Yes, it is. Can you tell me about fun things to do here?

B.

Sure. It begins at 8 p.m. if it doesn't rain.

Perfect! I'm really looking forward to enjoying the concert under the night sky.

C.

Well, I think the first thing is to have some tasty food at a traditional restaurant.

Excellent. I enjoy eating a variety of food. What else?

D.

This city is famous for its outdoor concerts. You will have a great time if you go to one.

An outdoor concert! Is there one today?

2. Listen again, and act out the dialog with your partner.

(출처: 활동 1, High School English II, 이찬승 등, 2013b, p. 17; 활동 2, High School English, 양현권 등, 2018a, p. 150)

    듣기 후행 단계의 말하기 활동은 또한 학습자가 들은 내용을 자신과 연계시켜 말해보는 활동으로 흔히 고안된다. 예를 들면 앞서 언급한 예시 4-16의 네 번째 단계 활동이나 예시 4-17의 두 번째 듣기 후행 활동인 활동 3, 그리고 다음 예시 4-19 활동이다. 이러한 고등학교 듣기 후행 단계 활동들은 자료 내용을 학생들이 다시 생각해보면서 자신과 연결해보는 활동인데 이는 들은 내용을 좀 더 개별화하고 아울러 자신의 선험 지식과 통합해봄으로써 듣기 활동을 통해 얻은 지식이나 언어적 표현을 좀 더 잘 기억할 수 있도록 도와주는 선험 지식 이론에 바탕을 둔 활동이다 (3.1.3절 참조).

〈예시 4-19〉 고등학교 교과서 듣기 후행 단계 활동: 듣기 내용과 자신을 연결시켜 말하는 활동

Listen and Speak

a. Listen to the speakers (about their personalities) and fill in the blanks with the words in the box.

b. Talk about your personality with your partner.

What kind of person are you?

I'm a friendly person.

(출처: *High School English I*, 이찬승 등, 2013a, p. 15)

듣기 후행 단계에서 들은 내용을 바탕으로 한 말하기 활동을 통해 학생들이 들은 내용을 자신과 연결시켜 보도록 할 수도 있지만 예시 4-16의 두 번째 단계 활동과 같이 학생들이 들은 내용을 다시 생각해보면서 자신과 연결하여 주어진 설문지에 답해보는 활동으로도 구성할 수 있다. 이 활동 또한 들은 내용을 좀 더 개별화하고 아울러 선험 지식과 통합해봄으로써 듣기 활동을 통해 얻은 지식이나 언어적 표현을 좀 더 잘 기억할 수 있도록 도와준다.

듣기 후행 단계에서는 듣기와 쓰기가 통합되거나 쓰기만으로 구성되는 활동도 많이 활용된다. 들을 내용을 바탕으로 주어진 정보를 완성하거나 빈칸에 영어 단어를 써 넣는 활동도 듣기 후행 단계에서 많이 사용한다. 그 예는 예시 4-17의 활동 2와 같다. 아울러 예시 4-20의 두 번째 단계 활동과 같이 들은 내용의 주제와 관련된 사항을 간단히 적어봄으로써 듣기 자료 내용을 학습자가 다시 생각해보고 확장해나가는 활동으로 고안할 수도 있다. 이 예시에서는 자아 존중감을 높이기 위해 자신의 장점을 생각해보라는 인터뷰 내용을 듣고 짝의 장점을 적어본 후 이를 바탕으로 말

하기 활동이 이루어진다.

〈예시 4-20〉 고등학교 교과서 듣기 후행 단계 활동: 쓰기 활동

C Use It

Step 1 Listen to the interview and answer the following questions.

1. What is the best title for the woman's book?
2. Listen again. Which is NOT part of the woman's advice?

Step 2 Write down three strengths your partner has.

· **Partner's name: Louis**

· **Strengths**

1. He has a good sense of humor.
2. He can concentrate well.
3. He has the ability to put people at ease.

· **Partner's name:** _____   YOU

· **Strengths**

1. _____
2. _____
3. _____

Step 3 Talk with your partner about strengths he or she has.

Step 4 Make a group of four. Search for other ways to improve your self-esteem and present them to the class.

(출처: *High School English*, 김성곤 등, 2018a, pp. 113-114)

2015 개정 영어과 고등학교 교육과정의 듣기 성취 기준에는 중학교와는 달리 발음 학습에 대한 내용은 포함되어 있지 않다. 이에 중학교 교과서만큼 발음 학습에 관한 내용은 많지 않다. 다만 듣기 활동이 제시되는 페이지 하단에 연음, 강세, 축약형, 영국 영어와 미국 영어의 차이 등의 학습을 위한 발음 학습이 제시되고 있다(3.1.3절 예시 3-21 참조). 그 예는 예시 4-21의 활동 1~3이다.

1.

Sound in Use

used to
[júːsʧə]

A. Listen carefully, focusing on the pronunciation.
1. I'm not used to wearing heels.
2. After a while, you'll get used to it.

B. Listen and fill in the blanks.
1. She is always late, so I'm _____.
2. Kevin _____ living in the city.

2.

Sound in Use

did you
[didʒə]

A Listen carefully, focusing on the pronunciation. 🎧
1 How **did you** become friends with him?
2 **Would you** please do that again?

B Listen and fill in the blanks. 🎧
1 What _____ _____ do for your birthday this year?
2 _____ _____ tell me the way to the subway station?

3.

Sound in Use

American vs British T sound

A Listen carefully, focusing on the different pronunciation. 🎧
1 I found it on the bottom shelf.
2 The most important thing is your health.

B Listen and repeat the pronunciations of these examples. 🎧
1 Can I get a glass of water?
2 She is a better dancer than you.

(출처: 활동 1, *High School Practical English I*, 이찬승 등, 2013f, p. 41; 활동 2~3, *High School English*, 김성곤 등, 2018a, pp. 12, 112)

　고등학교 영어 듣기 선행, 듣기 중, 듣기 후행 활동은 교육과정의 듣기 성취 기준과 교수 학습 방법 및 유의 사항을 고려하여 고안되어야 하는데, 대부분의 고등학교 교과서는 듣기 활동이 말하기와 통합된 활동으로 구성되어 있으며 듣기 단계 활동은 주로 청해 문제 풀이 활동이라서 듣기 학습보다 듣기 평가를 대비하는 활동으로 구성된 경향이 있다. 듣기 기술이나 전략을 전문적 또는 연역적으로 학습할 수 있는 활동들이 필요하며(2.1.3절 및 3.2절 참조), 아울러 좀 더 학생들의 실생활 듣기와 관련된 자료를 사용한 활동의 보완도 필요하다.

4.4 학교 교육 현장과 듣기 지도

20세기 후반에 외국어 교육의 주축이 된 의사소통 중심 교수법의 영향으로 1992년 및 1995년 개정 영어과 교육과정부터 구두 언어 학습이 강조되어 왔다(교육부, 1992a, 1992b, 1997, 1998). 특히 1994학년도 대학수학능력시험부터 영어 듣기 문항이 포함되면서 교실 수업에서 듣기 학습이 본격적으로 이루어지기 시작하였다. 앞서 1.1절에서 언급한 듣기의 역할 중 이해에 초점이 맞추어져서 듣기가 지도되기 시작한 것이다. 하지만 구두 언어 자료의 이해에 필요한 듣기 기술이나 전략의 함양보다는 듣기 평가 중심의 학습이 이루어지고 있다. 앞서 다양한 듣기 지도 접근법, 과제 및 지도 방안을 논의하였지만, 중고등학교 교과서 활동 예시가 보여주듯이 실제 교실 수업에서는 청해 문제 풀이식 활동만으로 듣기가 교육되는 경우가 많다. 특히 고학년, 고등학교로 갈수록 이러한 경향이 강하다. 이는 귀납적으로 듣기 기술과 전략을 배워가는 것이어서 학습의 효율성이 떨어진다는 문제점을 가지고 있다. 또한 교실 수업에서 듣기 자료의 대본을 읽고 해석하는 경우도 많다. 듣는 모든 내용을 정확히 이해하는 데에 목표를 두고 있기 때문인데, 이러한 학습 방법은 정확성만을 지나치게 중요시하는 언어 학습 습관을 도모하게 된다는 문제를 야기하기도 한다.

1.1절에서 듣기가 언어 사용의 50% 이상을 차지한다는 것을 언급하였듯이(Nunan, 1997), 언어로의 의사소통을 위해서는 기본적으로 듣기 능력을 갖추어야 한다. 들은 내용의 이해 없이 다른 사람과 대화를 나누는 것은 불가능하므로 듣기 능력의 함양을 위한 체계적인 듣기 기술과 전략의 학습이 이루어지는 것이 필요하다. 특히 외국어 듣기 학습은 연역적 접근법에 기초하여 좀 더 명시적으로 학습할 때 효율성이 높아질 수 있다. 물론 학생들의 연령대를 고려하여 초등학교에서는 좀 더 귀납적으로 지도가 이루어지는 것이 바람직하고 고학년으로 올라갈수록 듣기 기술과 전략을 연역적으로 학습하는 것이 유용하다.

듣기는 또한 언어의 습득에도 중요한 역할을 한다(Richards, 2008; Rost, 2002, 2011). 어린이가 듣기를 통해 말하기를 배우듯이(Krashen, 1985), 듣기를 통해 발음, 어휘, 문법 구조를 습득한다. 우리나라 영어 수업은 듣기가 언어 습득에서 차지하는 역할을 중요하게 보고 있지 않다. 듣기가 외국어 습득에 도움이 되려면 많은 양의 듣기를 지속적으로 하는 것이 필요한데 영어 수업은 집중적 듣기 접근법에만 기초하고 있어서 듣기 자료의 길이 및 양, 듣기 학습에 배정되는 시간 측면에서 습득이 일어날 수 있는 학습 환경을 제공하고 있지 못하다. 다독 지도법의 영향으로 듣기에서도 확장적 듣기가 활용되는 경우가 외국에서 늘고 있는데(Renandya & Farrell, 2011), 우리나라 영어 듣기 교육에서도 확장적 듣기 지도의 도입이 필요하다고 본다. 특히 영어를 실제 생활에서 사용하지 않는 외국어로서 영어를 배우는 환경(English as a foreign language)에서는 영어 습득에 도움이 될 수 있는 만큼 구두 언어 자료를 충분히 또한 지속적으로 들으면서 학습하기가 어려우므로 학습자가 많은 양의 구두 언어 입력 자료를 들을 수 있는 환경을 만들어주는 확장적 듣기가 요구된다.

초중고 교육 현장에서의 듣기 교육은 기본적으로 국가 교육과정을 기초로 하고 이를 바탕으로 집필된 교과서의 듣기 활동이 활용되어 이루어지지만 앞서 1~3장에서 논의한 듣기의 역할이나 효율적인 듣기 능력 함양을 위해 유용한 지도 방안을 고려하여 교육이 이루어지는 것이 필요하다. 또한 의사소통 접근법에서 강조하듯이 학교 교육을 통해 학습하는 듣기 기술과 전략을 실생활 의사소통에도 사용할 수 있도록 학교 교육과 실생활 듣기와의 괴리를 좁히는 것이 필요하다. 이러한 점을 고려하여 듣기 자료를 선택하고 이에 적합한 활동을 고안하여 활용하는 것이 바람직하다.

듣기는 언어 습득과 학습의 기초인데, 능력 함양을 위해서는 장기간의 학습이 필요하다. 앞서 2~3장에서도 언급하였듯이 학습자의 연령, 능력 및 학습 목적 등에 따라 알맞은 학습 방법을 선별적으로 활용하여 듣기 교육이 이루어지는 것이 바람직하다. 동일한 듣기 자료라도 학교 교육 현장에 따라 적절하게 활용하고 이에 맞는 활동이 고안되어 학생들이 듣기에 대한 학습 동기를 잃지 않고 지속적으로 혼자서도 듣기 학습을 할 수 있는 환경을 조성하는 것이 중요하다.

┃ 참고문헌 ┃

강희붕, 정윤경, 전미영, 유지선. (2012). *High school advanced English conversation II*. 파주, 경기도: 경기도교육청 중앙입시교육연구원.

교육과학기술부. (2011). *중학교 영어과 교육과정 성취기준·성취수준·예시 평가문항*. 서울: 교육과학기술부.

교육과학기술부. (2012). *고등학교 영어과 교육과정 성취기준·성취수준·예시 평가문항*. 서울: 교육과학기술부.

교육부. (1992a). *중학교 영어과 교육과정*. 서울: 대한 교과서.

교육부. (1992b). *고등학교 영어과 교육과정*. 서울: 대한 교과서.

교육부. (1992c). *제6차 교육과정 중학교 영어과 교육과정 해설*. 서울: 대한 교과서.

교육부. (1997). *제7차 외국어과 교육과정*. 서울: 대한 교과서.

교육부. (1998). *초등학교 교육과정 해설 (V)*. 서울: 교육부.

교육부. (1999). *제7차 교육과정 중학교 외국어(영어) 해설서*. 서울: 교육부.

교육부. (2015a). *2015년 개정 영어과교육과정* (교육부 고시 제2015-74호 [별책 14]). 서울: 교육부.

교육부. (2015b). *2015년 개정 중학교 교육과정* (교육부 고시 제2015-74호 [별책 3]). 서울: 교육부.

교육인적자원부. (2011a). *영어과 개정교육과정 고시안*. 서울: 교육인적자원부.

권혁승, 박은성, 김현정, 오건석, 강신자, 윤소영. (2018). *High school English I*. 서울: 천재교육.

김규현, 주혜연, 김지현, 김진홍. (2014). *High school advanced English*. 서울: 능률교육.

김성곤 등. (2011). *Middle school English 3*. 서울: 두산동아.

김성곤 등. (2013a). *Middle school English 1*. 서울: 두산동아.

김성곤 등. (2013b). *Middle school English 2*. 서울: 두산동아.

김성곤 등. (2013c). *Middle school English 3*. 서울: 두산동아.

김성곤 등. (2018a). *High school English*. 서울: NE능률.

김성곤 등. (2018b). *High school English I*. 서울: NE능률.

김성곤, 조자룡, 이선경, 오주혜, 김형석, 이선영. (2018c). *High school practical English*. 서울: NE능률.

김진완 등. (2013a). *Middle school English 1*. 서울: 천재교육.

김진완 등. (2013b). *Middle school English 2*. 서울: 천재교육.

김진완 등. (2013c). *Middle school English 3*. 서울: 천재교육.

남지영. (2004). *영어 듣기 교육론 김영숙 등, 영어과 교육론 2: 교과 지도법* (개정판) (pp. 1-29) 서울: 한국문화사.

박준언 등. (2013a). *Middle school English 1*. 서울: YBM.

박준언 등. (2013b). *High school English*. 서울: YBM.

박준언 등. (2013c). *High school English I*. 서울: YBM.

박준언 등. (2013d). *High school practical English I*. 서울: YBM.

박준언 등. (2014). *Middle school English 2*. 서울: YBM.

박준언 등. (2015). *Middle school English 3*. 서울: YBM.

박준언, 김명희, 김수연, 박병륜, 양소영, 최희진. (2018a). *Middle school English 1*. 서울: YBM.

박준언 등. (2018b). *High school English*. 서울: YBM.

박준언 등. (2018c). *High school English I*. 서울: YBM.

박준언 등. (2018d). *High school practical English*. 서울: YBM.

배두본, 채준기, 전병만, 김영태, 한상호. (1997). *High school English*. 서울: 중앙교육진흥연구소.

배두본 등. (2013a). *Middle school English 1*. 서울: 미래엔.

배두본 등. (2013b). *Middle school English 2*. 서울: 미래엔.

배두본 등. (2013c). *Middle school English 3*. 서울: 미래엔.

신정현 등. (2013). *High school English conversation*. 서울: YBM.

신정현 등. (2018). *High school English conversation*. 서울: YBM.

안병규 등. (2013). *High school English conversation*. 서울: 천재교육.

안병규 등. (2018a). *High school English conversation*. 서울: 천재교육.

안병규 등. (2018b). *High school practical English*. 서울: 천재교육.

양현권, 강규한, 백순도, 남택현. (2018a). *High school English*. 서울: NE능률.

양현권, 이원일, 최재화, 임수연, 백인경, 장유정. (2018b). *High school English conversation*. 서울: NE능률.

윤정미 등. (2018). *Middle school English 1*. 서울: 동아출판.

이병민 등. (2013a). *Middle school English 1*. 서울: 두산동아.

이병민 등. (2013b). *Middle school English 2*. 서울: 두산동아.

이병민 등. (2013c). *Middle school English 3*. 서울: 두산동아.

이병민 등. (2018). *Middle school English 1*. 서울: 동아출판.

이완기 등. (2010). *High school English*. 서울: 금성출판사.

이재영 등. (2013a). *Middle school English 1*. 서울: 천재교육.

이재영 등. (2013b). *Middle school English 2.* 서울: 천재교육.

이재영 등. (2013c). *Middle school English 3.* 서울: 천재교육.

이재영 등. (2018a). *Middle school English 1.* 서울: 천재교육.

이재영 등. (2018b). *High school English.* 서울: 천재교육.

이재영 등. (2018c). *High school English I.* 서울: 천재교육.

이찬승, 김혜영, 윤진호, 이주연, 김지현, 김현경. (2013a). *High school English I.* 서울: 능률교육.

이찬승, 김혜영, 윤진호, 이주연, 김지현, 김현경. (2013b). *High school English II.* 서울: 능률교육.

이찬승, 이유경, 전민호, 이승연, 김진홍, 백인경. (2013c). *High school advanced English conversation.* 서울: 능률교육.

이찬승, 이윤정, 이혜경, 양현, 김지현, 선정아. (2013d). *High school English conversation.* 서울: 능률교육.

이찬승, 홍완기, 김지탁, 장은미, 김지현, 김은진. (2013e). *High school practical English.* 서울: 능률교육.

이찬승, 홍완기, 김지탁, 장은미, 김지현, 김은진. (2013f). *High school practical English I.* 서울: 능률교육.

이찬승, 황우연, 안세정, 구은영, 김진홍, 이종은. (2013g). *High school English.* 서울: 능률교육.

정길정 등. (2009). *High school English.* 서울: 중앙교육진흥연구소.

최연희 등. (2018a). *Middle school English 1.* 서울: 미래엔.

최연희 등. (2018b). *Middle school English 1: Teachers' guide.* 서울: 미래엔.

한국교육개발원. (1997). *제7차 영어과 교육과정 개발 연구.* 서울: 한국교육개발원.

함순애 등. (2015a). *Elementary school English 5.* 서울: 천재교육.

함순애 등. (2015b). *Elementary school English 5: Teachers' guide.* 서울: 천재교육.

함순애 등. (2018). *Elementary school English 4.* 서울: 천재교육.

Anderson, J. R. (1985). *Cognitive psychology and its implications.* New York: Freeman.

Anderson, A., & Lynch, T. (1988). *Listening.* Oxford: Oxford University Press.

Barnard, R. (1998). *Good news, bad news.* Oxford: Oxford University Press.

Bartlett, F. C. (1932). *Remembering: A study in experimental and social psychology.* Cambridge: Cambridge University Press.

Barrett, T. C. (N.D.). Taxonomy of cognitive of affective dimensions of reading comprehension (unpublished). Referenced in T. Clymer (1968), What is reading?: Some current concepts in H. M. Robinson (Ed.), *Innovation and change in reading instruction* (pp. 7-29), Chicago: The National Society for the Study of Education.

Blau, E. K. (1990). The effect of syntax, speed and pauses on listening comprehension. *TESOL Quarterly, 24*, 746-753.

Beisbier, B. (1994). *Sounds great: Beginning pronunciation for speakers of English*. Boston, MA: Heinle & Heinle.

Brown, G. (1990). *Listening to spoken English* (2nd ed.). London: Longman.

Brown, G., & Yule, G. (1983). *Teaching the spoken language*. Cambridge: Cambridge University Press.

Brown, H. D., & Lee, H. (2015). *Teaching by principles: An interactive approach to language pedagogy* (4th ed.). White Plain, NY: Pearson Education.

Brown, P., & Levinson, S. (1978). *Politeness: Some universals in language use*. Cambridge: Cambridge University Press.

Brown, S. (2006). *Teaching listening*. Cambridge: Cambridge University Press.

Buck, G. (2001). *Assessing listening*. Cambridge: Cambridge University Press.

Buck, G., Tatsuoka, K., Kostin, I., & Phelps, M. (1997). The sub-skills of listening: Rule-space analysis of a multiple-choice est of second language listening comprehension. In A. Huhta, V. Kohonen, L. Kurki-Sonio & S. Luoma (Eds.), *Current developments and alternatives in language assessment: Proceedings of LTRC 96* (pp. 599-624). Jyväskylä, Finland: University of Jyväskylä and University of Tampere.

Byrne, D. (1985). *The David Freeman show Student's book*. Oxford: Modern English Publications.

Caspersz, D., & Stasinska, A. (2015). Can we teach effective listening? An exploratory study. *Journal of University Teaching & Learning Practice, 12*(4). Retrieved on August 10, 2018, from http://ro.uow.edu.au/jutlp/vol12/iss4/2.

Chang, A. C.-S., & Millett, S. (2014). The effect of extensive listening on developing L2 listening fluency: Some hard evidence. *ELT Journal, 68*, 31-40.

Chaudron, C., & Richards, J. (1986). The effect of discourse markers on the comprehension of lectures. *Applied Linguistics, 7*, 113-127.

Clark, H. H., & Clark, E. V. (1977). *Psychology and language: An introduction to psycholinguistics*. San Diego: Harcourt Brace & Jovanovich Publishers.

Cleary, C., Holden, B., & Cooney, T. (2003). *Top-up listening 1*. Tokyo: ABAX.

Coles, A (2008). Teaching strategies related to listening and hearing in two secondary classrooms. *Research in Mathematics Education, 4*, 21-34. (http://dx.doi.org/

10.1080/14794800008520100)

Cowan, N. (1998) *Attention and memory: An integrated framework*. Oxford: Oxford University Press.

Cowan, N. (2008). What are the differences between long-term, short-term, and working memory? *Progress in Brain Research, 169*, 323-338. doi:10.1016/S0079-6123 (07)00020-9.

Cross, J. (2010). Raising L2 listeners' metacognitive awareness: A sociocultural theory perspective. *Language Awareness, 19*, 281-297.(DOI: 10.1080/09658416.2010. 519033)

Cross, J. (2018). Collaborative listening. In W. A. Renandya & G. Hu (Eds.), *The TESOL encyclopedia of English language teaching, Teaching listening*. Malden, MA: TESOL, John Wiley & Sons. (DOI: 10.1002/9781118784235.eelt0598)

Davis, B. (1996) *Teaching mathematics: Toward a sound alternative*. New York: Garland.

Day, R. R., & Bamford, J. (1998). *Extensive reading in the second language classroom*. New York: Cambridge University Press.

DeVito, J. A. (2000). *The elements of public speaking* (7th ed.). New York: Longman.

Dörnyei, Z. (2001). *Motivational strategies in the language classroom*. Cambridge: Cambridge University Press.

Dunkel, P., & Lim, P. L. (2006). *Intermediate listening comprehension: Understanding and recalling spoken English* (3rd ed.). Boston, MA: Heinle & Heinle.

Espeseth, M. (1999). *Academic listening encounters: Listening, note taking and discussion*. Cambridge: Cambridge University Press.

Field, J. (1998). Skills and strategies: Towards a new methodology for listening. *ELT Journal, 52*, 110-118.

Field, J. (2008). *Listening in the language classroom*. Cambridge: Cambridge University Press.

Field, J. (2010). Listening in the language classroom. *ELT Journal, 64*(3), 331-333. (https://doi.org/10.1093/elt/ccq026)

Ferrer-Hanreddy, J., & Whalley, E. (1996). *Mosaic One: A listening/speaking skills book* (3rd ed.). New York: McGraw-Hill.

Flowerdew, J., & Miller, I. (2005). *Second language listening: Theory and practice*. Cambridge: Cambridge University Press.

Freeman, D., Graves, K., & Lee, L. (2005). *ICON 1*. New York: McGraw-Hill.

Freire, P. (2006). *Pedagogy of the oppressed*. London: Continuum.

Galvin, K. (1985). *Listening by doing*. Lincolnwood, IL: National Textbook Company.

Goh, C. (1997). Meta-cognitive awareness and second language listeners. *ELT Journal, 41*, 361-369.

Goh, C. (2000). A cognitive perspective on language learners' listening comprehension problems. *System, 28*, 55-75.

Goh, C. (2014). Second language listening comprehension: Process and pedagogy In M. Celce-Murcia, D. Brinton & M. Snow (Eds.), *Teaching English as a second or foreign language* (4th ed.) (pp. 72-89). Boston, MA: Heinle Cengage/National Geographic Learning.

Goh, C., & Yusnita, T. (2006). Meta-cognitive instruction in listening for young learners. *ELT Journal, 60*, 222-232.

Gor, K., & Long, M. H. (2009). Input and second language processing. In: W. C. Ritchie & T. J. Bhatia (Eds.). *Handbook of second language acquisition* (pp. 445-472). New York: Academic Press.

Graham, M., & Procter, S. (1998). *Sing, chant & play*. Seoul: Moonjinmedia.

Grellet, F., Maley, A., & Welsing, W. (1983). *Quartet student's book 2*. Oxford: Oxford University Press.

Grice, H. P. (1975). Logic and conversation. In P. Cole & J. Morgan (Eds.), *Studies in syntax and semantics III: Speech acts* (pp. 183-198). New York: Academic Press.

Halliday, M. A. K. (1970) Language structure and language function. In J. Lyons (Ed.), *New horizons in linguistics*, (pp. 140-165). Harmondsworth, UK: Penguin.

Halliday, M. A. K. (1978). *Language as social semiotic: The social interpretation of language and meaning*. Baltimore, PA: Baltimore University Press.

Hedge, T. (2000). *Teaching and learning in the language classroom*. Oxford: Oxford University Press.

Helgesen, M. (2003). Listening. In D. Nunan (Ed.), *Practical English language teaching* (pp. 23-46). Boston, MA: McGraw Hill.

Helgesen, M., & Brown, S. (1994). *Active listening: Building skills for understanding*. Cambridge: Cambridge University Press.

Helgesen, M., & Brown, S. (1995). *Active listening: Introducing skills for understanding*. Cambridge: Cambridge University Press.

Helgesen, M., & Brown, S. (2007). *Practical English language teaching: Listening*. Boston, MA: McGraw Hill.

Helgesen, M., Brown, S., & Smith, D. (1997). *Active listening: Expanding understanding through content*. Cambridge: Cambridge University Press.

Howard, P. (2000). *The owners' manual for the brain: Everyday applications from mind-brain research* (2nd ed.). Atlanta, GA: Bard Press.

Howe, D. H., & McArthur, G. (1984). *New access listening*. Hong Kong: Oxford University Press.

Jakeman, V., & McDowell, C. (1999). *Insights into IELTS*. Cambridge: Cambridge University Press.

Jewell, J. (1995). Jigsaw listening: A lesson. In D. Nunan & L. Miller (Eds.), *New ways in teaching listening* (pp. 11-12). Alexandria, VA: TESOL.

Kisslinger, E. (2001). *Impact listening 1*. Hong Kong: Longman Asia ELT (Pearson Education).

Krashen, S. (1981). *Second language acquisition and second language learning*. Oxford: Pergamon.

Krashen, S. (1985). *The input hypothesis: Issues and implications*. London: Longman.

Krashen, S., & Terrell, T. (1983). *The Natural Approach: Language acquisition in the classroom*. Oxford: Pergamon Press.

Linse, C. (2005). *Practical English language teaching: Young learners*. New York: McGraw-Hill.

Low, B. E., & Sonntag, E. (2013). Towards a pedagogy of listening: Teaching and learning from life stories of human rights violations. *Journal of Curriculum Studies, 45*, 768-789. (http://dx.doi.org/10.1080/00220272.2013.808379)

Lund, R. (1990). A taxonomy for teaching second language listening. *Foreign Language Annals, 23*, 105-115.

Lynch, T., & Mendelsohn, D. (2002). Listening. In N. Schmidt (Ed.), *An introduction to applied linguistics* (pp. 193-210). London: Arnold.

Lynch, T., & Mendelsohn, D. (2010). Listening. In N. Schmidt (Ed.), *An introduction to applied linguistics* (2nd ed.) (pp. 180-196). London: Hodder Education.

McDonough, J., Shaw, C., & Masuhara, H. (2013). *Materials and methods in ELT: A teacher's guide* (3rd ed.). Oxford: Wiley-Blackwell.

McVey Gill, M., & Hartmann, P. (2000). *Tapestry listening & speaking 2*. Boston, MA: Heinle & Heinle.

Morley, J. (2001). Listening comprehension in second/foreign language instruction. In M. Celce-Murcia (Ed.), *Teaching English as a second or foreign language* (3rd ed.) (pp. 69-85). Boston, MA: Heinle & Heinle.

Nagle, S. J., & Sanders, S. L. (1986). Comprehension theory and second language pedagogy. *TESOL Quarterly, 20,* 9-26.

Nation, I. S. P., & Newton, J. (2009). *Teaching ESL/EFL listening and speaking.* New York: Routledge.

Nunan, D. (1989). *Designing tasks for the communicative classroom.* Cambridge: Cambridge University Press.

Nunan, D. (1991). *Language teaching methodology: A textbook for teachers.* New York: Prentice Hall.

Nunan, D. (1997). Approaches to teaching listening in language classroom. In R. Dickey, S. Garrigues, T. McKinney, K. Reitan, & G. Wilson (Eds.), *Proceedings of the 1997 Korea TESOL Conference* (pp. 1-10). Daejon, Korea: KOTESOL.

Nunan, D. (1999). *Second language teaching and learning.* Boston, MA: Heinle & Heinle.

Nunan, D. (2001). *Listen in Book 1* (2nd ed.). Boston, MA: Heinle & Heinle.

Nunan, D. (2003). *Listen in Book 3* (2nd ed.). Boston, MA: Heinle & Heinle.

Nunan, D. (2011). *Teaching English to young learners.* Anaheim, CA: Anaheim University Press.

O'Malley, J. M., Chamot, A. U., & Kupper, L. (1989). Listening comprehension strategies in second language acquisition. *Applied Linguistics, 10,* 418-437.

Omaggio Hadley, A. (1993). *Teaching language in context* (2nd ed.). Boston, MA: Heinle & Heinle.

Oxford, R. (1990). *Language learning strategies: What every teacher should know.* New York: Newbury House.

Peterson, P. W. (2001). A synthesis of methods for interactive listening. In M. Celce-Murcia (Ed.), *Teaching English as a second or foreign language* (3rd ed.) (pp. 87-100). Boston, MA: Heinle & Heinle.

Renandya, W., & Farrell, T. (2011). "Teacher, the tape is too fast!": Extensive listening in ELT. *ELT Journal, 65,* 52-59.

Richards, J. C. (1983). Listening comprehension: Approach, design, procedure. *TESOL Quarterly, 17,* 219-239.

Richards, J. C. (1985). *The context of language teaching.* Cambridge: Cambridge University Press.

Richards, J. C. (1987). Listening comprehension: Approach, design, procedure. In M. Long & J. C. Richards (Eds.), *Methodology in TESOL: A book of readings* (pp. 161-176). Singapore: Harper & Row.

Richards, J. C. (1990). *The language teaching matrix*. Cambridge: Cambridge University Press.

Richards, J. C. (1996). *Basic tactics for listening*. Oxford: Oxford University Press.

Richards, J. C. (2003). *Developing tactics for listening* (2nd ed.). Oxford: Oxford University Press.

Richards, J. C. (2008). *Teaching listening and speaking: From theory to practice*. Cambridge: Cambridge University Press.

Richards, J. C. (2015). *Key issues in language teaching*. Cambridge: Cambridge University Press.

Richards, J. C., & Burns, A. (2012). *Tips for teaching listening*. White Plain, NY: Pearson Education.

Richards, J. C., & Farrell, T. (2011). *Practical teaching: A reflective approach*. Cambridge: Cambridge University Press.

Richards, J. C., Gordon, D., & Harper, A. (1995). *Listen for it* (new ed.). Oxford: Oxford University Press.

Richards, J. C., & Schmidt, R. (2002). *Longman dictionary of language teaching and applied linguistics*. White Plain, NY: Pearson Education.

Rivers, W. M. (1981). *Teaching foreign language skills* (2nd ed.). Chicago, IL: The University of Chicago Press.

Rost, M. (1990). *Listening in language learning*. London: Longman.

Rost, M. (1991). *Listening in action*. New York: Prentice Hall.

Rost, M. (1994). *Introducing listening*. Harmondsworth, UK: Penguin.

Rost, M. (1999). Developing listening tasks for language learning. *Odense Working Papers in Language and Communication, 18*, 49-60.

Rost, M. (2002). *Teaching and researching listening*. Harlow, UK: Longman (Pearson Education).

Rost, M. (2005). L2 listening. In E. Hinkel (Ed.), *Handbook of research in second language teaching and learning* (pp. 503-527). Mahwah, NJ: Erlbaum.

Rost, M. (2011). *Teaching and researching listening* (2nd ed.). Harlow, UK: Pearson Education.

Rost, M. (2016). *Teaching and researching listening* (3rd ed.). New York: Routledge.

Rost, M., & Kumai, N. (1994). *Progress in listening*. Hong Kong: Lingual House.

Rubin, J. (1994). A review of second language listening research. *The Modern Language Journal, 78*, 199-221.

Rubin, J. (1995). An overview to a "A guide for the teaching of second language listening." In D. Mendelsohn & J. Rubin (Eds.), *A guide for the teaching of second language listening* (pp. 151-165). San Diego, CA: Dominie Press.

Rumelhart, D. E. (1980). Schemata: The building blocks of cognition. In R. J. Spiro & W. F. Brewer (Eds.), *Theoretical issues in reading comprehension* (pp. 33-58). Hillsdale, NJ: Lawrence Erlbaum Associates.

Sadow, C., & Sather, E. (1998). *On the air: Listening to radio talk.* Cambridge: Cambridge University Press.

Savage, K. L., Gonzalez, P. M., McMullin, M., & Weddel, K. S. (1996). *Crossroads cafe: Worktext A.* Boston, MA: Heinle & Heinle.

Sperber, D., & Wilson, D. (1986). *Relevance: Communication and cognition.* Oxford: Blackwell.

Sperber, D., & Wilson, D. (1995). *Relevance: Communication and cognition* (2nd ed.) Oxford: Blackwell.

Tanka, J., & Baker, L. R. (1996). *Interactions Two: A listening/speaking skills book* (3rd ed.). New York: McGraw-Hill.

Tanka, J., & Most, P. (1996). *Interactions One: A listening/speaking skills book* (3rd ed.). New York: McGraw-Hill.

Tribble, C. (1996). *Writing.* Oxford: Oxford University Press.

Underwood, M. (1989). *Teaching listening.* London: Longman.

Ur, P. (1984). *Teaching listening comprehension.* Cambridge: Cambridge University Press.

Vandergrift, I. (1996). Listening strategies of core French high school students. *Canadian Modern Language Review, 52,* 200-223.

Vandergrift, I. (1997). The comprehension strategies of second language (French) listeners: A descriptive study. *Foreign Language Annals, 30,* 387-409.

Vandergrift, L. (1998). Successful and less successful listeners in French: What are the strategy differences? *The French Review, 71,* 370-395.

Vandergrift, I. (1999). Facilitating second language listening comprehension: acquiring successful strategies. *ELT Journal, 53,* 168-176.

Vandergrift, I. (2007). Recent developments in second and foreign language listening comprehension research. *Language Teaching, 40,* 191-210.

Vandergrift, I., & Goh, C. (2011). *Teaching and learning second language listening: Metacognition in action.* New York: Routledge.

Vygotsky, L. (1978) *Mind in society: the development of higher psychological processes.*

Cambridge, MA: Harvard University Press.

Widdowson, H. G. (1983) *Learning purpose and language use*. Oxford: Oxford Univeristy Press.

Winitz, H. (Ed.). (1981). *The comprehension approach to foreign language instruction.* New York: Newbury House.

Witkin, B. R. (1990) Listening theory and research: The state of the art. *International Journal of Listening, 4,* 7-32.

용어 색인(한글순)

〈ㄴ〉

〈ㅇ〉

<M>

〈Q〉

〈R〉